新时代大学文科简明教材
编委会

总主编

张福贵

教育部中国语言文学类专业教学指导委员会主任委员
吉林大学资深教授,教育部长江学者特聘教授
国家"万人计划"哲学社会科学领军人才

编 委(按姓氏拼音排序)

崔希亮
教育部中国语言文学类专业教学指导委员会原副主任委员
中国书法国际传播研究院院长,北京市语言学会理事长

李 浩
教育部中国语言文学类专业教学指导委员会副主任委员
西北大学中国文化研究中心主任、教授

李伟昉
教育部中国语言文学类专业教学指导委员会委员
河南大学教授,国家"万人计划"哲学社会科学领军人才

李运富
教育部中国语言文学类专业教学指导委员会委员
郑州大学首席教授,国家语委汉字文明研究中心主任

刘利
教育部中国语言文学类专业教学指导委员会副主任委员
全国国际中文教育专业学位教育指导委员会副主任委员

涂险峰
教育部中国语言文学类专业教学指导委员会委员
武汉大学文学院教授

吴春相
教育部中国语言文学类专业教学指导委员会委员
上海外国语大学教授

曾 军
上海大学文学院教授
国家"万人计划"哲学社会科学领军人才

张丛皞
教育部中国语言文学类专业教学指导委员会秘书长
吉林大学文学院教授

朱国华
教育部中国语言文学类专业教学指导委员会委员
华东师范大学中文系、国际汉语文化学院联聘教授

新时代大学文科简明教材
总主编·张福贵

创意应用写作简明教程

主　编◎曾　军　张永禄　李御娇
副主编◎何世龙　刘　颖　翟羽佳　谢尚发

华中科技大学出版社
http://press.hust.edu.cn
中国·武汉

曾 军

文学博士，上海大学文学院教授，博士生导师。国家"万人计划"哲学社会科学领军人才（2018）、教育部长江学者奖励计划青年学者（2015）、中宣部文化名家暨"四个一批"理论界人才（2017）。主要研究方向为文艺学和文化理论与批评。先后承担国家社科基金重大项目（2016）、国家社科基金重点项目（2022、2015）等科研项目。出版专著、译著、合著等13部，如《接受的复调——中国巴赫金接受史研究》（2004）、《巴赫金对当代西方文学理论的影响研究》（2021）等；在《中国社会科学》《文学评论》《文艺研究》和 Neohelicon、CLCWeb: Comparative Literature and Culture 等国内外期刊发表学术论文100多篇。成果入选"国家哲学社会科学成果文库"，先后获得教育部高等学校科学研究优秀成果奖（人文社会科学）、上海市哲学社会科学优秀成果奖、上海市优秀教学成果奖、上海市优秀教材奖等奖项。

张永禄

文学博士，上海大学文学院教授，创意写作博士导师。主要学术兼职有世界华文创意写作协会常务副会长，上海网络作家协会副会长，上海市美学学会秘书长等。从事创意写作、网络文学和当代审美文化的教学与研究，先后承担国家和省部级课题5项，在核心报刊发表论文近百篇。出版专著和译著4部：《类型学视野下中国现代小说研究》（2012），《新世纪文学的变局与审美幻象》（2018），《现代性视野下的小说类型学研究》（2023），《剑桥创意写作导论》（2022，合译）。主编国家级规划教材1部，副主编多部应用写作类教材，其中一部获上海市优秀教材奖（排名第二）。

李御娇

文学博士，硕士研究生导师。湖北民族大学文学与传媒学院党委副书记、副教授。主讲"中国现当代文学名家名作研究""中国现当代文学类型研究""现当代小说叙事学研究""二十世纪中外经典作家作品导读"等本科生和研究生课程。主持或参与完成各级科研项目多项。在省级及以上核心期刊发表学术论文20余篇。

内容提要

本教材纳入新时代大学文科简明教材系列,在编写理念上体现新文科特色和数字文化要求,同时遵守应用写作教材编写的普遍规范并保持学科个性。

本书以大学生基本素质提升和通用能力培养为核心,力求体现新一代教材的思想性、创意性、简明实用和数字化特色,按照文体概念、写作规范、写作技巧、例文评析、病例分析、情景写作等多个环节,稳步推进对日常应用文、论文、宣传策划和行业类高频文体的写作要素、规范和技巧的实战训练,做到知行合一。

本书既可作为高等学校应用写作类课程教材,也可作为公务员考试和在职人员学习文书写作的参考用书。

网络增值服务

使用说明

欢迎使用华中科技大学出版社人文社科分社资源网

1 教师使用流程

（1）登录网址：https://bookcenter.hustp.com/index.html（注册时请选择教师身份）

注册 → 登录 → 完善个人信息 → 等待审核

（2）审核通过后，您可以在网站使用以下功能：

浏览教学资源　　建立课程　　管理学生　　布置作业　　查询学生学习记录等

2 学员使用流程

（建议学员在PC端完成注册、登录、完善个人信息的操作）

（1）PC端学员操作步骤

① 登录网址：https://bookcenter.hustp.com/index.html（注册时请选择学生身份）

注册 → 完善个人信息 → 登录

② 查看课程资源：（如有学习码，请在"个人中心—学习码验证"中先验证，再进行操作）

首页课程 → 课程详情页（选择课程）→ 查看课程资源

（2）手机端扫码操作步骤

如申请二维码资源遇到问题，可联系编辑宋焱：15827068411

总　序

数字化时代如何进行传统人文教育和人才培养，是一个说起来容易做起来难的问题，人工智能、数字经济正改变着以汉语言文学为代表的传统文科教育模式。汉语言文学专业是最具中国特色的基础文科，从守正创新的思路出发，在数字化时代要积极适应新时代社会发展需要，建设一套具有赓续传统、融汇新潮的汉语言文学的专业教材，真正努力实现"宽口径、厚基础、重能力、求个性"的新型复合型人才培养的目标。

我国文科专业教材建设始终是高等教育中的重要环节，从20世纪50年代开始，文科教材编写进入高潮期，并开始成为一种"国家事权"，受到越来越明显的重视。进入20世纪80年代，在新时期的时代氛围中，各种统编教材、自编教材和规划教材等更是名目繁多，数量迅速增加。特别是前些年开始实施的"马工程"教材建设，具有顶层设计、名家协力、广泛使用的特点和优势，为中国文科教材建设起到了巨大的示范作用。

汉语言文学专业是我国开设高校最多的专业，截至2023年12月31日，全国有641所院校开设了汉语言文学专业。从近年专业教材使用的情况来看，有逐渐趋于一统的态势。但是，由于学科专业有些课程意识形态属性较强，教材编写难度较大，因此，汉语言文学专业的"马工程"教材编写比例和使用率不是很高。在这种情况下，如何在国家教材编写的基本宗旨指引下，系统地编写一套具有传统优势和新时代特色的汉语言文学的专业教材，是十分必要且有较大空间的。

在已有的数百种汉语言文学专业教材中确立新教材的价值与特色，是具有巨大挑战性的。特别是在数字文化和"新文科"理念的引领下，对已有教材进行客观分析，确定新教材编写的宗旨和原则，需要做出艰辛的努力。人才培养是在课程体系有效设定的基础之上实现的，课程设定又建立在教材之上。教材并非只是教学内容、方法与理念的载体，还是达到人才培养目标以及提升教学水平的主要保障。因此，新教材要融入新时代的新理念、新知识和新方法,这是对所有教材的基本要求。但是对于传统文科特别是文史类教材来说,知识具有相对的固定性,关键在于对知识的选择和理解。"新文科"建设应包含两个思路:一个是"新的文科",一个是"文科之新"。前者是从"跨学科"的角度,创立和形成新的文科专业或者方向;后者则是从传统文科自身发展的角度,反思和调整现有文科的发展路向。对于汉语言文学这类传统的基础学科,我们更要守正创新,既要融入新知,又要回归传统和经典。当然,这种回归不只是教材知识内容的选择,更在于对学生学习经典环节的强调和安排。这也是针对数字化时代人们的阅读和学习的新变化而考量的。现在随着知识的获得越来越便捷和简单,对于具体经典的阅读、理解相对也越来越被忽视。特别是人工智能突飞猛进、一日千里的发展背景下,经典有被装置和边缘化的趋向。为此,汉语言文学专业教材建设必须面向当前,又直指未来,为不断优化教材体系、完成新文科发展目标、提升教学水平、培养综合型人才提供重要的基础与保障。

教材编写的核心问题是内容的选取,而内容的选取在于价值立场和教学理念的确定。作为新时代文科教材,首先,要坚持以马克思主义为指导,贯彻习近平总书记关于文化建设的重要论述,坚持正确的政治方向、价值取向和学术导向。这是时代政治的需要,也是历史逻辑的需要。以中国现当代文学史为例,其发展过程就完整地体现了政治逻辑、历史逻辑、学理逻辑和伦理逻辑的融合。"历史的选择"和"人民的选择"通过具体的"红色经典"而艺术化地表现出来。其次,作为最具中国特色的基础文科教材,汉语言文学教材要强调中华优秀文化的传承与发展,从语言文学的历史流脉来理解当代文科知识体系中不能缺少的优秀传统文化的源流。最后,新时代汉语言文学教材内容不单是历史知识的重复,更要以新的理念来理解这些知识。这就需要从全人类共同价值观出发,对于知识源流、经典意义、审美风尚等进行合理的理解和阐释。阶级的立场、民族的立场和人类的立场不是对立的,而是融合的。这不只是一种价值理念,也往往是一种历史事实。

新教材的编写要经受三种检验。第一,是政治的检验。教材编写和使用不是简单的教学环节,而是思想和品格的养成过程,因此,正确的政治理念是文科教材编写和使用的入门证和验收单。第二,是学理的检验。新时代汉语言文学教材有新的政治要求,理性的政治本身就具有科学性和逻辑性。"课程思政"是对所有课程和教材的统一要求,但是不同专业教材的"课程思政"具有不同的特点和方式。汉语言文学教材的"中国特色"本身就具有本色的"课程思政"色彩,不是简单地将"课程思政"进行"穿靴戴帽"式的外加,是"一加一等于一",而不是"一加一等于二"。"课程思政"要通过历史逻辑、学理理解来体现。因此,新教材必须坚守学理逻辑,只有实现充分的"学术释权",才能更好地实现"国家事权"。第三，是历史的检验。任何历史的产物最终都要被历史本身所检验和选择，新编教材能否经受住这种历史的考验，关键在于是否能够很好地实现前两种检验。历史本身就是一个不断选择甚至淘汰的过程，符合政治标准的同时，也符合人类意识、人性逻辑、学理逻辑和审美逻辑的教材才能长存。

新时代汉语言文学专业简明教材除了具有以上基础文科教材共有的属性和逻辑之外，还应该努力形成本专业的特点。无论是教材编写还是专业教育，都应该秉承这样一种原则：基础知识标准化，核心问题个性化，专业背景多元化。这是教材内容、教学过程和人才培养共同的原则。这是本套"新时代大学文科简明教材"努力追求的方向。

张福贵[①]

2024 年 1 月

[①] 教育部中国语言文学类专业教学指导委员会主任委员，吉林大学资深教授，教育部长江学者、特聘教授，国家"万人计划"哲学社会科学领军人才。

前 言
PREFACE

  本教材纳入新时代大学文科简明教材系列，在编写理念上体现新文科特色和数字文化要求，同时遵守应用写作教材编写的普遍规范并保持学科个性。具体说来，该教材有如下四个特点。

  一是重视思想性。党的二十大报告首次提出"加强教材建设和管理"，把教材建设提到国家"事权"的高度。作为立德树人的重要载体，应用写作教材在思想政治教育工作上有自己的优势：一方面，国家的法规政策是行文的直接或间接依据，要写好应用文书首先要学习和掌握相关法规和政策；另一方面，应用写作教学离不开大量国家机关与企事业单位的现实案例，教材在案例的选择和解读上注重思想政治教育意涵与元素，以帮助当下大学生确立正确的世界观、人生观和价值观。

  二是追求创意性。所谓创意，要符合"新颖"和"实用"两个条件。本书的创意体现在：首先增加了文学写作部分，文学写作是高质量写作活动的基础，其诗性特征是写作活动充满创意的"金手指"，将实用写作与文学写作并置；其次是专门设置了文案创意写作与创意性要求很高的自媒体写作（包括人工智能写作等），这在一般应用写作教材中并不多见，体现了创意的实用属性；最后是编写体例上按照文体概念、写作规范、写作技巧、例文评析、病例分析、情景写作等多个环节稳步推进，给人既实用又耳目一新的创意感。

  三是讲求简明实用。应用写作的文体种类很多，但大学教材不宜一网打尽。本书在调研的基础上，以大学生的实用为导向，设置四大模块，分为12章，涉及多种常用文类。本书的体量是不小的，况且精选了大量案例，但我们的写作力求简明精到，抓核心问题，重视操作性，文字追求简洁。

四是体现数字化。人类已经进入数字化时代，如何让学生在课堂上用手机学习而不是玩耍是一个重要的现实难题。本教材在每个文类讲授过程中，适时设置一些二维码，以调动学生用手机学习的积极性，微博、微信公众号、人工智能和短视频等自媒体写作更是体现了数字化时代的文体特征与阅读魅力。

本教材的主编是曾军、张永禄和李御娇，副主编由何世龙、刘颖、翟羽佳和谢尚发担任。具体编写分工如下：绪论由上海大学曾军和张永禄编写；第一章日常应用文书写作第1—4节由曾军编写；第二章事务文书写作和第一章日常应用文书写作第5节由湖北大学刘颖编写；第三章求职文书写作由上海政法学院谈青编写；第四章学术论文写作、第五章学位论文写作和第十章党政机关公文写作由上海大学张永禄编写；第六章申论写作由长江大学何世龙编写；第七章新闻传播文书写作由山东理工大学翟羽佳和孟婷编写；第八章文案创意写作由上海六力文化传播公司首席策划师张继明编写；第九章自媒体创意写作由湖北大学知行学院杜娇编写；第十一章经管法类公文写作由武汉学院钟振宇编写；第十二章文学写作由上海大学谢尚发编写。统稿任务由三位主编共同完成。统稿尽可能保持全书的体例一致和合理分工，也力求照顾具体文类的差异性。

由于编写时间和编写者水平有限，教材编写中难免存在不足，希望读者不吝指教。另外，本书写作过程中参考了不少同行的教材，虽然参考文献尽量列出，也难免遗漏，请大家包容并来信告知，便于再版时完善。再次向大家致谢。

编　者

2024年4月

目　录

绪论　应用写作概述　　　　　　　　　　　　　　　　　　　　　　　　　　　/ 001

—— 第一部分　日常应用文体 ——

第一章　日常应用文书写作　　　　　　　　　　　　　　　　　　　　　　　　/ 010
　第一节　日常应用文书概述　　　　　　　　　　　　　　　　　　　　　　　/010
　第二节　条据　　　　　　　　　　　　　　　　　　　　　　　　　　　　　/013
　第三节　申请书　　　　　　　　　　　　　　　　　　　　　　　　　　　　/016
　第四节　启事　　　　　　　　　　　　　　　　　　　　　　　　　　　　　/021
　第五节　演讲稿　　　　　　　　　　　　　　　　　　　　　　　　　　　　/024

第二章　事务文书写作　　　　　　　　　　　　　　　　　　　　　　　　　　/031
　第一节　事务文书概述　　　　　　　　　　　　　　　　　　　　　　　　　/031
　第二节　计划　　　　　　　　　　　　　　　　　　　　　　　　　　　　　/032
　第三节　总结　　　　　　　　　　　　　　　　　　　　　　　　　　　　　/037
　第四节　调查报告　　　　　　　　　　　　　　　　　　　　　　　　　　　/042

第三章　求职文书写作　　　　　　　　　　　　　　　　　　　　　　　　　　/048
　第一节　求职文书概述　　　　　　　　　　　　　　　　　　　　　　　　　/048
　第二节　求职简历　　　　　　　　　　　　　　　　　　　　　　　　　　　/050
　第三节　求职信　　　　　　　　　　　　　　　　　　　　　　　　　　　　/057

—— 第二部分　论文类文体 ——

第四章　学术论文写作　　　　　　　　　　　　　　　　　　　　　　　　　　/066
　第一节　学术论文写作概述　　　　　　　　　　　　　　　　　　　　　　　/066
　第二节　学术论文写作方法　　　　　　　　　　　　　　　　　　　　　　　/068

第五章　学位论文写作　　/074
第一节　学位论文写作概述　　/074
第二节　学位论文写作方法　　/076

第六章　申论写作　　/083
第一节　申论概述　　/083
第二节　申论写作方法　　/084

— 第三部分　宣传策划文体 —

第七章　新闻传播文书写作　　/090
第一节　新闻传播文书概述　　/090
第二节　消息　　/092
第三节　通讯　　/098

第八章　文案创意写作　　/104
第一节　广告文案的创作技巧　　/104
第二节　品牌传播推广　　/111

第九章　自媒体创意写作　　/120
第一节　微博写作　　/120
第二节　微信公众号写作　　/124
第三节　人工智能（AI）写作　　/132
第四节　短视频写作　　/140

— 第四部分　行业类文体 —

第十章　党政机关公文写作　　/148
第一节　党政机关公文概述　　/148
第二节　通知　通报　　/152
第三节　报告　请示　　/161
第四节　函　纪要　　/168

第十一章　经管法类公文写作　　/177
第一节　经管法类公文概述　　/177
第二节　协议书　　/178
第三节　经济合同　　/185
第四节　招投标书　　/191
第五节　上诉状和判决书　　/198

第十二章　文学写作　/205
第一节　故事写作　/205
第二节　诗歌写作　/209
第三节　散文写作　/213
第四节　剧本写作　/217
第五节　小说写作　/222

参考文献　/229

绪论
应用写作概述

写作作为人类文明的产物，是人类生产和生命活动与存在的表征。从某种意义上说，个人或人类对于复杂问题的文字处理水平和文字形式化能力构成了个人或人类的发展阶段的标示。就书写的目的和表现形式而言，当今的写作大体可以分为文学写作（主情）、学术写作（主理）和应用写作（主事）等，但就其使用的普遍性和范围来说，恐怕应用写作最为广泛和普及。一方面，各个学科门类就其应用性拓展上，需要有专门的应用性文体和社会需求对接，产生了行业应用写作；另一方面，就社会的通用需求而言，各行各业在和社会打交道中不可避免要使用通用性应用文书，应用写作就具有了"跨学科性"，这也决定了近年来各级各类高校对应用写作的重新认知和高度重视，越来越多的高校把应用写作列入公共基础课行列。

一 应用写作的概念、分类与特点

应用写作的外延随着时代的发展而不断发展，因社会需求的扩大而不断扩大，它永远处于生动的写作场景中。经过数千年的沉淀，应用文从文体到品类，从内容到形式，不断丰富和规范，使用范围越来越广泛，文体越来越完备，写作要求越来越高。

1. 应用写作的概念与分类

一般说来，应用写作是机关组织、企事业单位、社会团队和个人因工作、学习和生活的需要而形成的实用性文书。应用写作作为一种以事为本的写作活动，具有实用性、时效性、真实性和规范性等特点，其相应的活动成果——应用文的形式和种类非常繁复。按照用途来分，可以分为指导类、报告类、计划类、传播类、学业类、营销类等应用文；按照行业划分，可以分为财经类、司法类、科技类、商业类等应用文；按照不同的工作性质、内容要求以及使用对象划分，可以分为公务文书、行业文书和日常应用文书。这是目前通用类应用写作教材普遍处理的方式，各自根据使用对象而有侧重，并不严格按照某一分类标准而定，也体现了应用写作的思路——实用为上，有标准但不唯标准。在本书中，我们从大学生一般通用能力培养需求出发，兼顾专业发展要求，把应用写作分为四大部分：日常应用文体、论文类文体、宣传策划文体和行业类文体等四大类。

（1）日常应用文体。它是指满足人们日常生活、工作、学习或业余精神生活需要，处理公、私事务经常使用的带有习惯格式的文类。日常应用文体实用性很强，用途很广，种类繁多，写法各异。我们重点介绍了条据、申请书、启事和演讲稿等日常应用文书，计划、总结与调查报告等事务文书，以及求职简历和求职信等求职文书。

（2）论文类文体。论文属于主理的专门写作类型，鉴于学术论文和申论的写作对于大学生的重要性和它们是研究型学习的重要组成方式、方法，从实用性和便捷性出发，我们专门设置一个单元，主要介绍了学术论文、学位论文和申论写作。

（3）宣传策划文体。这一类主要是针对应用写作的信息传播和教育宣传功能而言。大学生要有基本的媒介素养和信息处理能力来适应时代对全面发展的人的要求，这既包括消息、通讯等新闻传播文书，也包括广告文案与品牌传播推广文案，还包括近些年随着网络信息技术普及而带来的微博、微信公众号、短视频等自媒体写作文体和人工智能写作新形态。

（4）行业类文体。这是关注到一些行业基于自身专业特性与社会需要交汇而产生的专业性实用文体。从新文科的分类组成考虑，我们认为主要包括了党政机关的公文，经管法类使用的协议书、经济合同、招投标书、上诉状和判决书等；而在审美经济时代，文学写作作为文创产业链的上游趋势越发明显，大学生也需要掌握一定的文学写作能力，这不仅是出于大学美育教育的需要，也是出于文学写作的"有用之用"考量。它主要包括了故事、诗歌、散文、剧本和小说等基础文体。

2. 应用写作的特点

写作界有句话："一个人可以一辈子不写情诗，但不能不写应用文。"这就说明了应用文使用的普遍性和广泛性。应用文作为各机关、团体、企事业单位和个体在行使职权、日常公务活动和社会生活中根据需要形成和使用的文字材料，它和文学写作存在根本性的差别。概而论之，应用文主"事"，文学写作主"情"。二者在写作主体、写作客体、写作受体和写作载体上都存在明显差异。这也决定了应用文具有写作目的的任务化、写作用途的工具化、写作文本的类型化和写作过程的程式化等特点。

从应用文写作本体上看，其内在规定应该是思维的程序性和行文的规范性。所谓思维的程序性，指在写作应用文（特别是公文）时，写作者的思维要按照工作程序进行，不可打乱程序，也不可以省略程序。应用文的思维程序性，既包括特定文体写作思维的程序性，也包括文稿形成过程的程序性。这个程序一般是写作者接受写作任务，明确写作目的和要求，然后根据目的要求选择具体文体类型拟稿。不同类型的文体，写作内容要素和内容安排先后也不同。比如写通报，它的写法是不同于通知或通告的，它一般的思维程序是分标题、正文和结尾三部分。正文部分，又按照表彰性通报、批评性通报和传达性通报有不同的写法类型。比如：表彰性通报的主体结构是，先进事迹（通报事件）＋事迹分析（通报意义）＋表彰决定＋希望要求；批评性通报结构则对应为，错误事实（通报事件）＋分析定性＋处理决定＋警诫要求；传达性通报的结构是，通报背景＋情况材料＋分析说明＋希望要求。这是一种类似电脑程序设计的思维模式，不要求创新，只要写作者形成程序性思维即可。拟定文稿后等主管（负责人）审核和签发（重要且复杂文件需要写稿人和审签人之间往返修改和审签），文稿签发后交给文印室制发。文稿印制、盖章和装订后，接下来就是公文办理和公文管理等一整套流水线作业了。

行文的规范性是应用文的本体特征。所谓规范，既包括应用文内容构成要素和结构的规定，也包括外表格式的规定，以行政公文最为典型。这种规范性既是开展高效工作必需的，也是国家党政机关代表国家机器行使职权的表现，是文本的"仪式"。中共中央办公厅和国务院办公厅每隔一段时间，根据公文运行状况和工作需要，会专门发文规定公文的规范和格式。由于机关公文的写作规范和格式要求会因时而变，我们必须严格执行最新规定。目前我们使用的《党政机关公文处理工作条例》和《党政机关公文格式》，对写作规范和格式做了专门和明确规定。在工作中，如果发现和规定不符合的情况，应该按照规定办。

二 应用写作的功能与作用

应用文以满足和紧跟经济文化社会的发展为导向，各种文类承载的内容、文类的形式有鲜明的时代感，显示了新文科的发展方向与特征。应用文具有组织管理、沟通协调、规范行为、教育宣传、提供凭证、收集信息、信息传播、调查研究等作用，但主要的是如下几种。

1. 组织管理作用

应用文从产生之初，便是国家实施管理所必需的工具之一，尤其是应用文中的下行文，大多能起到有效管理的作用。以党政机关公文为代表的应用文本身就是国家机关实施领导、履行职能的工具，无论是贯彻党和国家的方针政策，公布法律法规，指导、布置工作，还是上下级之间商洽工作、请示和答复工作等，本身就是组织和管理活动的具体体现。而总结、计划、调研等事务性文书以及专业领域如经济合同、法院文书则是具体的管理性工作。

2. 教育宣传作用

党政机关公文中的大多数应用文都具有间接的宣传教育作用。新的方针政策出台前，先要经过媒体宣传，再逐级传达正式文件，并组织教育、学习，最后贯彻执行。法规性应用文则更能体现出其宣传、教育、震慑的作用。各机关通报各项事务，表彰先进、批评错误本身就是做宣传教育工作，无论是面向社会大众还是单位内部开展的演讲、辩论等就是直接的宣传教育活动，所以如何通过应用文写作教学开展立德树人工作，是高校写作教育一项重要而有挑战性的工作。

3. 提供凭证作用

应用文提供依据和凭证的作用主要表现在三个方面：一是上级机关需以下级机关的总结、纪要为依据，制定方针政策；二是下级机关需以上级机关发布的决定、条例等为凭证，开展工作；三是日常生活工作中，经济合同、法院文书、借条、收据等文类本身就是凭证。

4. 信息传播作用

应用文具有传递、交流信息的作用，一经成文发布，它便成为一种信息。这些信息通过中央与地方、国内与国外等各种渠道传播，使更多的人了解其内容，从而达到信息交流的作用。特别是自媒体时代，微博、微信公众号、短视频的信息传播能力极强，把大众带到信息时代。一些知照性文类，如公告、公报、通报等发布，就是要让大众周知。

三 应用写作的发展趋势

1. 专业化

应用写作因用而生，也因用而发展，这种发展既可以是实务水平的发展，也可以是理论水准的提升。随着社会的发展进步，越来越多的工作领域和工作人员都开始使用各种应用文体开展业务内外的工作，在越来越多的学科领域，如法律、财经、管理等都出现了专业性很强的应用写作，毕业论文写作也越来越规范，专业化趋势明显。但长期以来，人们已不自觉地形成了一种写作无学、应用写作更不需要理论的偏见。其实，没有理论的指导，极其不利于应用写作实务的展开。

随着从事应用写作实务人员的写作水平和素质的不断提升，他们不满足于写作的经验状态，开始摸索应用写作的理论可能，公文写作研究也可以纳入国家社科基金项目行列。特别是2024年1月国务院学位委员会办公室调整学科目录，"中文创意写作"赫然列入中国语言文学一级学科下设的二级学科，与中国古代文学、文艺学等传统二级学科并列，并在中国创意写作学科的学位基本条件中提到培养高层次的应用型写作人才。这标示着应用写作学不久会诞生，应用写作的专业化和学科化趋势不断加强。应用写作的专业化和学科化可以促进该领域的理论水平提升，反过来，也能促进应用写作实践水平的提升。

2. 智能化

近年来，随着科技进步，人工智能（AI）的应用场景不断拓展，AI写作成了智能应用的重要领域。由于应用文的规范性、格式化、程序化特征明显，AI写作在应用写作领域更具有优势。早在AI写作出现之前，聪明的拟稿人为了提高工作效率，就做好了公文写作的表格或模板，公文写作的格式上也尽可能考虑制式化可能，比如会议纪要、计划、工作安排等。随着电脑的普及，这种表格化、制式化和模板化的公文写作越来越方便，在写作模板的支持下，拟稿人只需要填写相关信息，文稿秒成。而AI辅助写作工具的出现，不仅让更多的人轻松提高工作效率，还可以整体上提高公文写作质量。目前看来，用AI写作工具协助的公文写作，相比纯人工写作方式，存在几个优点：非常高效完成重复性工作，比如党政机关大多数的公文都是通知，基本上是事务性通知，AI工具可以轻松高效完成；经过反复训练，AI工具输出的内容在行文风格上可以保持高度的前后一致；最大限度地减少了公文中的拼写和打字错误，极大提升了文稿的质量。

目前，AI 工具从事公文写作的最大困难不在于算法和算力（数据），而在于算料。尽管公文写作呈国际化和多语种趋势，但不同国家为保证自我的法定权威性和对本土文化的历史继承性，对于公文写作的要素、结构和格式，包括句式表达与语词的选用上都有自身的规定性。这些规定往往和其他国家的公文是不相通的，这就需要拟稿人在提示 AI 写作时，输入符合自身要求的规范例文，对例文的结构要素和规范做出具体的说明，便于 AI 输出符合要求的文稿。AI 写作公文刚起步，中国尚未开发出专门的 APP，这意味着没有专门软件保存海量公文的语料库，当前的写作还需要拟稿人自己输入算料，一旦专门的公文写作 APP 出现，这个问题就迎刃而解了。接下来，对于拟稿人来说，写作工作会更轻松，他需要做的是在提示词优化上下功夫。

3. 创新性

应用文的类型和表达方式紧跟时代发展步伐而不断更新，呈现出鲜明的创新趋势。一方面是社会和时代应用场景的增加，催生出新的写作模态或形态，比如随着计算机和互联网的普及，自媒体成为主流媒介。自媒体的发展自然催生了微博、微信公众号、短视频等写作方式。我们可以说微博、微信公众号、短视频等是新的应用文体或文种。另一方面，媒介技术的发展带来信息的发展变化，这也必然带来当代公共写作（应用文写作）在表达上的发展变化。有的研究者归纳了作为应用文重中之重的公文写作呈现出的几个特点：一是其内涵越来越丰富、精细、精准；二是对排比、对仗等外观的追求越来越显得"内卷"；三是使用"文字压缩包"更加广泛。所谓"文字压缩包"，是指那些带引号的、高度浓缩大量内容的、固定搭配的某些"提法"，如"三大战略""五个中心""五大新城"等，不经过解释、解读，一般公众无从了解。目前，各级政府的"政府工作报告"所需要附上的"名词解释"普遍较多就是很好的证明。同时，随着互联网媒体越来越发达，大量的经济、金融专业领域和科技领域的专有词语进入包括官方文件在内的应用文写作。另外，小品、影视剧等使用的个别地区（主要是北方地区）的方言话语，经由互联网快速、高频传播，使它们在（包括应用文写作在内的）整个话语体系和书面表达中得到普及，如"给力"等词也"登堂入室"，进入《人民日报》、新华社等官媒，以及政府的文件中。自然，一些所谓的"键盘侠"在网络社区即兴创造，借由互联网的快速传播，催生了一大批"新词语"的诞生，一些既有词语被赋予新的含义后，也自觉或不自觉进入应用文的表达。

4. 国际化

在全球经济一体化、文化交流越来越频繁的时代语境下，互联网把世界变成了地球村，我们的工作、学习与生活越来越国际化了，这多多少少会对应用写作的国际化产生影响。现代应用文的国际化主要表现在三个方面：一是文本格式的融合，应用文的格式尽可能向着标准化、国际化靠拢，比如党政机关公文格式的规范文件中明确规定了采用《国际单位制及其应用》；二是语言表达的多语化，在国际性活动和事务中，一些事务需要同时使用几种语言，比如获奖证书、证明、邀请函等，往往是几种语言同步，便于沟通和交流；三是文种使用的外延扩大，比如公告，过去作为高等级文种，只有很少的涉外机构才能使用，使用频率并不高，但今天一般机构的事务只要涉外都可以使用，比如很多高校发布全球招聘院长或学科带头人的公告，过去多使用招聘启事。

四 应用写作的学习目的与意义

1. 应用写作是现代人的通用能力

淡化专业意识，强化人才培养模式，让通用能力和素质成为本科教育的重要目标，这是教育的大趋势。从这些年兴起的通识教育看，就能清楚大学教育的这种趋势。

应用写作能力就是其中必不可少的通用能力之一，我们称之为人生的设备。所谓人生的设备，就是人生必不可少的、属于必要条件的要素，就像现代人不可缺少汽车等交通工具和日常用的手机等，没有这些设备，我们就不能被称为现代人，无法融入现代生活。包括应用写作在内的写作是我们另一种形式上的"手机"，是人生的必需品。缺少写作这种设备的现代人，会到处碰壁，不时处于尴尬境地，哪怕我们发微信、写工作邮件、陪孩子学习、写申请等，都离不开写作。这里的写作自然是宽泛意义上的，更多属于实用性的。大学里，我们要写职业规划，要完成各种总结，要做毕业设计或写论文，要写毕业自我鉴定、求职信和求职简历等。工作中，我们离不开写计划、总结、述职报告、活动策划、讲话稿、会议记录、离职申请、情况说明、财产申报等。日常生活中，写信、写日记、签房屋买卖和租赁合同、打借条与收据、写留言条、发短信、写贺卡等，都是写作行为。既然写作是当代大学生必备的通用能力，是人生的设备，我们无法回避，那么与其被动接受，还不如主动迎接。

2. 应用写作是良好职业能力的体现

写作不仅是通识能力，也是专业素养与能力的重要组成。这就涉及我们对写作的本体性认识了。长期以来，大家都习惯把语言和写作当作工具对待，认为它们是我们表达思想和感情、开展交流活动和传播信息的手段。从一般的意义上讲，这并没有错。但这仅仅是语言和写作的形而下世界，或者是语言与写作的第一层次。我们需要走向第二层次，进入形而上的本体层面，才能认识语言和写作。从本体上讲，写作是人类的存在方式，是人和世界相遇的行为。在人和世界相遇的过程中（海德格尔所谓的"去存在"），世界和人的本真敞开了。在这个过程中，通过写作，我们思考世界、理解世界，甚至构造世界，并渐渐衍生（降解）出世界观、思维运用、材料处理、结构安排等综合能力。通俗点说，写作是一个从生活到作品的漫长过程，这个过程大体分为三个基本环节，即摄取材料、加工材料和文字表达。对这三个环节，需要培养九种具体能力，摄取阶段的观察能力与采集能力，加工阶段的感受力、想象力、开合能力和思维能力，文字表达阶段的遣词造句能力、表达能力和修改能力。应该说，这些能力分散在各种专业学习过程中，不同的是，在写作中它们是以综合能力体现出来的。这也就不难理解，为何在专业能力的考察中，普遍采用论文写作形式。即便是那些以实验为主的自然科学，也要以实验报告和研究报告这样的写作形式来体现研究的最终成果，而艺术类专业以创作来体现成果的活动，也需要创作总结与说明等。由此可见，写作不仅仅是工具，更是各类专业的基本能力的综合体现。也难怪，越来越多的专业从本科就开始开设专业写作（或者毕业论文写作）这样的课程了。这种对于专业写作的自觉和重视，就是摒弃了把写作仅仅作为工具的简单粗浅思维，而是将写作当作重要的能力和素质的体现，是向写作本体复归的表现。

3. 应用写作是了解社会的重要窗口和路径

随着人类认识水平的提升，应用写作作为工具之外的意义在逐步被发现和重视。比如，如果我们用思政的思想和眼光看，应用写作教学其实是一个很好的思政方式方法，是大学开展立德树人的重要维度。以党政机关公文为代表的应用文有很强的政策性和时政性，和日常生活的关系非常密切。在应用写作文种的教与写的过程中，我们一方面要为文种寻找当下的政策法规依据等大背景，也要考察社会运转的机制等微景观；另一方面，我们也通过公文的运转规范和过程来熟悉上下级关系、个人与机构的关系。两方面结合起来，我们就能更快更好地了解党的政策方针和国家机器运转的方式。同时，我们学习写作，可以去国务院和各个相关部委的门户网站寻找最新的例文，这些例文有助于我们及时知晓国家的发展动态。而多学习自媒体上经常伴随新闻事件而发布的通报、公告和报告等文种，有利于我们把写作学习和时政关注有机结合起来。

五 应用写作的学习方法

应用写作是"门槛低，写好难"的实践活动。其使用范围广，但很多时候都缺好的"笔杆子"，可以说具有很好应用写作能力的人是单位的"硬通货"。如何写好应用文？有无写作秘籍？我们认为至少有如下几个简单而有效的办法。

1. 在写作训练中学会写作

大学应用写作课现在要做的第一件事就是把大学写作课从关于写作的知识理论课改造成写作训练与实践课，适当压缩写作的理论与知识课程，扩大写作训练课程的比例，让大学生在写作的练习和训练中慢慢学会写作。欧美国家的写作课程通过"工作坊"教学法来开展写作训练，通过写作训练来提升写作能力和水平，值得我们效仿。

我们这本教材称为写作简明教程，就是尽量压缩了知识和理论部分，重视写作规范等写作实务，目的就是把空间和时间腾挪给写作活动。同时，写作的过程是一个试错学习的过程。很多大学生都有这种感受，应用写作文体一看（听）就懂，一写就错，究其缘由，还是实践少了。我们提倡多写多练，通过不断地试错来掌握正确的写法。一般来说，每一个文种经过课堂训练、课后拓展，再经过课堂纠正等几个回合，学生差不多就可以掌握要领了。

2. 多阅读和模仿

教应用写作最难的是找到经典案例，或者教师手中例子不够丰富和新鲜。这说明了什么呢？说明经典案例很重要。好的应用写作例子可以直接供学生模仿，一些规范的例子甚至可以作为初步学习应用文的模板，比如通知、纪要、请示等。一些优秀的写作者不需要专门上写作课，可以通过阅读例子而自学成才。要反复地、仔细地研读优秀范文，从标题到正文，从结构谋篇到词语选用，从说理方法到表达方式等。

学习应用写作，通过一句话、一段文字地琢磨，并在此基础上进行模仿写作。可以是格式的模仿，可以是内容的模仿；可以模仿标题拟制，模仿开头部分的目的、缘由和背景，模仿导语、由头、结尾等；还可以是风格和语体的模仿。但模仿是手段而不是目的本身，经过模仿把手练熟，逐渐掌握写作的规律，然后在模仿基础上进行修改，慢慢抹去模仿的痕迹。这样一来，就能离开模仿对象，自我感觉和个性越来越鲜明。当有一天，不用再模仿别人，并能自觉构思和行文的时候，自然就知道该如何写作了。

这是学习写作的第一级阶段，也是必要的阶段，对很多人都是实用的，这可以让我们少走弯路，事半功倍。在信息发达的今天，各大机关和部门都及时公布本机构运行的公文，我们多上网查阅，可以使自己的写作跟上时代的脚步。

3. 把握规范和思维程序性

写作是有规律可循、有章法可依的，对于应用文的写作来说尤其如此。从应用写作本体来说，应用文培养了人的两种写作能力：一是规范意识，二是思维的程序化。所谓规范意识，就是要求越高、权威性越强的应用文种，其规范性越高。这种规范性，既表现在文中内容的结构与要素上，也表现在格式的安排与制作上。这种规范性构成了该文种的标识，也可以说是文种的精髓。它确保执行者能一眼看懂发文机构的意图、目的，从而高效、准确地办事。比如，很多公文都有自己的特殊句式表达，就是这种格式规范意识的产物。掌握了这些规范，写应用文才能得心应手，而不至于一筹莫展。应用写作也是思维程序化很强的过程，这和文学创作差别较大。应用写作，准确规范第一。成熟的应用文类在内容上已经显示出高度制式化特征，写作对人们的思维可以像机器一般按照流程来推进，做到一气呵成，又快又好。

4. 建立个人的写作资料库

应用写作是一个熟练活，在内容上对资料要求比较高，特别是在材料比较复杂、写作时间比较紧的情况下。写作者平时要多积累，建立起个人的资料库，以备不时之需。建立个人资料库，一方面，要把个人写作的材料保管好，因为工作是有规律和继承性的，这些常规的文件有时只需要换一下主题、时间、地点和人员等，或者修改以往的同类材料即可；另一方面，要经常浏览国务院以及所在地区、所属行业的网站，多读材料，及时下载保存。一般说来，这些网站上的相关材料的政策性很强，有很强的权威性，我们要注意它们对时局和走势的表态、新提法和新表述，以及有哪些网络用语被首次使用。这样我们也能跟上步伐，个人写作时就可以大胆使用新表述、新写法。同时，要坚持学习，多看一些写作方面的业务书籍，多和同行交流，防止陷入信息茧房。

第一部分

日常应用文体

第一章
日常应用文书写作

第一节　日常应用文书概述

一　日常应用文书的概念和基本类型

日常应用文书是人们在日常工作、学习、生活中经常使用的实用性文书。它具有极为广泛的用途和非常强的实用性。我们可以看到日常应用文书无处不在，它几乎渗透到我们生活的每一个方面，对我们的日常交流起到了极其重要的作用。日常应用文书可以分为条据类、申请书类、启事类和演讲稿类等几大类别。

1. 条据类

条据类是日常应用文书中一种非常常见的文体，主要包括收据、付据、发票等。收据就是我们购买商品后，商家提供的记录我们支付情况的单据。它明确标注了交易的日期、交易双方、购买商品的名称、数量、单价、合计金额等交易核心信息。付据也称为付款单，它是我们向对方支付款项时提供的记录付款信息的单据。付据同样会标明付款金额、付款原因、付款时间、付款方和收款方等关键要素。发票则是商家向消费者开具的购买商品或服务的法定票据，它既证明了购买行为的发生，也是纳税依据。所以发票会详细列明交易详情，如商品名称、规格、数量、单价、合计金额，并有商家盖章等。条据类日常应用文书记录了我们许多日常交易活动，起到了证明交易和付费的重要作用。

2. 申请书类

申请书类也是我们经常需要应用的日常文书，它包含入学申请书、请假申请书、报名申请书等。入学申请书用于申请进入某所学校就读，其内容包括个人信息、学习经历、特长等陈述自身优势的介绍，并表达申请意向。请假申请书是向单位或学校请求休假的正式文书，需要具体、详细说明请假原因及时间。报名申请书则用于申请参加某项活动或比赛，会指明报名人信息和报名目的。各类申请书的目的都是希望对方批准提出的申请。申请书也是日常工作和学习中不可或缺的应用文体。

3. 启事类

针对启事类日常应用文书，这里主要介绍招聘启事和房屋出租启事。招聘启事由企业或组织发布，用以公开招募符合条件的求职者。房屋出租启事由房东发布，旨在出租闲置的房屋。这两类启事都属于公告性信息的发布，需要张贴在显眼位置，以便相关群体浏览。启事类日常应用文书起到了传播信息和招募对象的作用。

4. 演讲稿类

演讲稿类日常应用文书主要指各类演讲场合的演讲稿，如主题演讲、商业演讲、典礼演说、圆桌讨论等。演讲稿包含演讲的主题和论点，在不同场合需要调整语言风格。演讲稿类日常应用文书要传播某种信息，影响听众，从而达到演讲目的。

二、日常应用文书的主要特点

日常应用文书最大的特点就是语言简明实用、格式规范、结构清晰。这些特点体现了日常应用文书追求高效的交流。

1. 日常应用文书强调语言的简明实用

日常应用文书通常会使用简单通俗的词语，避免生硬晦涩的专业术语。因为日常应用文书的受众面广，如果语言过于复杂，则很难被大众所理解，达不到交流目的。所以日常应用文书会采用简单明快的词汇，如使用"报名"等词，而非"递交注册申请"这样的词语。它还会直接使用"您""我们"等简单称谓。

日常应用文书组织语言时以通俗易懂为主。它避免使用复杂的语法结构，而是用简单实用的语句叙述信息，如"我想请两天假""该收据证明了交易"等。也会使用一些通俗易懂的比喻或例子，帮助阐述概念，如"学习就像行车，需要不断注意路况并做出调整"。这些通俗语言可以增强受众的理解和认同。

行文上简洁明快，直切主题，一般不使用过多修饰语。例如，条据类文书可简明列出交易要素："购买A商品2件，单价×元，合计×元。"一般不会有过多修辞，以简洁行文突出要点。

日常应用文书非常强调突出关键信息，直接传达文书目的。比如发票会突出商品名称、数量、金额等信息。启事会用标题突出主题，如"急聘驾驶员""优质房源招租"。申请书也会在开头直接表明申请意向。突出重点信息，可以迅速吸引读者注意力，也方便读者筛选有用信息，从而提高阅读效率。

2. 日常应用文书注重格式的规范性

不同类型的日常应用文书都有约定的格式。如收据可以按照"收款单位—款项项目—金额—日期"的顺序条理清晰地排布信息。启事也有"标题—正文—发布人—日期"等固定格式。格式的规范可以使文书组织井井有条，信息一目了然。

3. 日常应用文书的内容结构清晰合理

段落之间存在明确的逻辑关系，层层递进而不是松散混乱。申请书会按照"开头陈述申请意向—阐述申请理由—表达申请期望"的结构组织内容。演讲稿也会有"开头—论点阐述—示例描述—总结呼吁"的段落安排。这种清晰的结构有利于读者快速抓住要点，增强文书的逻辑性和说服力。

三 日常应用文书的写作技巧

掌握这些技巧可以使我们在写作日常应用文书的时候更加得心应手。

1. 用语简单易懂

具体来说，要选择使用常见简单词汇，尽量避免生僻艰涩的词语。例如使用"给予"而不是"赋予"，使用"请假"而不是"申请休假"。语法结构也要简单，不要使用太多复杂从句，而是使用简单句表述信息。例如，"我想请假两天，10号至12号，原因是感冒发烧"，这种简单句表述更加直接明了。

2. 行文逻辑清晰

每个段落都要有明确的主题，段与段之间要使用正确的过渡和衔接，如"而""然而""此外"等。全文的层级结构也要清晰，不要前后重复或思路混乱。可以使用一些顺序词汇帮助表述，如"首先""其次""最后"等。

3. 突出核心信息

这需要在文书中采用多种手法，比如可以将重要内容放在开头段落，也可以用黑体字标注，甚至重复强调。《入学申请书》可以先写明申请的学校和专业，《请假申请书》要先说请假时间，突出重点内容。

4. 采用恰当语气

根据情况、场合需要使用合适的语气，如请求时要礼貌而坚决，说明情况时要客观而不失热情等。还要注意使用恰当的称谓，避免生硬。例如，使用"尊敬的××学校领导"这样的称呼会更得体。

5. 格式规范美观

注意格式的一致性，如对齐方式、日期格式、段间距等。字体也要整洁清晰易读。可根据需要选用标题加粗、文本左右对齐等格式设置，使版面看上去美观大方，信息清晰完整。

总之，日常应用文书追求实用和高效的交流效果。做到语言简练、内容集中、格式规范，是撰写日常应用文书必须掌握的基本原则和关键技巧。这需要写作者注重简化语言表达，强调逻辑清晰，突出重要内容，使用合适语气，并精心安排格式。这些技巧的应用可以极大增强日常应用文书的可读性和实效性。

第二节 条 据

一 条据的概念与特点

条据，"便条"与"单据"的合称，是作为某种凭据或说明的生活文书。因为其具有信用与凭证作用，在日常生活中使用非常广泛。

根据事项的目的和功能不同，条据可以分为说明式条据（便条）与凭证式条据（单据）。说明式条据用来说明某事，或者委托等，比如留言条、请假条和委托书。凭证式条据主要用于借用、收到财物或者收领买房物品后给对方留下的字据，比如收据、发票、付款凭证、运单等。

条据有如下特点：内容单一，一则便条只说一件事；行文简洁，只需要精准地交代核心内容，比如时间、地点、数字等，整个篇幅往往不到 100 字；时效性强，比如请假条，时间一过就作废了；使用广泛，在生活中几乎每个人都要用到。

二 条据的写作规范

1. 标题

正中写下标题类型，如请假条、借条、留言条等。

2. 称呼

写对方称呼，如张老师、李医生，等等。如果是借条等凭证，可以不写称呼。

3. 正文

说明式条据要写清楚需要向对方说明的事情，如请假条需要说明请假的原因和时长，必要时附上证明；凭证式条据要写明事项和相关必要信息，如借条要写上接受借据人的姓名（数额巨大时要写上对方的身份证号）、财物数额（大写）和用途，以及借期和归还方式等。

4. 结尾

不同的单据有不同结尾。请假条要写上"此致　敬礼"；凭证类要写上"此据"，也可以不写。

5. 落款

在右下方署名，并写上日期。如果署名是单位，则需要盖章。

三 条据写作要求

1. 事项清晰

无论是说明情况，还是信息凭证，都要做到行文清楚，叙事简明，让人一看便知，便于行事。

2. 表述严谨

语言上不能有歧义或含混，不能造成理解的困惑或分歧。不要遗漏关键信息，涉及数字等信息时，有时要大写，更不能有涂改，要做到整洁清晰。

3. 格式规范

不同条据有不同格式，这是识别文种和类型的标志，不要混淆，要突出重要交易信息的字体或位置。

四 规范例文

请假条

曾老师：

  我因严重感冒，需要去医院输液（医生证明附后），无法上课。特向您请假一天（3月10日），诚请批准。

  此致

敬礼！

您的学生：×××
2024年3月9日

（附医生证明）

评析

这一则请假条要素齐全，格式规范。要素包括了标题、称呼、正文、结尾、署名和日期。正文的内容简洁清晰，缘由真实，有医生证明，请假时间明确，一目了然。

发票

编号	商品名称	数量	单价	合计
1	笔记本电脑	2	3999	7998
2	打印机	1	1599	1599

合计：9597 元

评析

该发票简明地记录了购买商品的名称、数量、单价和合计金额信息，能够明确反映交易情况。条目采用编号，格式规范，语言简洁，目的明确，符合条据撰写要求。

收据

××商店收据

日期：2019 年 5 月 15 日

客户：×××

购买商品：

T 恤　2 件　单价￥50　合计￥100

牛仔裤　1 件　单价￥150　合计￥150

总计：￥250

（商店盖章）

评析

该收据清晰简明地记载了交易日期、客户姓名、商品名称、数量、单价及合计金额等交易核心信息。条目之间用空行分隔，使结构更加清晰。语言简洁，格式规范整齐，达到了条据记录交易的目的和要求。

五　病文改错

借到老同学 1000 元，立此字据。

×××

2023 年 8 月

数字资源 1-1
借据案例修改

发票

编号 商品类别 数量 单价 合计金额

第一个 是非常好用的笔记本电脑和一个可以用很久的打印机 2 和 1 3999 元 和 1599 元 总共是 9597 元

数字资源 1-2
发票案例修改

运单

本运单记载了本次运输物资名称、重量、目的地和收费数额。物资有书籍纸张等文具,大概有两三百斤,要运到北京×××路×××号。费用总计约￥200。

数字资源 1-3
运单案例修改

六 情景写作

(1)你的指导老师(王老师)在北京开学术会议,因暴雨飞机延误,不能及时赶回来上第二天早上的课,请你替王老师向学院教学科请假,并于第二天早上到所在的上课教室,给将要上课的2023级汉语言文学专业同学写留言条。

(2)假设你在超市购买了5瓶可乐、3包薯片,请根据购买情况撰写一张收据。

第三节 申 请 书

一 申请书的概念与分类

申请书是个人向组织,下级向上级表明意愿,表达决心,提出要求的文书。

申请书在日常工作与生活中使用广泛,按照申请事项的性质划分,有社会组织方面的申请,一般是指加入党派和社会团体的专用书信,如入党、入团申请等;有工作学习方面的申请,指向单位提出工作、学习中的意愿的专用书信,如入学、退学、进修、工作调动申请等;有日常生活方面的申请,指向有关部门提出生活需求的专用书信,如结婚申请、困难补助申请等。

二、申请书的特点

1. 内容单一

作为报请性文书，申请书坚持"一文一事"的原则，个人向组织或者下级向上级提出具体的专门要求，不能像其他书信体一次谈几件事。

2. 态度诚恳

个人向组织、下级向上级提出要求，态度要诚恳而谦敬，不能强硬要求或以命令的口吻。

3. 书信体

形式上要遵守书信格式，有称谓、结尾和落款。

三、申请书的写作规范

申请书一般由标题、称谓、正文、结尾、署名与日期。

（一）标题

（1）用"文种"做标题，如"申请书"。
（2）用"事由＋文种"做标题，如"转学申请书""入团申请书"，等等。

（二）称谓

称谓是接受申请的组织、单位或者相关领导与负责人，如"尊敬的历史系党支部""尊敬的×××同志"。

（三）正文

申请书的主体一般由申请事项、申请的理由和申请的态度与打算三部分构成，根据申请的内容，正文可长可短。

1. 申请事项

开门见山提出申请的具体事项，简洁明了，不拖泥带水，如"经过慎重考虑，我庄重向组织提出，加入中国共产党，请组织考验和接纳我"。

2. 申请的理由

申请理由即为什么申请，从目的、意义和自身条件分别阐述。作为申请书的重点，这一部分结构要条分缕析，内容要实事求是，用语要真切诚恳。

3. 申请的态度与打算

提出申请，如果组织同意的话，申请者会打算怎么做；如果暂时不同意，申请者打算怎么做，并表明决心与态度。

（四）结语

有专门的用语，如"特此申请"或"此致 敬礼"等。

（五）署名与日期

最后在正文下方右侧署上申请人姓名（或申请的单位名称）与日期，如果申请的是单位，则要盖公章。

三、申请书的写作要求

1. 诉求明确

申请的事情要具体明确，不能含糊其词，也不能委婉含蓄。

2. 理由充分

陈述申请的理由既要实事求是，也要理由充分，具有一定感染力和说服力，便于上级了解申请者的愿意和条件，从而顺利通过申请。

3. 表达得体

申请书的语言要简明清晰，语体要庄重，措辞诚恳，不要出现指令性词语，做到既情真意切，又大方得体、不卑不亢。

四、例文选读

入党申请书

敬爱的党组织：

  我志愿加入中国共产党，为共产主义奋斗终身。

  中国共产党是中国工人阶级的先锋队，同时是中国人民和中华民族的先锋队，是中国特色社会主义事业的领导核心，代表中国先进生产力的发展要求，代表中国先进文化的前进方向，代表中国最广大人民的根本利益。党的最高理想和最终目标是实现共产主义。

  自1921年建党一百多年来，中国共产党从小到大、从弱到强、从幼稚到成熟，不断发展壮大。实践证明，我们的党是在成功与失败的反复锻炼中成长起来的工人阶级的先锋队，是一个能够克服自身缺点不断进步的党，是一个最终能够领导中国人民战胜困难、走向胜利的党。尤其是十八大以来，以习近平同志为主要代表的中国共产党人，顺应时代发展，从理论和实践结合上系统回答了新时代坚持和发展什么样的中国特色社会主义、怎样坚持和发展中国特色社会主义这个重大时代课题，创立了习近平新时代中国特色社会主义思想。

习近平新时代中国特色社会主义思想是对马克思列宁主义、毛泽东思想、邓小平理论、"三个代表"重要思想、科学发展观的继承和发展，是马克思主义中国化最新成果，是党和人民实践经验和集体智慧的结晶，是中国特色社会主义理论体系的重要组成部分，是全党全国人民为实现中华民族伟大复兴而奋斗的行动指南，必须长期坚持并不断发展。在习近平新时代中国特色社会主义思想指导下，中国共产党领导全国各族人民，统揽伟大斗争、伟大工程、伟大事业、伟大梦想，推动中国特色社会主义进入了新时代。

我申请加入中国共产党。我深深懂得，人只有树立正确的人生观，树立远大理想，无止境地追求，才会生活得更有意义。我渴望成为一名光荣的中国共产党党员，这绝不是为了光宗耀祖，绝不是为了凭借执政党的地位为自己谋私利，我深深地懂得共产党员意味着拼搏、奋斗甚至意味着牺牲，我入党只是为了更直接地接受党的领导，为共产主义事业奋斗终身！

因此在日常工作和生活中，我在思想上积极进取，努力向党组织靠拢，认真学习马列主义、毛泽东思想、党的章程，努力学习与锻炼来提高自己。我还经常作自我批评，自觉地接受党员和群众的帮助与监督，以身边优秀的共产党员为榜样，努力克服自己的缺点和不足，严格要求自己，尽量缩小与党员标准之间的差距。不断学习党的先进理论，并开展实践，用忠诚和责任鞭策自己，努力不辍。能够始终把爱国主义作为高扬的光辉旗帜，把勤奋学习作为人生进步的重要阶梯，把深入实践作为成长成才的必由之路，把奉献社会作为不懈追求的优良品德。

加入光荣的中国共产党一直是我的愿望，如果党组织能够接纳我，我会以党员的标准严格要求自己，按时交纳党费，积极发挥党员的先锋模范作用，自觉接受党的教导，贯彻落实党的路线、方针和政策，为实现"两个一百年"奋斗目标、实现中华民族伟大复兴的中国梦而奋斗。

我深知按党的要求，自己的差距还很大，还有许多缺点和不足，如处理问题不够成熟，政治理论水平不高，做事有时犹豫不决等。如果党组织没有接受我的申请，我也不会气馁，我要找到差距，继续努力，不懈追求，最终使自己成为一名光荣的中国共产党党员。请党组织看我的实际行动。

此致
敬礼！

申请人：×××
20××年×月×日

◈ 评析

　　这是一则个人向党组织表达意愿的申请书,要素齐全,格式规范,用语得体,思路清晰。要素中的标题、称呼、正文、结尾和署名与日期都具备。正文分为三个层次,第一层(第1自然段)表达申请之事:入党;第二层(2~6自然段)是入党的理由,这又分为两层,2~4自然段是对党的认识,5~6自然段是入党对申请者的意义和其自觉向党组织靠拢的行为;第三层(7~8自然段)是申请者的态度和打算,同意了怎么办,不同意怎么办。

数字资源 1-4
申请书案例

五 病例分析

申请书

　　我叫×××,是××部门的员工。我家庭很困难,经常没有钱看病,孩子上学的学费也很贵,我们常常要外借,至今家里欠了一屁股债务。听说单位现在有一批困难补贴,我觉得我是最符合条件的,加上我是老员工,从来没有出过工作差错,我们部门的领导最了解我的情况,你们可以找他核实。

　　相信我,如果给我了补助,我一定努力工作的。

×××
20××年×月×日

数字资源 1-5
申请书修改

六 情景写作

　　(1)×××作为志愿兵在部队服役15年,按照规定他可以申请转业。同时,不巧其母亲身体不好,要经常去医院看病,作为家中独子,他需要经常回家照顾母亲。请你替他拟一份转业申请书。

　　(2)×××研究生毕业后,作为高科技人才从北京到上海的××公司工作。按照上海市人民政府的规定,他符合申请人才公寓的条件。他刚刚参加工作,没钱买房,工资暂时不高,因此他想申请公司附近的人才公寓。请你替他拟一份人才公寓申请书。

第四节 启 事

一 启事的概念与特点

启事是机关、企事业单位或个人向公众陈述事实，表达要求或请求帮助的文书。"启"即叙说、陈述，"事"即事情，启事就是陈述事情，而不是启示道理。

启事的种类很多。按照发布者身份分，有私人启事和单位启事。按照发布方式有粘贴启事、广播启事、电视启事等。按照内容和目的划分，有三大类：公告类启事，如开学启事、更正启事；寻找类启事，如寻人、寻物启事；征召类启事，如征婚启事、招聘启事。

二 启事的写作规范

启事的文体结构一般分为标题、正文和落款。

1. 标题

启事的标题比较灵活，主要有以下几种形式：
（1）用"文种"做标题，如"启事"；
（2）用"事由"做标题，如"拾物招领"；
（3）用"事由＋文种"做标题，如"寻人启事"；
（4）用"启事者＋事由＋文种"做标题，如"××大学2024年度教师招聘启事"。

如果启事陈述之事比较重要或者紧急，可以在启事前加上"重要""紧急"字样，如"紧急启事"。

2. 正文

正文是启事的主体，是对启事的目的、意义、原因、要求、联系方式等内容的具体说明。其内容应分条陈述，详略安排由启事的类型与重要性决定。

（1）公告类启事的正文，向公众说明原因和情况，表明意愿和态度，如"遗失启事"表明具有身份和凭证作用的遗失物作废，要写明该物的型号或编号等重要信息。

（2）寻找类启事的正文，向公众说明所遗失之物丢失的时间、地点、标志性特征，必要时附上照片，附上寻找者的联系方式和酬谢方式。

（3）征召类启事的正文，要写明征召单位的信息、招聘对象、招聘待遇、应聘条件与方式、联系方式等。

3. 落款

启事者（个人或单位）与日期。如果落款是单位，要加盖公章。

三、启事的写作要求

1. 标题醒目

无论什么内容的启事,标题要尽可能简洁,文字简短醒目,以吸引读者。

2. 内容真实

启事的内容要正式,不可弄虚作假,否则会损害他人和单位利益,比如"招聘启事"。

3. 表述严谨

启事是一文一事,对事情的交代、事物的描述等要清楚明确,不可产生歧义或者含混不清,不能让读者产生困惑。

四、例文选读

保安招聘启事

××市保安服务总公司是由××市公安局领导的,为社会公共安全提供有偿服务的专业化公司,现有保安600余名。长期面向社会招收保安队员,安置工作,保证社会信誉。

一、招聘条件

1. 男性:年龄18~50周岁(身体好、素质好的可放宽至50周岁以上),初中以上文化,身高1.75米以上,五官端正,身体健康,无纹身;

2. 遵纪守法,品德优良,热爱保安工作,无犯罪前科,由村、社区、当地派出所等出具个人表现证明,政审合格;

3. 报名时须持身份证或户口簿、学历证、退伍证/下岗证、政审表;

4. 下岗职工和复退军人优先。

二、岗前培训

时间1~2周,内容包括学习保安业务知识,法律、保卫、消防常识,军事队列,擒拿格斗,保安礼仪等。

三、服装免费

面试合格者,公司可免费配发新服装。需收取服装保证金500元,自服装发放之日起,凡在公司工作满1年,退回服装保证金。

四、工作安排和工资待遇

经培训合格的学员,由总公司和本人签订《劳动合同》并安排工作,基本实行8小时工作制，每月公休假4天。对保安人员执行岗位工资制，因岗位不同月工资1200元～1800元，见习期一个月，少50元工资；班长给予职务津贴；由总公司办理团体人身意外保险。

五、诚信可靠，正规管理

我司是一个国有企业，有正规的人事管理和工资管理制度。对保安人员实行合同制，每期一年，到期续签，逐人建立档案，连续工龄三年以上者发放养老基金，由个人选择办理。表现好的可以提升为班长、大队长等职务。

六、报名时间、地点、联系方式

1. 报名时间：周一至周五　上午8：00—12：00　下午14：00—18：00
2. 地点：××市××区××路××号
3. 联系人：×××　电话：××××××××××

××市保安服务总公司

20××年××月××日

评析

这是一则规范的征召类启事。标题、正文、署名和日期都有。正文分条分款简明具体，交代了征召单位的信息、招聘对象、招聘待遇、应聘条件与方式、联系方式等。

失物招领启事

本人于9日上午在××街××店附近拾到钱包一个。钱包红色皮质，短款，里面有现金及卡若干，里面有身份证，名字叫×××。请该失主看到后速与本人联系。联系电话133××××××××。

李同学

20××年××月××日

评析

这是一则寻找类启事。该文寻找失主，交代何时何地拾到何物，大体描述失物特征，但核心信息不告知，供核对，并给出明确的联系拾主的方式。

五 病例分析

启事

×××,女,××岁,于×月×日离家,至今未归。

本人若见到此启事,请尽快同家人联系。

有知其下落者,请与××市××大学××系×××联系,联系电话:××××××××。或请与××市××路派出所联系,联系人:×××,电话:××××××××。

20××年×月×日

数字资源1-6
修改

六 情景写作

(1)×××是××报社的记者,在一次外出采访过程中,不小心丢失了记者证,按照规定,他需要在报纸上刊登一份启事。请你替他拟定一份遗失启事。

(2)新的一年开始了,××学校的动物保护协会开始招募新会员,请你替他们拟一则启事。

第五节 演 讲 稿

一 演讲稿的概念和特点

(一)演讲和演讲稿

演讲,也叫讲演或演说,"演"有演示、表演之意,"讲"就是讲述、陈述。《现代汉语词典》中对"演讲"的解释是:就某个问题对听众说明事理,发表见解。《辞海》的解释是:在听众面前就某一问题表示自己的意见,或阐说某一事理。所谓演讲,就是在特定的时空环境下,一个人出于主客观需要,面对公众,运用有声语言或无声的肢体语言(手势、动作、表情等),就某个问题说明道理、发表意见、抒发感情,具有宣传鼓动作用的一种社会实践活动。

演讲稿,也称演讲词或者演说词,是演讲者在较为隆重的仪式和特定场合的公众集会上发表讲话的文稿,是演讲者进行演讲的依据。一份出色的演讲稿能为演讲者提供材料、明确主题、搭建框架、发掘深度，既帮助演讲者理清思路，又为演讲者临场发挥"表演"艺术提供条件、留出空间，有力保障演讲的顺利成功。

从不同的角度和范畴，演讲可以分为不同的种类：按照演讲的形式，可分为命题演讲、即兴演讲、论辩演讲等；按照演讲的内容，可分为政治演讲、学术演讲、生活演讲等；按照演讲的功能和用途，可分为竞职演讲、竞赛演讲、礼仪性演讲等。

根据演讲的场合和功用，大致可以将演讲稿分为问题性演讲稿、礼仪性演讲稿和竞争性演讲稿几种类型。

问题性演讲稿，是经过精心准备，针对社会公众普遍关心的重大问题进行道理阐述和说明的演讲稿。

礼仪性演讲稿，是在各种庆祝、欢迎集会上或者其他社交礼仪场所做的具有祝贺、祝福、表达良好祝愿的礼节性的演讲稿，如祝酒词、欢迎辞，等等。这类演讲稿要求语言诚挚恳切，充满真情实意，注重以情动人。

竞争性演讲稿，是在各类演讲比赛或者竞聘工作职位和竞争工程项目时所用的演讲稿。这类演讲稿要求充分展示己方的优势、个性和才华，语言生动形象、富有感染力，能够打动观众和评委。

（二）演讲稿的特点

1. 针对性

演讲是一种用于公共场合的宣传活动形式，注重以思想、情感、事例和观点来晓谕听众、打动听众、说服听众，所以必须有强烈鲜明的针对性。这种针对性，首先是演讲者所提出的问题应当是听众普遍关心的社会热点问题、焦点问题，话题选择不能过于个人化和私密化；其次是区分演讲的不同场合和听众的不同类别、不同层次、不同职业，写作时应针对不同场合和不同的听众对象，设计不同的演讲内容和方式。

2. 口语化

演讲稿一般不会事先提供给现场听众，仅凭一闪而逝的听觉印象和记忆，听众很难全面准确地理解演讲内容，且演讲者常常有较多的临场发挥，因此，口语化是演讲稿的独特之处。

要做到口语化，演讲稿必须明白如话、通俗易懂，演讲者讲起来朗朗上口、流畅动人；听众听起来清楚明白，没有语言障碍，不会出现听不懂或者产生歧义、曲解本意的情况。为此，在写作演讲稿的时候要注意：采用日常生活常用词汇和常用句式，避免使用生僻词汇，以及艰深晦涩的文言词语和成语典故，等等。

但口语化不等于大白话，更不等于庸俗甚至低俗，一定要处理好雅与俗的关系。写作演讲稿要有一定的文学素养和文学色彩，适当运用一些修辞技巧，如比喻、拟人、排比、夸张等，以增强演讲的说服力和感染力。

3. 鼓动性

要做到演讲的鼓动性，需要在思想内容和语言表达两方面下功夫。演讲稿的思想内容要丰富深刻，见解精辟独到、发人深思；语言表达要形象生动，有文采、有气势，富有感染力。如果演讲稿写得过于平淡无奇，则很难达到理想的效果。

要增强演讲稿的鼓动性，首先要求演讲者对演讲主题和相关社会现象有深刻理解和独到见解，能够给听众以耳目一新、茅塞顿开之感；其次在写作演讲稿时要善于运用恰当的修辞手法，如比喻、拟人、排比、反复、夸张，以及丰富多样的句式，少用一般陈述句，多用祈使句、感叹句和反问句，句式以短句为主，适当辅以少量长句，长短句交错使用，以强化情感的抒发和表达。

数字资源 1-7
演讲稿的社会作用

二 演讲稿写作规范

演讲稿属于议论抒情式的应用文体，具有议论文属性，其框架格式和议论文大致相似，按照"提出问题——分析问题——解决问题"的"三段论"逻辑思路来布局结构。从形式要素上看，演讲稿通常包括标题、称谓、开头、主体和结尾等五个部分。

（一）标题

演讲稿标题设计的总体要求：一是准确贴切，演讲标题与演讲内容和谐统一，符合演讲者的身份；二是生动简洁，标题要有高度概括性，用最简洁的语言表达最丰富的内涵，凸显演讲的中心论题，言简意赅；三是新颖醒目，标题设计要给人以新鲜、新奇之感，新奇才能醒目。

演讲稿的标题设计，常用的有以下几种类型。

1. 提要型

提要型标题，将演讲的核心内容概括成一个短句，将主题简明地揭示出来。例如："在磨难与痛苦中创造亮丽的人生""金钱不是万能'灵药'"。提要型标题有利于集中表达演讲者的观点，也便于听众理解和领会演讲主题。

2. 象征型

象征型的演讲标题，运用比喻或象征等修辞手法，把抽象的哲理或者某种特殊意义具象化，深入浅出地揭示演讲主题。例如：青年钢琴家郎朗的演讲标题"指尖上的青春"，既喻指郎朗的职业特点，又以"青春"的经历唤起听众的心理情感共鸣，使听众很容易代入和共情。又如，中国台湾盲人歌手萧煌奇的演讲标题"你是我的眼"，既是他的歌曲代表作，又象征了他个人特殊的人生经历，动人心弦，令人过目难忘。

3. 警语型

警语型标题，运用家喻户晓、众所周知的格言警句，提醒、警示和劝诫听众。如"忧劳可以兴国，逸豫可以亡身""勿以善小而不为，勿以恶小而为之""天下兴亡，匹夫有责"，等等。

4. 提问型

提问型标题，是通过提问，揭示演讲的主要内容，而演讲的内容则是演讲者对问题的回答。这种提问型标题设计，容易激起听众的求知欲和好奇心。例如："苦难值得感谢吗？""人工智能机器人，福兮？祸兮？"

5. 抒情型

抒情型标题，重在抒发情感，以情动人，具有浓烈的情感色彩。例如："飞扬吧，青春！""醒醒啊，沉迷于网络游戏的孩子们！"

演讲稿的标题类型丰富多样，远不止上述几种，演讲者要根据演讲的主题、内容和不同的听众对象及时间、场合，精巧构思设计，用精彩的标题为成功的演讲打下坚实的基础。

（二）称谓

演讲中的称谓可分为尊称、泛称和特称等几种形式。

（1）尊称是出于对听众的尊敬和礼貌。演讲者为了表示尊敬同时也为了拉近距离，通常会用"尊敬的＋名字＋职位"的形式。

（2）泛称是对听众不分年龄、职业、层次的统称，多用于听众类型多样化的演讲场合，例如"同志们""同胞们""朋友们""女士们""先生们"等。

（3）特称则是针对特定职业（行业）、特定身份和特定层次的听众所用的称谓，如"在座的各位教师""善良的白衣天使"等。

另外，在学校内部或者校际举行的演讲活动，一般可以用"尊敬的老师、亲爱的同学们"这样的统称。

称谓不只是出现在演讲稿的开头，在演讲中间、结尾都可以适当运用称谓，以表示对听众的礼貌和尊重，也有利于与听众之间的交流互动。

（三）开头

一篇成功的演讲稿要求做到"凤头""猪肚"和"豹尾"，每个部分都有亮点。

演讲稿的开头要能够抓住听众，引人入胜，正如俗话所说："良好的开端是成功的一半。"瑞士作家温克勒说："开场白有两项任务：一是建立说者与听者的同感；二是如字义所释，打开场面，引入正题。"

数字资源 1-8
演讲稿的开场白方式

（四）主体

演讲稿的主体是对演讲主题的逐渐展开、丰富和深化，多采用夹叙夹议的方式展开演讲内容，要有重点、有层次、有中心语句，将演讲一步步推向高潮。演讲稿的主体结构多种多样，常见的有以下几种。

1. 并列式

并列式即从不同角度、不同层面围绕演讲主题展开叙述，或对阐述的问题进行分类，从不同的角度进行阐述，各部分处于同等地位。

2. 递进式

递进式即层层深入法。演讲者围绕演讲主题，由浅到深、由表及里、由现象到本质、由感性到理性、由片面到全面，如抽丝剥茧一般层层推进，展开叙述和论证。

3. 类比式

类比式针对比较抽象空洞的问题，在演讲稿中采用相类似的人物、事物或者典故做类比，以达到通俗易懂、深入浅出的效果。

4. 对比式

对比式即在演讲中对不同事物或者同一事物的不同方面进行对照，通过分析对比其相同和相异之处，使演讲者所要阐述的道理和演讲主题不言自明。

（五）结尾

演讲稿的结尾要求简洁有力、余音绕梁，切忌啰唆冗长，正如美国作家约翰·沃尔夫所说："演讲最好在听众兴趣到高潮时果断收束，未尽时戛然而止。"

数字资源 1-9
人格是最高的学位（节选）

数字资源 1-10
演讲稿的结尾

三、演讲稿的写作要求

1. 明确主题对象，精选材料

演讲首先要明确对象，了解听众的性别、年龄、身份、职业、受教育程度等，分析他们的喜好、立场和期望等，然后有针对性地采用恰当的方式来吸引和说服听众。一篇演讲稿要有一个鲜明、正确而集中的主题，不能主次不分、杂乱无章。必须紧紧围绕演讲的主题和中心来精选材料，阐明观点，这样才能给听众留下深刻印象。

2. 观点鲜明突出，感情真挚

演讲稿类似于议论文，要求观点鲜明突出、逻辑性强、有说服力。但演讲稿又不同于一般的议论文，它富有鼓动性和宣传性，要有较强的感染力。这种感染力，来自行文中多种修辞手法的综合运用，更来自演讲者在演讲中发自内心的真情流露，做到以理服人、以情动人，才能让听众产生强烈的共鸣。

3. 行文富于变化，时有波澜

俗话说："文似看山不喜平。"要达到理想的演讲效果，在写作演讲稿时，行文要富于变化，有伏笔、有悬念、有高潮，波澜起伏，使听众始终情绪高涨，兴味盎然。不能平铺直叙，索然乏味，让听众产生审美疲劳。

数字资源 1-11
演讲稿主体的写作要求

4. 语言表达流畅，深刻风趣

演讲稿的语言要求准确精练、生动活泼、通俗易懂、雅俗共赏。既要阐明深刻的道理，给听众以启迪和思考，又要注意深入浅出，幽默风趣，富有感染力。多用口语俗语，不要故作高深，卖弄学问，给人以"掉书袋"之感。

四 例文选读

五 病例分析

山东军阀韩复榘在齐鲁大学校庆的演讲（摘录）

诸位、各位、在坐的：

今天是什么天气？今天是演讲的天气。开会的来齐了没有？看样子大概有五分之八啦。没来的举手吧！很好，都到齐了。你们来的很茂盛，鄙人实在很感冒……你们都是文化人，都是大学生、中学生和洋学生，你们这些乌合之众是科学化的、化学化的，都懂七八国英文，兄弟我是大老粗，连中国英文也不懂，真是鹤立鸡群了……你们是从笔筒子里面钻出来的，兄弟我是从炮筒子里钻出来的。今天到这里讲话，真是蓬荜生辉，感恩戴德。其实我没资格给你们讲话，讲起来就象……就象……对了，就象对牛弹琴……

数字资源 1-12
例文选读

数字资源 1-13
修改

六　情景写作

（1）分析演讲稿的结构与艺术。

（2）比较两篇演讲（请扫二维码），如果是你上台演讲，你会选择哪一篇，给出你的理由。

（3）××大学文学院学生会选举学生会主席，要求以"如果你当选学生会主席，你将怎么做？"为题，发表五分钟的竞职演讲。王××是该学院中文系二年级学生，院学生会学习部部长、系学生会副主席、中共预备党员，他准备参加竞选。请你为王××准备一份竞选演讲稿。

数字资源 1-14
演讲两篇

第二章 事务文书写作

第一节 事务文书概述

一 事务文书的概念与种类

（一）事务文书的概念

事务文书，从广义上说，是指党政机关、企事业单位、社会团体或个人处理日常公务和私人事务时经常使用的、有固定格式的各类文书；从狭义上说，是指国家法定公文（即《党政机关公文处理工作条例》中规定的15种公文）之外的所有公务文书，其用途广泛，种类繁多。

（二）事务文书的种类

根据事务文书的性质和作用的不同，大致可以分为以下几类：

1. 计划类

计划类包括计划、规划、方案、构想、安排等。其共同点是对未来工作的内容、步骤、措施和方案等带有预见性的设想。

2. 报告类

报告类包括总结、调查报告、述职报告等。其共同点是归纳某种工作的主要内容、成绩与经验、问题与不足等，以文本形式向上级主管部门、本单位或者社会所做的报告。

3. 规章类

规章类包括规则、章程、制度、条例、守则等。其共同点是为了更好地开展工作而订立一些具有约束力的措施。

4. 信息类

信息类包括简报、照会、大事记、声明、启事等。其共同点是向外界传播的或长或短的各类信息。

5. 会议类

会议类包括开幕词、闭幕词、会议报告、会议记录等。其共同点是为召开会议而准备的有关文件及对会议内容的记载。

二 事务文书的特点

（一）政策性

事务文书要以党和国家的方针政策为指导，以法律法规为依据，文书中所涉及的一切工作事务，均不得违背各项方针政策。

（二）务实性

事务文书必须务实，不讲空话套话，实实在在办事。要依据和利用各种文件，把相关工作踏踏实实做好。

（三）真实性

事务文书要真实可信，不得使用虚假和伪造的材料，也不得有任何弄虚作假行为，不得故意隐瞒真相、报喜不报忧等。

（四）可行性

事务文书的写作一定要实事求是，通过深入扎实的调查研究，使文书所反映的内容和提出的措施办法切实可行。

数字资源 2-1
事务文书的社会作用

第二节 计 划

一 计划的概念和特点

（一）计划的概念

计划是党政机关、企事业单位、社会团体或个人为完成未来一定时期内的工作任务、事项或者活动，预先拟订的目标任务、措施、方法和步骤的一种事务文书。

计划的范畴非常广泛，种类也比较繁多。日常工作中经常使用的规划、纲要、方案、设想、工作要点、工作安排和打算等，都属于计划的范畴，但彼此间又有一定的差异。

计划的种类很多，按照不同的角度、不同的标准可以划分不同的种类：按性质分，有工作计划、生产计划、教学计划、学习计划等；按内容分，有综合计划、专题计划等；按形式分，有条文式计划、表格式计划、条文表格兼备式计划等；按范围分，有国家计划、地区计划、系统计划、部门计划、个人计划等；按时间分，有年度计划、季度计划、月度计划、周计划等；按效力分，有指导性计划、指令性计划等。

（二）计划的特点

1. 预见性

这是计划最显著的特点。计划是在某项工作开始之前，对目标、任务、方法和措施等所作出的设计和预想。它不是天马行空、漫无目的地胡思乱想，而是以有关文件和上级指示为指导，从本单位工作的实际情况出发，对今后一个时期的发展趋势进行科学预测后，作出的准确预见和合理设计安排。

2. 可行性

计划应当具有可行性。制订计划时，必须科学地分析各种主客观因素和可能发生的情况，设置合理的、能够完成的目标任务，并采用保障计划顺利实现的方法、措施和步骤。

3. 制约性

计划对订立的单位和个人具有明确的制约性。一旦制定了计划，就应当严格遵照执行，并将计划落实和执行的情况及结果，作为工作业绩考核、奖惩的依据。

4. 时限性

计划具有时限性，只在一个特定的时间范围内有效，计划预设的目标和任务，必须在规定时间内完成。如果没有时限的约束，计划就失去了作用和意义。

数字资源 2-2
计划的作用

二、计划的写作规范

计划一般由标题、正文和落款三部分组成。

（一）标题

标题是计划的名称，居中书写，常见的有以下几种形式：
(1) 单位＋时间＋内容＋文种，例如："××大学××年博士研究生招生计划"。
(2) 单位＋内容＋文种，例如："××市图书馆改造计划"。
(3) 时间＋内容＋文种，例如："××年理论学习计划"。
(4) 内容＋文种，例如："××课程教学计划"。

如果计划尚未获得正式批准通过，还需要讨论才能定稿，则应在标题后面加括号，注明"草案""初稿""讨论稿""征求意见稿"等字样。

（二）正文

正文是计划的主干和核心，一般包括前言、主体和结尾三个部分。

1. 前言

前言是计划的总纲，统率全篇，要说明制定计划的背景、目的、意义、政策依据、指导思想等，解决"为什么做"和"能不能这样做"的问题。

2. 主体

主体部分是计划的核心，要说明"做什么""怎么做""何时做"等问题。主要包括以下几个内容：

（1）目标和任务。说明"做什么"的问题，要写清楚计划应该达到的目标、完成的任务指标和要求等，落实到工作数量、质量、效率、效益等各个方面。要求条理清晰、具体明确，如果目标和任务比较宏大，最好能进行具体分解，任务和目标可以量化的不妨量化。

（2）方法和措施。说明"怎么做"的问题，要明确为达成目标、完成任务所采用的具体方法、措施、人力物力财力的调配运用、有关部门的具体分工、奖惩如何执行，等等。

（3）实施步骤。说明"何时做""分几步做"和"何时做完"的问题。要明确工作重点、工作的具体步骤和时间顺序，注意各阶段工作的衔接。步骤要切实可行，具有可操作性，切忌笼统含糊，职责不明。

3. 结尾

结尾是计划的补充部分，一般是表示决心，或提出希望和号召，或者补充说明事项和问题。结尾部分要简洁有力，切忌冗长啰唆。有些计划在主体部分之后自然收束，不写结尾。

（三）落款

多数计划都有落款，要有署名和日期，包括制订计划的单位名称或者个人姓名、计划定稿的日期等，写在正文的右下方。需要上报的计划，通常还要加盖公章。

三 计划的写作要求

（一）确定目标要实事求是

计划的目标是源于现实而又高于现实的。源于现实是以上一个时段总结作为基础，计划不能离开这个"实事"，但计划要高于现实，经过一定努力可以在一定程度上好于现实情况，即目标和任务经过努力是可以达成的。

（二）注重计划的可行性和可操作性

计划的确定要有科学依据，计划的实施步骤要具有可操作性，不能脱离客观实际，否则的话就无法具体实施。

制订计划要从实际出发，集思广益，深入分析各种情况，既鼓励积极进取，又要适当留有余地，充分考虑计划的可行性。计划目标不能过高，也不能过低，切忌盲目冒进，脱离实际。

（三）分清主次，重点要突出

计划一定要分清主次、轻重、缓急，突出重点。如果没有重点，工作起来难免主次不分、杂乱无章。

（四）计划要具有连续性和灵活性

一般说来，当前计划是对过去计划的延续，又是将来计划的基础，因此当前计划要有连续性。但计划属于事先的打算，难免有预计不到的地方或者突发情况，因此计划要留有余地，便于发生变化后及时灵活调整。

四 例文选读

此例文详见数字资源 2-3。

评析

这份工作要点，内容全面、具体、翔实，重点突出，条理分明，层次清楚。开头部分简要概括了制订计划的背景和依据，明确提出了计划的目标和总体要求。主体部分分为 7 大类 23 项，列出了学校 2023 年要完成的工作任务和具体措施，并分派落实到有关职能部门。格式规范，结构完整，要素齐备，目标和任务明确，方法措施和实施步骤具体实在，是一篇比较规范的计划类文书。

数字资源 2-3
例文选读

五 病例分析

期中考试后的学习计划

在期中考试中，我成绩不理想，心情沉重，为了避免这种情况的再度发生，特制订今后的学习计划：

学习是学生的天职，因此，我觉得以后课上好好听课，不做与学习无关的事，不玩手机，不打电子游戏。不懂就问，争取当堂课的问题当堂课解决，不拖拉。

课下要准时并且独立完成老师布置的作业，还要购买一套学习参考书，争取多做练习，强化所学的知识。

身体是革命的本钱，因此，在学习之余，要加强体育锻炼，或者打球，或者跑步，或者爬山，总之要坚持每天一小时的活动量。

思想方面要重视起来，要理解老师和家长的苦恼苦心，为自己有一个美好的前途而努力。

生活方面，应该做到和老师、同学处好关系，不制造矛盾，营造一个和谐、愉悦的学习氛围。

以上是我期中考试后的学习计划，我一定严格执行，争取期末考试取得理想成绩。

数字资源 2-4
修改

六 情景写作

（1）分析下面这个有问题的计划。

××企业下半年工作计划

为完成本年度市委、市政府下达的各项经济指标任务，我们计划在下半年主要抓好以下几项工作：

（一）深化企业改革，注重企业内涵建设。去年，企业前三个季度生产与销售目标基本完成，第四季度没有达标。今年，在日常生产与销售工作中，要以世界五百强企业的标准严控各个环节的运转。

（二）加强企业内部管理，提高企业经济效益。要坚持以改革为动力，促进企业的发展，把增产节约作为提高经济效益的重要工作来抓。具体措施有：① 进一步调整和优化产品结构，加大适销产品生产；② 不断挖掘企业潜力，调整定额，向管理要效益。

（三）强化企业职工的思想教育和技术培训，提升员工的思想素质和职业技能。具体在以下几个方面展开工作：① 对企业员工全面进行思想、纪律和法律教育；② 加强职工技术培训，努力提高职工技术素质，同时丰富和活跃职工文化生活。

（2）请结合计划的写作规范，评改下面这个计划。

语文能力强化训练计划

语文能力是人的生活、学习和工作中必不可少的一种核心技能。为切实提高自己的语文能力，特制订本计划。

加强语感训练。

加强思想修养。

加强思维训练。

加强表达能力训练。

重视训练方法选择。

要持之以恒。

（3）2024年春节将至，武汉某高校中文系二年级学生张××想邀请来自美国纽约大学的交换生 Eric 到他的家乡过春节。辅导员黄老师很赞赏张××的想法，但需要他拿出一份邀请 Eric 一起过春节的计划。假设你是张××，请你制订一份为期三天的活动计划。

第三节　总　　结

一　总结的概念与特点

（一）总结的概念

总结是党政机关、企事业单位、社会团体或个人对过去某一时期、某一阶段的工作情况进行系统的回顾、检查、反思和归纳、分析，找出经验、教训或规律性认识，并形成条理化、系统化的文书，以指导未来工作实践的一种应用文体。

根据不同的分类标准，总结可以有不同的形式。按时间分，有年终总结、季度总结、月份总结等；按进程分，有阶段总结和全面总结；按内容分，有综合总结和专题总结；按性质分，有工作总结、生产总结、学习总结、科研总结等。

（二）总结的特点

总结是对过去一段时间自身工作实践的经验和教训进行回顾的产物，目的是提高认识，掌握事物的发展规律，从而指导未来的工作。其特点主要有以下几点：

1. 典型性

总结中概括的经验或教训具有普遍性和代表性，因而具有典型性。吸取这些经验和教训，可以少走弯路，有利于今后工作的顺利开展。

2. 指导性

总结是对过去工作的回顾、分析和评价，目的在于指导今后的工作实践，因而指导性是总结的目的所在。

3. 理论性

总结的目的是指导工作，其内容就不能只是对工作材料的堆砌和罗列，而应该对大量的工作材料进行深入的分析、思考，上升到一定的理论高度，从中提炼、归纳和概括出带有规律性的认识，指导今后的工作。

数字资源 2-5
总结的作用

二 总结的写作规范

总结的结构一般包括标题、正文、落款三部分。

（一）标题

总结的标题可分为公文式标题、文章式标题和综合式标题三种。

1. 公文式标题

公文式标题可分为全称式标题和简称式标题两种。

（1）全称式标题：单位名称＋时限＋内容＋文种。例如："湖北省人事厅2022年工作总结"。

（2）简称式标题：时限＋内容＋文种、单位名称＋内容＋文种、内容＋文种。例如："2020年新冠肺炎疫情防治工作总结""××大学教学工作总结""创先争优活动总结"。

2. 文章式标题

文章式标题直接标明总结的基本内容或主要观点，一般按照总结的主题来拟定，便于读者把握中心。常见于专题总结，特别是经验总结。例如："转变政府职能　提高工作效率"。

3. 综合式标题

综合式标题也叫作双行标题，采用主副标题形式，主标题揭示总结的内容或主题，副标题补充说明单位、时间、内容和文种等。例如："适应新形势，研究新情况，解决新问题——××大学学生工作处2021年工作总结"。

（二）正文

总结的正文一般包括引言、主体和结尾三个部分。

1. 引言

引言部分通常为一段文字，概述所总结工作的背景和全貌，对总结的主要内容做简单的交代，文字简短，为主体部分的顺利展开做好铺垫。

2. 主体

主体部分是总结的核心，要用翔实的事例和准确的数据具体细致地介绍情况。写法多种多样，但一般应包括以下几项内容。

（1）基本情况：概括介绍工作背景、主要任务、重要措施、实施步骤，并说明有关事项，让人们充分了解这项工作的基本情况。

（2）主要经验和措施做法：这是总结的关键内容，要在说明所做的主要工作、取得的主要成绩的基础上，从理论的高度提炼和概括成功的经验和做法，突出重点和创新特色。

（3）存在的问题和不足：要对工作中存在的问题和不足加以概括，找出主客观原因，吸取教训，避免重蹈覆辙。

（4）今后的工作打算和改进措施：这是主体的结尾部分，简要说明今后的工作打算和改进工作的措施办法等，可根据需要决定写或不写。在写作层次上，存在的问题和不足与今后工作的打算与改进有时可以合并为一个层次。

3. 结尾

结尾部分应有针对性地提出今后改进工作的打算和努力方向，提出改进意见和具体措施。也可以不专设结尾，将它放在主体的最后一部分来写。

（三）落款

在文末右下角写上进行总结的单位名称（个人姓名）和成文日期。如果在标题下已经有署名，落款可以只写日期。

三 总结的写作要求

（一）要坚持正确的指导思想

总结必须坚持以党的路线、方针、政策为指导，用正确的观点统领，才能对工作情况做出客观全面的认识和科学的评价，从中提炼概括出规律性的经验。否则就可能流于形式，止步于就事论事的现象罗列，达不到总结的目的。

（二）要坚持实事求是的原则

总结必须坚持实事求是，真实地反映本单位或者个人工作的成绩、缺点和不足，以利于今后改进工作。总结中所涉及的时间、地点、人物、事例、数据等，都必须真实准确，绝不能弄虚作假、报喜不报忧。

（三）要找出规律凸显特色

总结不是工作现象的简单罗列和记录，而是对工作实践的本质概括，提炼和归纳工作情况中所反映的普遍规律。要抓住重点，善于发现新事物、揭示新规律、解决新问题。既要用典型材料揭示工作中带有共性的普遍规律，又要突出本单位工作中不同于其他单位的特点。

（四）要做到事例与理论高度统一

总结必须以具体事例和事实材料为基础，但它不是对事例、材料的简单罗列，也不是记流水账，而必须从理论的高度得出规律性的认识，才可能指导实践。一篇优秀的总结应是具体事例与理论提升的高度统一，撰写时既要将有关的事实情况具体地加以叙述，又要对其进行必要的分析，指出问题的实质，从具体事务中归纳、概括对工作具有指导意义的方法、观念。

四 例文选读

评析

这是一份富有创意、妙趣横生的工作总结。作者借助公众耳熟能详的《西游记》唐僧师徒西天取经的故事，假托唐僧的口吻，完成了这篇令人耳目一新的西天取经工作总结。既简要介绍了取经工作的大致经过，重点介绍了取经工作所取得的成绩和成功经验，也指出了存在的不足和今后努力的方向。格式规范，结构完整，要素齐全，是一篇成功的总结范例。

数字资源 2-6
唐僧西天取经
工作的总结

五 病例分析

学 习 总 结

一学年的学习任务已近尾声，蓦然回首，这一年来虽然没有轰轰烈烈的战果，但也取得了许多不可磨灭的成绩。为了发扬成绩，弥补不足，特自我总结如下：

自××年入校以来,我一直以研究的态度和满腔的热情投入学习,既有成功的喜悦,也有失败的辛酸。我仍然孜孜不倦,不断充实和挑战自我,为实现人生价值打下坚实的基础。

1. 思想品德方面

有着良好的道德修养、坚定的政治方向,在学校遵纪守法、乐于助人,勇于批评和自我批评,树立了正确的人生观和价值观。

我一贯热爱祖国、热爱党,思想上积极要求上进,努力向党组织靠拢。我始终坚持自强不息的精神、立志成才的信念,始终保持昂扬的斗志和坚韧不拔的作风,坚定不移地朝着既定的奋斗目标奋勇前进。

2. 学习方面

我严格要求自己,刻苦钻研,勤奋好学,态度端正,目标明确,基本上牢固掌握了一些专业知识和技能,力求理论和实践的统一。在学习和掌握本专业理论知识和应用技能的同时,还注意各方面知识的拓展,为成为一名优秀大学生而不懈奋斗。

3. 身心素质方面

我养成了良好的生活习惯,生活充实而有条不紊,有严谨的生活态度和良好的生活作风,为人热情大方,与人为善,能与同学们和睦相处。我努力锻炼自己坚强的意志品质,塑造健康人格,克服各种心理障碍,健康成长。

数字资源2-7
修改

×××
2022年×月×日

六 情景写作

(1) 请指出下面这篇工作总结存在的主要问题,并重写这份工作总结。

××大学校团委2023年度工作总结

2023年即将过去,回顾本年度学校团委的主要工作,可以概括为:积极发挥学校团委功能,开展各种丰富多彩的活动,并积极协助学校德育处及其他部门做好各项工作。

一、积极做好团委的换届工作,确保团组织的健全。在开发区团委的指导下,在学校党委的支持下,我校团委顺利进行了换届工作,选出了新一届校团委班子。

二、认真参与"12355"志愿者工作。

我们学校"12355"志愿者服务点的工作原则是:立足学校,服务师生。我们"12355"志愿者服务点主要有以下服务范围:

(1) 爱心助学

(2) 环境保护

(3) 社区服务

(4) 会展服务

目前，我校的志愿者服务点已经被设为开发区学校志愿者服务点的示范点。

三、组织开展各类活动，积极发挥校团委的工作激情和协助功能。

四、积极协助学校其他职能部门做好各项工作。

2023 年 12 月 25 日

(2) 根据总结的撰写要求，简析这篇总结（请扫二维码）。

(3) 假如你是××大学学生会文体部部长，你成功策划、组织和举办了一次以"勿忘国耻，振兴中华"为主题的诗词吟诵比赛活动。请你拟写一份此次诗词吟诵比赛活动总结。

数字资源 2-8
总结一篇

第四节 调查报告

一 调查报告的概念和特点

（一）调查报告的概念

调查报告是根据一定的目的，对社会生活中某一事件、情况或问题进行深入调查了解，做出科学分析，得出正确结论，最后将调查情况和研究结果写成书面报告，为相关决策服务的事务文书。它是实际工作中运用非常普遍的一种事务文书。

数字资源 2-9
调查报告的种类

（二）调查报告的特点

调查报告具有以下特点：

1. 针对性

调查报告是作者带着一定的目的，为了全面反映工作情况、解决存在的问题而写作的，绝不是盲目随意的，必须有明确的针对性和目的性。

2. 客观真实性

客观真实是调查报告的生命线。调查报告的写作，应当依据深入细致的调查采访所获得的真实可信的事实和数据材料，才能对工作具有借鉴、指导和警示意义，绝不能弄虚作假、自欺欺人，否则就失去了调查报告的价值和意义。

3. 叙议结合

调查报告既要陈述调查采访所获得的事实、数据和细节，更要对这些事实、数据和细节进行认真筛选、甄别、归纳、整理、分析，从一定的理论高度总结其中带有普遍性的规律和特点，揭示事实现象背后存在的问题及其原因，并提出解决问题的对策和办法。因此，在调查报告写作过程中，叙述和议论紧密结合，夹叙夹议，是最常用的写作手法。

4. 时效性

调查报告的写作有鲜明的时效性特点，及时了解、反映工作的最新进展和新生事物现象，及时回应和解决当下社会公众普遍关注的热点、难点问题，尽快完成并呈报上级领导机关，及时公之于众，才能充分体现调查报告的作用和价值。

二 调查报告的写作规范

一般来说，调查报告的工作包括三个环节。第一步是明确调查目的，采用恰当的调查方法进行调查研究。常见的调查形式有普遍调查、重点调查、抽样调查、个案调查等。调查方法主要有访谈、问卷调查、实地考察、查阅档案文书等。第二步是对调查得到的材料进行研究和分析。第三步是撰写调查报告。第一、二步至关重要，故业内有"七分靠调查研究，三分靠写作"之说。

调查报告一般由标题、前言、主体和结尾四个部分组成：

（一）标题

标题一般包括调查对象、调查内容和文种等几项内容。一般有公文式标题和文章式标题两种形式。

（1）公文式标题：典型结构形式是"关于＋调查对象＋调查内容＋文种"，如"关于大学生电脑消费情况的调查报告"。

（2）文章式标题：直接概括全文基本观点和中心内容，不出现"调查报告"字样，如"质量比品牌更重要"。

根据实际情况，也可以灵活采用别的标题形式，比如提问式标题：提出一个暗示调查报告主题的问题，并将其作为标题，如："国人狂购日本马桶盖说明了什么？"

调查报告还可以用双行标题。由主标题和副标题构成，主标题概括主要观点或中心内容，副标题补充说明调研的对象、地点、范围或事由，如"可喜的三个百分比——青岛市发展职工技术教育的调查"。对于初学写作者来说，双行标题要慎用。

（二）前言

前言也称导语、引言，它处于文章的开头，着重介绍基本情况，提纲挈领，紧扣主题。前言是调查报告的开头部分，独立成段，说明调查的缘由、目的、对象、时间、地点、范围、过程、方法，点明调查报告的主旨，要求高度概括，简明扼要。

前言一般有三种写法：

（1）交代（概括）式：简要地介绍调查对象的基本情况，或者说明调查的目的、范围、时间、对象和调查方法、调查经过等。

（2）议论式：开头就发表议论，直接点明调查的目的、意义、主题等内容。

（3）提问式：以提问的形式开头，可以引起读者的兴趣。

（三）主体

主体是调查报告的核心，它是前言的引申，也是结论的依据，体现了调查研究的具体成果。应对调查对象的具体情况、调查者对事物的认识等，进行详细说明或充分分析。大致包括两方面的内容：一是通过调查获得客观情况；二是通过研究分析得出相应的结论，提出建议和措施等。

1. 主体的思维逻辑

主体部分在思维逻辑上遵循提出问题—分析问题—解决问题的规律，这分别对应着三个方面的内容：现象（事实和数据）、原因和对策（建议）。

数字资源 2-10
调查报告中的
主体思维逻辑

2. 主体的结构

主体部分内容较多，常见的结构形式有纵式结构、横式结构和纵横结合式结构。

（1）纵式结构（顺序式）：按事情发生、发展、结局的先后顺序或作者调查的顺序来安排材料。这种结构形式体现了事物发展的阶段性，符合人们认识事物的习惯，整体轮廓清楚，有助于读者比较全面深入地了解事物发展变化的来龙去脉、前因后果。一般适用于内容集中、一事一议的小型调查报告。

（2）横式结构（并列式）：也叫逻辑顺序式结构，即根据事物的特点和问题的性质，分成几个部分恰当地安排材料，各部分之间一般多为并列关系，也有递进关系。这种结构方式条理清楚，逻辑关系分明，观点突出，一般适用于涉及面广、问题比较复杂的调查报告。

（3）纵横结合式结构：兼有上述两种结构方式的特点，即以一种结构方式为主，纵横结合，交错使用。它适用于头绪繁杂、内容丰富的调查报告。

（四）结尾

这是调查报告的结束部分，带有结论性质，要简明扼要，意尽则止。根据调查报告的不同类型，可以选用不同的结尾方式。

（1）揭露问题的调查报告，其结尾可提出解决问题的建议和改进措施。

（2）反映情况的调查报告，其可强调问题的严重性，引起重视。

（3）反映新生事物的调查报告，其可阐述调查的重大意义，也可以提出问题启发人们进一步思考和探讨，或展望未来，指明发展方向。

（4）如果是推广经验的调查报告，其结尾可提出希望、要求或发出号召等。

调查报告落款时，调查单位或者个人署名可以在标题下面的正中位置，也可以在文末的右下方，日期在署名的下面。

三 调查报告的写作要求

1. 调查之前应对有关现状和资料进行深入分析，明确调研课题的关键和范围

在展开调查之前，要明确调查目标，选择好调查对象。要广泛收集与调查课题相关的材料，并进行仔细筛选和深入分析，以确定调查的重点问题和调查范围。没有掌握大量第一手原始材料，没有正确、深入、细致的调查研究，就不可能写出有质量的调查报告。

2. 调查过程要有针对性，突出重点，深入调查，充分占有材料

细致深入的调查，是写好调查报告的前提和基础。调查一定要有针对性，紧紧围绕调查主题和重点问题展开。通过调查，尽可能全面充分地占有第一手原始材料，为后续的调查报告写作打下扎实的基础。

3. 要仔细分析材料，从材料中提炼出正确观点，用观点串联材料，得出正确结论

调查得到的原始素材，并不是都能写入调查报告的。一定要对材料分门别类，进行严格筛选，去粗存精，去伪存真，由表及里，由现象到本质，选出典型的、有代表性和有意义的材料，对材料进行仔细分析研究，从中提炼概括出正确的观点和结论。一定不能"主题先行"，先入为主地预设结论，再去寻找佐证材料，那样将导致调查报告的失真。

4. 撰写中要用事实说话，处理好叙述和议论的关系

在撰写调查报告时，一定要注意用事实、细节和数据说话，避免做空泛的议论和理论阐述，这样才能使调查报告有足够的说服力和可信度。行文要富于变化，表达方式不能过于单一，要将叙述和议论有机结合，夹叙夹议，增强文章的可读性。

四 例文选读

五 病例分析

数字资源 2-11
例文选读

大学生网络素质现状调查

近年来,网络剧烈地影响和改变着我们的生活,利用好网络,我们的生活受益无穷,错用它也会让我们掉入无底的深渊。在众多网民中,大学生占有很大一部分比例,这个高素质人群如何利用网络,成为各界关心的问题。就这个问题,本人在班里进行了调查,现报告如下:

1. 七成学生用网络娱乐

调查结果显示,100%的同学都接触过网络,因为这学期开设了网络课程。大部分同学学会了用QQ聊天,但有10%的同学不会发电子邮件,20%的同学不会下载网络小程序。

2. 因网而忙

在上网的学生中,100%的同学有一个QQ号码,60%的同学有两个或两个以上的号码,40%的同学沉迷于网络聊天。在网络犯罪的案例中,因网络交友不慎引发的事件不少,例如与网友见面被骗财甚至被杀害。

3. 因坛而坠

在论坛里面发帖"灌水",也是不少大学生网民喜爱的。据调查,85%的同学上过20多种论坛,70%以上的学生在论坛乱发帖子,30%以上的学生在论坛上有过不文明行为。

4. 因戏而废

网络游戏是不少大学生的最爱。调查表明,95%以上的学生玩过网络游戏,其中90%是男生,5%是女生。30%的学生沉迷于网络游戏,10%的学生有过因玩网络游戏而旷课的经历,3%的学生因玩网络游戏旷课太多而导致多门功课考试不及格,面临退学的危险。

5. 因网影响健康

调查显示,有60%的学生有过通宵上网的情况,其中40%的学生经常在周末通宵上网,20%偶尔通宵上网。通宵上网的目的,55%的学生是玩网络游戏,45%的学生是看电影。

通宵上网,缺乏睡眠,导致身体免疫力下降,食欲不振,情感冷漠,心理异常,感知、记忆、思维、语言等各种反应能力明显下降等诸多问题。

以上调查表明，大学生对网络认识有偏差，主要是因为平时课业繁重，学校的课外活动过于单调，因此学生上网多在业余时间，希望能放松娱乐，而不是继续学习。在缺乏正确引导的情况下，聊天、玩游戏、看电影等消遣娱乐性活动就成了大学生上网的主要目的。

数字资源 2-12
评析

其实网络也可以用得很精彩，利用网络可以查找各种学习资料，提高学习效率和深广度；可以找课外社会实践、兼职打工；可以认识和交往更多志同道合的朋友，积累社会关系，开阔视野，培养自己的综合能力。

网络功过兼有，作为大学生，我们更应该在网络世界中"取其精华、去其糟粕"，将网络的有用资源变成自己的财富。

六 情景写作

（1）近年来，中小学"校园霸凌"现象频频发生，恶性事件时有曝光，引起社会公众的普遍关注和忧虑。如何正确看待和处理"校园霸凌"问题？请对你所在地区的某个中小学进行一次调查，撰写一篇调查报告。

（2）2020年，新冠肺炎疫情席卷中国乃至全球。教育部提出了疫情期间"停课不停学"的口号，要求全国各级各类学校广泛开展在线教学。请结合你所在学校的实际情况，设计一份新冠肺炎疫情期间大学生在线学习情况的调查问卷。

（3）2022年11月，美国OpenAI公司发布了一款名为"ChatGPT"的人工智能软件，其人机对话功能更全面、更强大，也迅速掀起了新一轮人工智能技术运用与研讨的热潮。请针对"ChatGPT"人工智能技术对高校写作课程教学的影响与对策问题，撰写一篇调查报告。

第三章 求职文书写作

第一节 求职文书概述

一、求职文书的概念和基本类型

求职文书是求职者根据职业生涯规划和职业发展需要，对照用人单位的要求，为谋求特定职位，向用人单位做自我推荐，使用人单位获取求职者信息并判断其职业能力和水平的应用文。

求职文书主要有以下几种类型：

1. 求职简历

求职简历是求职者向用人单位展示个人基本信息、教育背景、工作经历、技能特长及其他与求职目标相关信息的文书。它是求职过程中必不可少的重要资料，通常会被用人单位用作筛选人才的依据。

2. 求职信

求职信是求职者向用人单位表达求职意愿、自我推荐和阐述个人优势的应用文。与求职简历相比，求职信更加注重表达求职者的个人意愿和情感，以及对用人单位和所求职位的热情和向往。在撰写求职信时，求职者需要结合自己的实际情况和用人单位的需求，突出自己的优势和特长，提高自己的竞争力。

3. 推荐信

推荐信是求职者通过他人对自己的推荐，来增加自己被录用的可能性。通常，推荐信需要由用人单位的内部人员或业界专家等有影响力的人士撰写。在撰写推荐信时，求职者需要提供推荐人的联系方式，以便用人单位进行核实。同时，推荐信的内容需要客观、真实，不能夸大其词或虚构事实。

二、求职文书的主要特点

1. 针对性

求职文书是针对用人单位撰写的。撰写求职文书时，要揣测用人单位的意图，考虑用人单位的需要，并吃透用人单位已发布的招聘信息，针对其需求，以使求职文书体现出明确的目的性和鲜明的个人特点。无论动机、目的，都需态度明确，尽量做到言简意赅。

2. 真实性

求职文书中所提供的信息必须真实可靠、准确无误，包括个人简历、个人的知识、能力和其他素质等方面的内容。特别需要强调的是，求职者撰写求职信的内容必须与个人简历所提供的信息相符合，不能有任何虚假或夸大的成分，否则会影响个人形象和声誉。

3. 独特性

求职者要突出个人的特点，表现出与众不同的个人魅力。在求职文书中，求职者需要展示自己的特长、优势和经验，并展现出自己的个性特点。同时，也需要针对不同用人单位的特点和需求，突出自己在该方面的优势和特长，增强自己的竞争力。在突出个性的过程中，需要避免过于夸大自己的优点或过于自谦的情况发生。

总之，在撰写求职文书时，求职者需要认真思考、反复推敲，尽可能地表现出自己的优点和特长，提高自己的求职成功率。同时，也需要注重自身素质和能力的提升，不断完善自己，以便更好地适应市场需求和未来职业发展的需要。

三、求职文书的写作要求

1. 突出自我优势

在求职过程中，用人单位往往需要从大量的求职者中挑选出最合适的人选。因此，在撰写求职文书时，求职者需要突出自己的优势和特长，让用人单位对自己留下深刻印象。可以通过列举具体的工作经历、技能和成绩等方面来展示自己的实力和潜力，从而增加被录用的机会。

2. 内容简洁明了

用人单位在筛选求职者时，通常会用较短的时间来浏览简历和求职信等求职文书。因此，在撰写求职文书时，求职者需要用简洁明了的语言来表达自己的想法和意愿，避免使用废话和重复的表述。同时，要注意控制行文长度，突出重点内容，一般以一页为宜，让用人单位能够快速了解自己的情况。

3. 针对特定对象

不同的职位和用人单位对求职者的要求是不同的。因此，在撰写求职文书时，求职者需要根据应聘的职位和用人单位的需求来针对性地调整自己的求职文书内容，避免一文多用。在突出自己优势的同时，要注意适应职位和用人单位的需求，展示自己的匹配度和胜任力。同时，要注意适应不同的文化背景和行业特点，以增加被录用的可能性。

4. 格式规范美观

一份规范、整洁、美观的求职文书会给用人单位留下良好的印象。因此，在撰写求职文书时，求职者需要注意格式规范，注意排版、字体、字号、行距等细节问题。同时，要注意书写规范，避免错别字、语法错误等问题。通过规范的格式和整洁的版面，展现出自己的认真态度和专业素养。

5. 信息真实准确

一旦被用人单位发现求职文书存在不实之处，自己的声誉和信任度就会受到影响。因此，在撰写求职文书时，需要注意核实信息的准确性。只有提供真实准确的信息，才能增加被录用的可能性。

第二节　求职简历

一 求职简历概述

（一）求职简历的概念

求职简历是求职者用于向用人单位介绍、展示、推销自己的一种应用文书。求职简历是对个人经历、教育和技能的总结，是用于展示个人的能力和经验的。撰写求职简历的目的是让用人单位了解求职者的情况并获得判断求职者是否符合招聘岗位条件和资格等有关信息，以获得面试的机会。

（二）求职简历的写作目的

人们都希望找到一个称心如意的职业，而求职的第一步是向用人单位投递一份简历。有人形容说，简历是求职者的"敲门砖"。

求职的过程和商家推销产品有点类似。商家推销产品，目的是要把产品卖出去，让消费者买下来。为了让消费者认识、接受、喜欢并最终买下某一款产品，商家会通过"产品广告""产品说明书"等将该产品的特征、功能等向消费者做介绍。简历就像是一份求职者的"产品广告"或"产品说明书"，向用人单位介绍、推销自己。不同的是，产品说明书是附在产品里的，而用人单位招聘的时候，先要看到求职者的简历，然后决定是否给求职者面试的机会并最终录用求职者。所以，为了让用人单位接受自己，求职者就有必要把自身的情

数字资源 3-1
合格简历的特点

况、背景、特点等通过简历推介给用人单位，使用人单位通过简历了解自己，判断求职者与岗位要求是否相匹配，从而决定是非接受并录用求职者。

（三）优秀简历的特点

一般来说，能称得上优秀的简历要体现出以下几个方面的价值。

1. 要能提升职业形象

简历是求职者给用人单位的第一印象，一份优秀的简历要展现出求职者的专业素养和职业形象，要能增加被认可的机会。

2. 要有精准定位

一份优秀的简历通常会明确地展示求职者的技能、经验和职业目标，使招聘者能够更好地了解求职者是否符合职位需求，并且有助于求职者在大量的简历中脱颖而出。

3. 要能提高面试机会

一份优秀的简历能够引起用人单位的兴趣，从而使求职者获得面试的机会。通过在简历中展示自己的技能和经验，求职者可以更好地准备面试，并更好地展示自己的价值。

4. 要强调关键技能

在简历中突出显示求职者的关键技能和经验，可以向用人单位展示求职者在相关领域的专业能力，有助于求职者获得更多的机会。

5. 要优化结构与布局

一份优秀的简历通常具有清晰的结构和布局，使招聘者能够轻松地找到关键信息。这不仅可以提高阅读体验，还可以使求职者在众多简历中更容易被发现并被记住。

6. 要突出个人价值

在简历中展示求职者个人的独特之处，可以使招聘者更好地了解求职者的优点和价值，从而增加被选中的机会。

总之，从求职者的角度讲，写一份优秀简历的直接目的是获得一次面试的机会。因此，简历要做到：一要让人看得到——简历投送目标对象明确；二要让人愿意看——简历的行文、排版让人舒心；三要让人想亲见简历主人——简历内容有亮点、有卖点。所以，简历写得好，可以帮助求职者更好地展示自己的能力和经验，提高被录用的机会，并为获得更好的职业发展奠定基础。

二、求职简历的写作规范

（一）求职简历的内容要素

一份完整的求职简历主要包括以下几项要素。

1. 标题

求职简历的标题可以是"简历"两个字,也可以写"个人简历",也可以是"×××(姓名)简历"。

2. 个人简况

个人简况包括的要素有姓名、性别、出生年月、政治面貌、毕业学校、专业、学历、联系电话、邮箱地址等。为了保护自己的隐私,防止个人信息被恶意利用,如果用人单位没有特别要求,就不要留下身份证号码、详细的家庭地址和家庭电话号码等,也可以不贴照片。个人简况主要是为了让用人单位简要了解求职者的基本情况。

3. 求职意向

求职意向是指求职者在简历中表明自己应聘的岗位、职位和工作地区。求职者也可以根据需要多写几个应聘职位,以供用人单位根据求职者的特点和有关经历,判断求职者更适合什么职位。表明求职意向,主要是向用人单位表明求职者投送的简历是有针对性的、有诚意的。

4. 教育背景

教育背景主要是介绍求职者的求学经历,即上过什么学校、学的是什么专业等。教育背景分阶段按下列顺序填写:起止年月、就读学校、就读专业、学历层次、担任职务。教育背景应采用倒序排列,即最近的经历排在最前面。

5. 主修课程

主修课程这部分内容一般可以不列入简历。除非简历中可填内容太少,不够占满一页。但是如果有特殊需要,这部分内容也有可以供用人单位参考的地方。有些新型、冷门或者复合型专业,有可能社会上人们了解不多,或者有的学生除主修专业之外还有辅修专业,或者有的求职者应聘非专业直接有关的职位而要证明自己具备某方面的理论知识等。对所列的课程名称应按性质分类、按主次有序排列。可以有针对性地列出主要课程,无须一一罗列。

6. 实习(社会实践、工作)经历

如果是在职者,应列明工作经历;如果是应届毕业生,可以列明实习(社会实践、工作)经历。主要说明在哪个单位的哪个部门,担任什么职位,负责什么工作。

这部分内容非常重要,要较为详细地描述自己在实习、实践或工作中负责或参与哪些具体工作,工作的具体内容主要有哪些,有何成效或业绩等。这是用人单位最关心的信息,因为它直接关系到应聘者是否有过直接或相关工作经历和经验,是判断求职者能否胜任应聘的岗位工作的重要依据。实习(社会实践、工作)经历也要采用倒序排列,即把最近的经历排列在最前。

7. 证书和技能

证书和技能主要是指求职者所获得的各种类型的荣誉（获奖）证书、资格证书、考试成绩证书，包括外语、计算机、普通话等级证书以及各级各类比赛获奖证书，或参加各类社会实践活动证书，如志愿者等。如有奖励或证书，要写明获奖（证书）时间、奖项（证书）名称、颁奖（证书）单位、获奖比例等。如有特殊技能，可以特别加以介绍，如钢琴十级，等等。

8. 自我评价

自我评价是用高度概括的语言，全面、重点突出、客观地对求职者的优势、长处、特点等做介绍。在写作上，要用简洁、概括、平实的语言突出个性特点，突出与应聘职位有关的自身特点，切忌抽象，避免拔高，不要采用评语式文风。需要注意的是，自我评价的内容要和应聘职位的要求相适应，无须面面俱到。

（二）求职简历的写作格式

求职简历是一种格式化的文书，其文字一般不从头到尾排列，而应分块排布，所以要对求职简历的文面格局进行设计。求职简历的格式一般分为三种：文本式、表格式、艺术式。

1. 文本式

文本式是一种纯文字的格式，求职简历内容全部用文字表述。

2. 表格式

表格式是把简历制作成表格，然后填入文字内容。也可以部分为表格式，部分为文本式。

3. 艺术式

艺术式是对简历进行艺术设计，简历的文面中图案和文字经过美化，呈现艺术排列。

确定一份简历采用什么格式，关键要看内容。如果内容文字较少，可以用表格式或艺术式；如果文字较多，则不宜采用表格式或艺术式，因为表格式和艺术式占用空间较多。

（三）求职简历的排版设计

求职简历是打造个人形象的"形象工程"，因此要精心设计、美观布局，给用人单位留下良好的视觉印象。

求职简历排版设计的原则是疏密有致、变化有序。

1. 疏密有致

求职简历的内容、文字在布局上要合理、有条理、要对称、要均衡。一般来说，一份求职简历以控制在一页为宜，以便阅读时一目了然，提高效率。因此要精心挑选素材，合理选择字体、字号，恰当设置行距，根据需要分栏等，一般来说，内容需纳入或占满一页。

2. 变化有序

求职简历中的文字、排版既要有变化，又要整齐。在一份求职简历中可以用三种不同的字体来区分标题、项目和内容等不同的要素，既使字体有变化，又能让内容有区分，使得阅读者能明显分辨有关信息。有的内容要通栏排布，如教育背景等；有的内容可以分栏排布，如个人简况可以分为两栏；有的部分要对称排列；有的要上下对齐等。

三、求职简历的写作要求

（一）简明扼要

求职简历的内容要"简"。求职简历不是自传，不要详细记载自己的经历，只要把重要的、与应聘职位有关的信息表述清楚即可。有些可有可无的信息就不必"装"进简历，特别是像身高、体重、详细的家庭地址、家庭电话以及对自己相貌的描述等涉及个人隐私的内容，如果不是招聘启事中有要求，就不必写入。

（二）有针对性

写求职简历不能无的放矢，而要扬长避短，有针对性地找出自身符合或者接近应聘职位、岗位要求的有关优势信息，突出自身亮点，在不违背事实的基础上有选择地填写，在内容上包装自己。

（三）凸显个性

求职简历不能千人一面。想要在众多求职者中脱颖而出，就必须给人以耳目一新的感觉。为此，不但要在内容上仔细斟酌，而且要在文面布局上精心设计，通过字体字号、编号符号、线条图案等的选择和设计，在形式上对简历进行包装。

四、例文选读

×××简历

个人简况

姓　名：×××　　　　　　　　　　性　别：女
出生年月：2000 年 3 月　　　　　　政治面貌：中共党员
毕业学校：××大学　　　　　　　　专　业：英语

学历：本科　　　　　　　　　　　　学位：学士
联系电话：××××××××××　　　电子邮箱：×××@126.com

求职意向

行政助理、人事助理

教育背景

2019.7.—2023.7　就读于××大学外国语学院英语系　任院学生会副主席

实习经历

2023.3.—2023.5　在欧莱雅（中国）有限公司实习 任人力资源部经理实习助理

实习期间主要负责接待、会议筹备、应聘简历初选以及经理交办的其他工作；实习期间接待来访39人次，筹备会议9场，共筛选简历530份。其中初选简历中有50%应聘者进入面试名单。

2022.7—2022.9　在××市建工集团总部实习 任总经理办公室实习秘书

实习期间主要负责外宾接待、会场布置、会议PPT制作、文稿打印以及办公室主任交办的其他工作；实习期间共接待外宾5个团队，布置会场6场，制作PPT 3个，打印文稿45份。因表现出色，被集团领导致函学校表扬，被评为优秀实习生（优秀实习生占总人数的5%）。

证书和技能

专业英语八级证书（512分）　　　获2022年××市大学生演讲比赛一等奖
计算机一级合格证书　　　　　　　获2022学年度校一等奖学金
普通话二级甲等证书　　　　　　　获评2022学年度优秀实习生
汽车驾驶证（C照）　　　　　　　获评2022学年度校级优秀学生干部
　　　　　　　　　　　　　　　　获评2021年度市级优秀志愿者

自我评价

本人开朗、乐观，喜欢交朋友，不怕挫折，喜欢创造性工作。在校期间独立或与横向部门合作，组织、主办系级、院级各类专题活动十数场，三次获评"优秀组织奖"。实习期间能较快地适应环境，较好地完成角色转换，受到带教老师的好评。能流利地用英语交流对话并能翻译或撰写中等语言水平的文稿，能熟练地使用Office办公软件处理日常办公事务。

评析

该简历属于文本式简历。在结构上，要素完整、重点突出；在内容上，能比较自然地把个人有关情况、经历与应聘职位要求有机联系起来，个性色彩鲜明，针对性较强。在"实习经历"中对实习内容和业绩的描述，显示了应聘者具有职位竞争力的"亮点"；在"自我评价"部分，求职者用平实的语言通过对有关事实的描述，暗示了其具有团队协作精神、较强的组织能力和沟通能力、较强的专业和业务能力等"卖点"，尽可能地避免了抽象的、"评语式"的表述。在排版上，通过要素对齐对称、字体字号和行距变化等，使各要素整齐而又区分明显,既便于快速阅读,又便于区分主次、突出重点,同时使文面布局显得整洁、美观。

五 病例分析

阅读下面的简历,分析其不足之处。

本人概况

姓名:×××　　　　　　性别:女
民族:汉族　　　　　　政治面貌:团员
学历:本科　　　　　　专业:文秘
联系电话:××××××××　手机:××××××××××
联系地址:××市××区××路××号××室

教育背景

毕业院校:××大学文学院文秘系
所学课程:秘书学、文秘写作、公关实务、谈判学、人际心理学、公共关系、应用写作、政治经济学、哲学、外国文化史、档案管理学、中国文化史等

实习经历

2022年5月—2023年3月　　××公司前台接待
在此期间工作认真负责,深受领导和同事好评。
2023年6月至今　　××公司办公室实习秘书
负责文档管理/文书写作、文件打印/机票、酒店预订及其他外联工作/协助负责人进行重要日程安排/协调同其他各部门的关系,做好沟通工作/收发来往信件,订购办公用品及其他办公事务。

自我评价

多次的行政工作实习使我深深体会到秘书工作的重要性,更喜爱上了这一工作。这是一个需要更多责任心和细心去完成的工作。我的中文录入速度为每分钟100字以上;英语的听、说、读、写能力达到CET四级水平,目前正在进修行政管理专业;善于进行社交活动,更有组织各种文艺活动的经验,能熟练运用Microsoft Office,如Word、Excel等各种办公软件进行高效的办公室日常工作。本人工作认真负责,且具有很强的责任心和进取心。

业余爱好

本人爱好广泛,是学校的文艺骨干,性格踏实肯干,工作认真,责任心极强。

数字资源3-2
简历修改

本人性格

本人性格温和、谦虚、自律、自信。

六 情景写作

下列是一则招聘启事，请根据该启事的有关信息，撰写应聘简历。

华夏集团招聘启事

本集团公司因业务需要，拟招聘办公室行政助理一名。

岗位职责：

1. 负责客户接待及电话转接工作。
2. 负责办公室日常辅助工作和协调安排。
3. 保管与订购办公日常用品、办公设备。
4. 协助领导安排公司内部会议的召集及会议纪要的记录整理。
5. 负责订房及预订车票、船票事宜。
6. 负责安排领导的日程和商务活动、出差等。

岗位要求：

1. 本科及以上学历，行政管理、文秘相关专业，有法律专业背景优先。
2. 能熟练使用 Word、Excel、Power Point 等办公软件及其他办公设备。普通话标准，英语说、写熟练。
3. 具有较强的文字功底，头脑灵活、悟性高，工作细致认真，责任心强，执行能力强。
4. 具有较好的表达能力和沟通技巧，性格开朗、大方，具有商务礼仪素养。

有意者请将简历（附近照）发至电子邮箱 hr_zhaopin@××××.cn。

第三节 求 职 信

一 求职信概述

（一）求职信的概念

求职信是求职者为求得录用而向用人单位推荐自我，使用人单位获取求职者的信息并判断其能力和水平，以便决定是否给予面试机会的应用文书。

求职信主要用于向用人单位介绍自己的背景、技能和经验，表达对所申请职位的愿望和兴趣，并表明求职者的学历、资历和经历等条件与招聘职位相匹配的程度，目的是让用人单位对求职者有比较深入的了解，从而增加被录用的机会。

（二）求职信的写作目的

求职信是求职者向用人单位传递信息的重要工具。求职者根据招聘信息决定应聘某一家用人单位时，需要把自己的求职信息通过某种方式传递给用人单位，以便用人单位知晓、了解应聘者以及有关信息，求职信和求职简历就是用来传递应聘者信息的主要工具。

数字资源 3-3
什么样的求职信
是合格的

求职信是求职者与用人单位沟通的重要工具。从功能上讲，求职信是用来说服用人单位的。写求职信的目的是通过展示求职者自身的专业素养和职业精神，以及对应聘职位的热情和执着，表达对求职成功的热切期待，以引起用人单位对求职者的注意和兴趣并最终确信求职者符合其岗位需求，从而使求职者获得面试的机会。可以说，求职信让求职者和用人单位之间建立了初步的联系，为后续的面试和沟通打下良好的基础。

（三）优秀的求职信的特点

一般来说，能称得上优秀的求职信要在以下几个方面体现出价值。

1. 要能引起用人单位对求职者的认同感

求职信的作者要有职业眼光，在写作之前就应对用人单位的有关情况做深入的了解，包括公司文化、价值观以及对招聘职位的描述等。在求职信中要把上述要素作为"灵魂""线索"，所有内容都围绕其展开，特别是突出求职者与之匹配的技能和经验等，并展示求职者对该职位的热情和兴趣，以增加用人单位对求职者的认同感。

2. 要突出具有"品牌效应"的独特的个人优势

这里的所说的"品牌效应"，通俗地理解，就是求职者所具有的独特价值和个性，以及特长和亮点，具有让人过目不忘的唯一性。例如，一位法学专业的毕业生曾经在当地排名第一的律师事务所有超过半年的实习经历，且协助带教律师办理过有一定影响的案件。再如，一位本科毕业生在重要学术期刊上发表过学术论文，或者在省级创新创业大赛中夺得过一等奖等。这些经历以及从中体现出的求职者的职业能力，是用人单位最为看重的，如果求职者具备一二，就一定能获得用人单位的特别关注。

3. 要体现出俘获人心的语言表达能力

求职者不仅要明确自己有什么，也就是自己的优势在哪里，更要了解对方需要的是什么，也就是用人单位的人才需求的痛点在哪里，然后用清晰的逻辑结构和讲究分寸感的表述，以及自信而又诚恳的态度，适度地、不露痕迹地推销自己，展示出自己的专业素养和沟通能力，让用人单位能够快速而清晰地了解自己的背景、能力和经验，发现自己的优势和亮点，从而顺利获得面试机会。

二 求职信的写作规范

一篇结构完整的求职信通常由标题、称谓、引言、主体、结尾、落款、附件等要素构成。

（一）标题

求职信的标题一般写"求职信"三个字。标题居中，位于首行。求职信的标题只标识文种，不需要加其他修饰语。

（二）称谓

求职信的称谓一般写"×女士/先生"，也可在这之前加上"尊敬的"这样的敬语，也可以写"尊敬的人力资源部经理""尊敬的××公司总经理"等。称谓顶格，用冒号，位于标题下一行。

称谓是对收信人的称呼。称谓使用是否恰当，能反映出写信人的社交和沟通能力，以及素养，一般不要用"尊敬的领导"之类。

（三）引言

求职信的引言首先写问候语，例如"您好"，位于称谓下一行，缩进两格；其次做简单的自我介绍，例如"我是×××，是××大学××系××专业的××××届应届毕业生"；最后简要介绍有关招聘信息来源，例如"从《人才市场报》（或××网站）上看到贵公司正在招聘行政助理，我有意应聘该职位，特写信应聘"。

引言部分的问候语要注意，"您"只能用于单数，不能写"您们"。如果用复数，只能用"你们"。

（四）主体

主体是求职信的核心部分，对这部分内容的写作，既要真实，又要精心设计。

一般来说，主体部分主要介绍本人的专业学习情况、综合能力以及本人的求职意愿等内容。

1. 专业学习情况

专业学习情况部分，主要说明自己的专业优势。可以简要介绍就读的学校、所学的专业、主要专业课程、专业学习过程中的突出成绩等。

这部分内容旨在展示求职者的知识结构和学习能力。要避免面面俱到、泛泛而谈，而要针对应聘职位的性质和条件，有重点地选择与之相关的信息，并突出个人具有成果性质的信息，例如绩点、名次、奖项等。

2. 综合能力

综合能力部分主要介绍求职者各方面的能力及爱好、特长等，包括曾参加的社会实践活动、参加社会工作情况和主要工作业绩及在各类专业竞赛中的获奖情况等，特别是与应聘职位相匹配的组织能力、人际交往能力、协调能力和口头表达能力，等等。

这部分内容旨在表明求职者的综合素质。同样不能泛泛而谈，既要有定性概括，也要有定量例证，并突出自己与之匹配的技能和经验等。

3. 求职意愿

求职意愿部分是在求职者对企业认知、了解的基础上，对自己已具备的职业能力与所求职位具有一致性做出基本判断后，表达对有关工作岗位的求职意向以及录用后的打算。

这部分内容的写作，要特别注意分寸感。要能显示作者对自身清晰而恰当的定位，表达出作者对用人单位正确的认知和了解，也要表达出诚恳态度和对所申请职位的认真态度，让用人单位感受到求职者的诚意和责任感。

（五）结尾

结尾部分可以再次表达求职愿望和对获得发展机遇的期待，起到吸引、打动对方的作用。如"希望给予面试的机会""热切地盼望着贵公司给予答复"等。也可用传统祝颂语："敬祝（上一行，空两格）商祺（下一行，顶格）"等。

结尾部分要使用恰当的祝颂语，并且格式正确。尽量不用"此致　敬礼"。

（六）落款

签署求职者的姓名、日期。

（七）附件

附件部分可以根据需要，把一些与求职有关的材料附在求职信之后，以便招聘单位核实求职者的有关信息。附件可以包括简历、学历证书、成绩单、获奖证书、技能证书、论文作品等的复印件。如果材料多，可依次标上序号。

三　求职信的写作要求

（一）把握特征，突出重点

写作求职信的目的是向用人单位毛遂自荐，但是用人单位的有关工作人员不一定能花很多时间对收到的大量的求职信做出筛选。因此，求职信的写作一定要简明扼要、突出重点，有关介绍和请求应针对具体职位的具体要求直截了当地加以陈述，不要拖泥带水，不能啰唆累赘。

同时必须实事求是地陈述自身客观情况，言简意赅地表达自己的求职意愿，以便招聘单位的有关人员明晰地了解有关信息。当然，也要把最能表现求职者特征"亮点"的材料，用尽可能简明的语言加以表述，凸显出求职者的才干、能力、资格，突出求职者的实绩、专长、技能等优势。

（二）语言表述要礼貌、诚恳

求职信是一种社交文书，其目的是打动招聘者的心，使招聘者相信自己，并使自己获得面试的机会。因此，求职者应该遵从惯用的社交礼仪规范。这些规范不仅表现在书信格式规范上，也表现在语言表达，特别是语气的真切程度和语词的适切选择上。因此，在语言表述上，要在简明、直白的基础上，尽量显得礼貌、诚恳，从而使招聘者从中感受到求职者的真切求职愿望。

四 例文选读

求职信

尊敬的人力资源部经理：

　　您好！

　　我是×××，是××大学经济管理学院会计系国际会计专业的2023届应届毕业生。我从《××晚报》上看到贵公司正在招聘财务人员，特写信应聘。

　　四年的大学学习生涯，使本人在学业上不断进步，全面系统地掌握了工业会计学、商业会计学、银行会计学、国际会计学、西方财务会计学、管理会计学等会计知识及相关的经济理论，具有独立分析问题、解决问题的能力。在学好专业课程的同时，注重英语与计算机技能的锻炼培养，通过了全国计算机二级水平考试，有较强的上机操作能力，能熟练运用Office、VFP等处理业务。同时，本人英语达到较高的读、写、听、说水平，能熟练阅读各类文章，口语表达流利，顺利通过英语四、六级考试。

　　本人在校期间，积极参加社会实践活动，达到学以致用目的。在学校组织的×××房地产开发公司的实践活动中，独立设计问卷，深入社会，对市场信息进行大量、周密的调查，努力投入每一步骤、每一细节中。调查结束后，本人使用SPSS软件统计调查结果，并制作了调查报告。这次实践锻炼了自己的实际操作能力，成绩显著，受到该公司和学校的一致好评。

　　在大学浓郁的学习氛围中，本人圆满完成学业，并成为一个知识面广、能力突出的优秀毕业生。在迈向社会的求职路上，敬请贵单位领导对我诚恳的求职愿望给予充分理解和支持,并在对本人做出考察的基础上,做出您最满意抉择!
敬祝

商祺!

应聘人:×××
2023 年 6 月 15 日

评析

这是一封写得比较平实的求职信。称谓和问候语恰当。

首段先"自报家门",接着说明招聘信息来源,并表明应聘意愿。言简意赅,信息全面。

第二段先简要地介绍所学课程:主要列举与应聘职位直接有关的财务会计课程,其他课程用"及相关的经济理论"一笔带过,主次分明,重点突出。接着介绍自己所掌握的英语和计算机等方面的技能。

数字资源 3-4
求职信

第三段介绍有关社会实践情况,重点详写问卷调查实践活动,并以成果和有关评价佐证个人能力。

最后一段对自己做出总体评价,并表达求职愿望。

结尾的祝颂语非常恰当。

五 病例分析

阅读下面的求职信,分析其存在的问题。

求职信

尊敬的领导:
您们好!

首先衷心的感激您在百忙中浏览我的求职信,为一位满腔热情的我开启一扇期望之门。

我叫×××,是××医学院20××届毕业生,主修护理学专业,五年的护理学习生活中充足了我的知识,增长了我的见识,锻炼了我的才能,升华了我的思想,磨励了我的意志,我热爱护理专业,几年的医学熏陶了我的医学梦,让我的羽翼更加丰富。我要在实际的临床继续深造。

在校期间,我孜孜不倦,勤奋刻苦,成绩优秀,较全面扎实的掌握了基础医学理论知识及专业技能,医院的实习经历,让我熟悉和掌握了护理操作和临床各科室的常规及专业操作,夯实了我的知识基础,让我学会了临危不乱,耐心护理，微笑待人，用最大的理性对待病情，怀着最赤诚的爱心去应对患者，用爱心温暖他人，用信心证明自我，受到上级教师好评！

有较强的组织本事的我担任过组长，对工作认真负职任劳任怨，和班干团结一致，促使同学进取参加活动，努力做到带头作用，从中积累了丰富的工作经验，培养了我的交际本事，使我处事更完善，更有职责感，这一切都是我不懈努力的结果，相信将是我今后工作的重要经验和宝贵财富。

数字资源 3-5
求职信修改及评价

健康、自信、精力充沛的我还参加了校内外的各项活动，对生活充满信心是我生活的态度，这也是我能充分发挥潜能的跳台。过去并不代表未来，勤奋才是真实的内涵，对于实际工作，我相信我能很快适应工作环境，并且在实际工作中不断学习，不断完善自我，做好本职工作！

经过五年的学习和实践，我从心理和本事等方面做好了走上工作岗位的充分准备，在以后的临床护理科研工作中做出自我的一份力，我将以热情的服务，熟练过硬的操作技术尽我所能不断学习我所不能，发扬南丁格尔精神，服务每位患者，我有信心能够很快担任临床护理的相关工作，如果有幸能够加盟贵单位，我坚信在我的不懈努力下，必须会为贵单位的发展做出应有的贡献！

　　此致
敬礼！

求职人：×××
20××年×月×日

六 情景写作

（1）请根据个人的专业学习、在校表现及参加社会实践活动、能力特长等情况，拟写一封求职信。

（2）收集有关求职材料封面、简历表、求职信资料，为自己制作一份新颖、独特、有美感和个性的求职材料。

（3）根据下列信息，写一封求职信。

　　李雯，女，是东方经济文化学院涉外文秘专业的一名学生，即将毕业。李雯专业学习成绩良好，英语已过四级，口语能力较强，又曾在全国大学生英语演讲比赛中获二等奖。李雯性格开朗、乐观、执着，做事有条不紊，曾在某外贸公司实习期间受到总经理的表扬。李雯准备毕业后去罗兰股份公司（中外合资）就职。

第二部分

论文类文体

第四章 学术论文写作

第一节 学术论文写作概述

一 学术论文的概念与分类

1. 学术论文的概念

学术论文，简称"论文"，是对某个学科领域中的学术问题进行研究后，记录科学研究的过程、方法及结果，用于进行学术交流、讨论或出版发表，或用作其他用途的书面材料。

学术论文是科学研究活动的重要组成部分，是科学研究活动成果的物质化呈现，是学术同行之间交流、讨论或出版发行的直接依据。

2. 学术论文的分类

按照研究对象，可以分为自然科学论文和人文社会科学论文；按照研究内容，可以分为基础理论型论文和应用研究型论文；按照资料和观点来源，可以分为原创论文和编著论文；按功能用途，可以分为科研型学术论文和学业型学术论文。

数字资源 4-1
学术论文的分类

二 学术论文的特点

学术论文具有鲜明的科学活动的特点，具体体现在如下方面。

1. 科学性

学术论文的科学性体现在：研究的问题和对象有科学依据和事实基础，不能凭空臆想或者"发明"事实；引用的资料必须全面、准确和可靠，不能断章取义或者捏造和虚构；观点正确，方法合理，论证过程严谨。

数字资源 4-2
学术论文的科学性

2. 创新性

学术论文的创新是指理论、观点、材料、方法、视角和选题上较前人有突破和新进展等。创新是学术论文的生命，也是衡量学术论文质量的重要标准。此外，我们认为使用新的方法去思考和解决别人已经思考和解决过的问题，也是创新。

数字资源 4-3
学术论文创新

3. 学术性

学术论文有一定的专业门槛，使用专门的术语、表达符号和图表等，用学理化的方法和表达方式，加以严谨论证。

4. 专业性

学术论文主要是在特定专业领域内的交流，不同专业领域的学术论文有自身的专业规定，应遵守本学科、本专业的行规，在使用术语、论证结构和表述方式、写作要素、论文格式上都显示专业性，便于业内之间进行交流。

5. 规范性

规范性主要是指学术论文的构成要素和写作格式上有相应的规范性要求。我国出台《科学技术报告、学位论文和学术论文的编写格式》《信息与文献——参考文献著录规则》《期刊编排格式》等一系列国家标准和规范文件。近年来，教育部对毕业论文（设计）工作也专门下文，对毕业论文（设计）、学位论文的规范做出规定，避免因论文不规范带来的知识产权等纠纷。

三 大学生要正视学术论文写作训练

目前，越来越多的高校开设学术论文写作规范训练课程，这说明了学术论文写作的重要性。对大学生而言，这种重要性主要体现在以下方面。

1. 学术论文写作是研究性学习的重要形式

研究性学习是在知识结构和认知等思维能力到一定阶段，自己发现问题，并通过一定的研究方法和过程寻找答案的学习形式，这种学习形式主要是以论文写作或实验报告来体现。大学生在教师的指导下，选定一个问题，通过研究后有了新的发现和收获。如何用有效的、简明的方式把发现和思考表达出来，这就需要通过论文等写作方式展示出研究成果。通过学术论文写作这种逻辑训练，大学生才能完成思维的"成人礼"。

2. 学术论文写作训练是培养大学生严谨求实态度的基本路径

大学生的学术论文基本上是习作，即为开展学术工作而进行的训练及结果。作为习作，它不是为了发表，而是为了让大学生掌握论文写作的基本规范、基本思维、基本写作方式方法等。大学生需要做到：了解并尊重前人的研究成果；尊重本学科、本专业、本机构的学术规范（职业道德）；引文和注释必须正确、准确；要有署名和致谢（师生联合署名）等。基于此，我们认为严格的学术论文写作必须坚守行文规范。它具体表现为对标准性、权威性、客观性、完整性和贯通性的坚守。掌握行文规范不仅是写出一篇高质量学术论文的基本要求，也是培养大学生为学为研的严谨求实态度、尊重前人劳动成果品性的必然要求。

3. 学术论文写作训练是师生互动的良好教学方式

对大学生进行学术论文写作训练是高校重要的教育教学方式。学生和教师围绕高质量论文写作而进行的"教"与"学"的有意义双主体互动过程，涉及两个主体——教师和学生，以及四个环节——"教""写""评""改"。其中，"教"与"评"属于教师"教"的范畴，"写"与"改"属于学生"学"的范畴，"教""写""评""改"的互动构成了"教"与"学"的有意义互动。

4. 帮助大学生通过写作认识自我

从哲学上讲，高质量的学术论文写作过程是写作者自我认识、自我建构和自我认同的过程。要让大学生通过学术写作训练了解"学术我"的兴趣、专长，从而能最大程度上选择适合自己的学术领域和写作风格；培育大学生的学术能力、勇气和信心，使其有能力选择、有资格去践行、有勇气去坚持自己认为重要的学术观点和立场。

第二节　学术论文写作方法

学术论文写作是一门系统性工程，它要求论文写作结构完整、要素齐全、格式规范。以定量方法进行的学术论文写作更多从科学主义立场理解世界，强调写作的科学性与可靠性，其论文结构多采用"引言—文献综述—研究设计—结果—讨论—结论—建议—结语"。理论论文更多从建构主义立场理解世界，关心新概念的创建、已有概念的重构以及理论的建构，一般采用"引言—本体—结语"的结构。

一　学术论文写作的要点

学术论文写作过程一般包含选题、资料收集、构思、列提纲、写作、修改等。这里主要介绍选题、资料收集和列提纲等。

（一）选题

"文好题一半"，选题至关重要。大学生进行学术论文写作的第一步是按照正确的原则和适当的步骤选择一个恰当、有价值和有创新性的题目。

数字资源 4-4
选题的原则

大学生在确定选题过程中不仅要做正确的事,还要"正确地做事",具体到选题上就涉及选题的步骤和方法和来源。

1. 选题的步骤和方法

一般说来,选题有一个反复和确认的过程,需要花费相当多的功夫和精力,必要时要求助专家。其正确的步骤和方法是:第一步,先确定方向;第二步,查阅资料,了解本学科、本专业的研究历史和现状;第三步,论证其难度大小和研究价值后才能确定选题。

2. 常见的选题路径

有的选题从老师的相关课题而来,进入老师研究的系统,有智力和经费支持,这是最便捷的选题来源;有的选题是老师上课时的提醒,老师没有时间或不愿意做,但其研究难度和价值被老师提前预感到了,建议有兴趣的同学去深挖,这也是比较好的来源方式,是课堂学习的升华,可以得到老师的指点,事半功倍;自主选题则是大学生在专业学习和思考过程中的发现,有的是阅读中遇到了新的困惑,有的是对材料和观点感兴趣,想进一步深挖下去,就形成了选题,研究性学习鼓励大学生有独到发现并勇于钻研;还有的选题是日常生活的观察与发现、对新的社会现象与敏感问题的捕捉,但没有现成答案,于是想通过自己的研究来探索答案。

(二)资料收集

巧妇难为无米之炊,资料就是学术论文写作的"米"。很多初学写作者,不重视资料的收集,写论文洋洋洒洒,以为这都是自己的思想和智慧,很少用注释。结果发现,他说的话、要表达的意思和观点早就被同行或者前人公开地表述了,他不过是"炒现饭"。事实上,一篇学术论文的注释、参考文献、资料的质量与数量也是衡量该论文质量的标准之一,这也说明了资料收集和吸收在论文写作中的重要性。

数字资源 4-5
论文资料收集

(三)列提纲

提纲是作者写论文的"作战地图",是在充分调研和思考的基础上,用序号、符号、简洁的文字勾勒研究思想并呈现论文写作思路。列提纲可以体现作者的整体思路,有利于论文逻辑严密、结构完整,有利于及时调整,避免盲目。初学写论文的大学生不大习惯列论文提纲,以为心中有数就行,这是不好的。

提纲写作无一定之规,可以用表格,可以逐条展开,可以详细,也可以简略。提纲的主要内容包括题目、中心论点和分论点,以及论证方法和结论等。比如,人文社会科学的论文提纲一般分为三级标题,一级标题是论文题目,二级标题是分论点,三级标题涉及分论点下属的观点。

提纲中最重要的是结构。结构表面上是论文的层次，深层则是论文的逻辑构成与作者的思维方式。有研究者提出论文要有"顶天立地加两翼"的结构，即人文社会科学中，一篇学术论文的结构有四个基本要素：研究视角、研究对象、研究方法和研究结论。其中，研究对象和研究结论是"顶天立地"的要素，是所有论文必须具备的要素；研究视角和研究方法是"两翼"，是部分论文必须具备的要素。

二、学术论文的写作要素

规范的学术论文包括基本的写作要素，如标题、作者信息、摘要、关键词、正文、结语、注释、参考文献和致谢等。

1. 标题

标题是论文中心思想的最精练表达。从大的结构上讲，标题上接选题，是选题的具体表达，下衔论文文本，是对论文文本的最精练的概括。学术论文文本结构和新闻消息类似，呈现金字塔结构：标题是对全文最精练的概括，就是说，看到标题就能大体明白论文的核心；摘要处于中间，比标题要详细，但比论文全文简练，主要包括研究背景、研究方法、研究结论等内容；论文正文是学术研究过程的文本化，主要包括前言、文献综述、研究过程、研究结论等内容，围绕核心要素展开详细论述。

2. 作者信息

作者信息具有以下意义：拥有著作权的声明，文责自负的承诺，联系作者的渠道。作者信息的内容，一般包括作者姓名、工作单位及通信方式等。为便于国际交流，论文宜有与中文对应的外文（多用英文）作者信息。对论文有实际贡献的责任者应列为作者，包括参与选定研究课题和制定研究方案、直接参与全部或主要部分研究工作并做出相应贡献，以及参加论文撰写并能对内容负责的个人或单位。

3. 摘要

摘要是学术论文体裁中比较独特的结构，一般紧随标题之后，是对论文内容的简短而全面的概括，能够让读者迅速了解论文的核心内容。同标题一样，摘要还是检索的对象和依据。摘要的特点：① 准确性；② 独立性；③ 简练而具体，摘要的长度一般 200～400 字；④ 非评价性；⑤ 连贯性和可读性。摘要的第一部分，交代本文的研究背景或研究目的、研究意义等；第二部分，交代本文的研究设计（研究视角、研究方法等）或逻辑过程、概念解释等；第三部分，交代本文的研究结论。

4. 关键词

关键词是指能反映论文主题概念的词或词组，一般位于摘要下方。关键词是文献检索的标志和重要线索，关键词选用是否得当，关系到被检索的概率和研究成果的利用率。一篇论文的关键词数量一般 3～8 个，以";"符号做分割。

5. 正文

正文是论文的主体部分。正文通常包括前言、文献综述、研究方法、结果与讨论等部分。在撰写时，需要结构清晰、语言简练、逻辑严谨，并注意格式要求。

（1）前言也被称作绪论、引言，前言居于正文的开头位置，主要介绍论文的主题、研究背景和目的，以及论文的结构，从而引导读者阅读和理解全文。

（2）文献综述部分是对研究领域的相关文献进行综合评述，目的是阐述研究问题的现状和发展趋势，为后续研究提供理论依据和参考。作者要系统地梳理和评价已有的研究成果，指出已有研究的不足之处，并提出自己的研究思路和方法。

（3）研究方法部分是论文的核心部分，主要介绍研究的设计和实施过程，包括研究问题的提出、资料或数据的采集、分析方法、实验设计等。作者要详细描述自己的研究方法和技术路线，以便读者能够理解。

（4）结果与讨论部分是论文的主体部分，主要介绍研究的结果和分析，并对结果进行讨论和解释。作者要详细阐述文本分析的结果或实验数据分析的结果，并对其进行深入的讨论和解释，同时也要指出研究的创新点和贡献。

6. 结语

结语又称为结论、总结等，在正文之后，集中总结研究过程、回答研究问题，并展望研究主题的未来。自然科学论文的结语部分一般呈现研究结论、研究创新点、研究价值与意义、研究不足、研究展望等；人文社会科学论文的结语一般是重申论文的基本观点，指出不足，展望未来。结语一般比较独立，起到总结、升华、阐释意义等作用。

7. 注释

学术论文和普通文章的一个重要的区别就是除了有正文，论文还有对正文加以说明的注释，有了注释，才有科学性可言。注释的要素一般包括责任者、责任方式、书名、版本、卷册、出版地、出版者、出版时间、页码等构件。要保证注释的准确性，便于读者查证和进一步研究。

8. 参考文献

篇末附参考文献，是论文写作的惯例，既是为读者提供文献帮助，也是对他人成果的尊重。参考文献的格式参考《信息与文献——参考文献著录规则》（GB/T 7714—2015）。

9. 致谢

致谢是对论文写作过程中提供帮助的人表达谢意，这样做不仅是出于礼貌，也是对帮助者劳动的肯定与尊重。致谢态度要诚恳，文字要简明。

三 学术论文写作中常见的问题

1. 选题大而不当

初学论文写作，大学生喜欢凭印象和感觉选择很宽泛的对象和问题，比如李白研究、影视剧中的中国形象传递等。选题过大，涉及问题就多，方方面面都要照顾到，写作就像"摊大饼"，论文就写得很平，内容容易成为知识性介绍。

2. 摘要和正文脱节

论文的摘要是独立构成部分，主要是介绍选题的意义、研究方法和结论等，可以从论文的引言、结尾和二级标题中提炼。但大部分初学写作者的摘要要么和论文的内容没有直接关系，要么写得像引言，蜻蜓点水，看不到论文内容的全貌，因而摘要也失去了导读的功能。

3. 语言的非学术化

有的论文写作用语比较随性，口语化和生活化表达较多，很少用概论、判定和推理等学术性语言严谨、客观地表达，给人的感觉不像是论文，而是像随笔或者总结。

4. 结构过于松散

一些论文不讲逻辑，凭经验和感觉，讨论的问题不在一个层面，或者几个问题没有组成完整的逻辑结构，看不到"提出问题——分析问题——解决问题"的层次推进的结构形式。

5. 没有注释和引文

有些同学写论文不喜欢参考别人的成果，或者为我所用的文献参考了但不注明；有的同学参考、引用一些写作水平低、参考价值并不高的资料。需要注意的是，参考和引用文献、资料的质量是预判论文质量的重要指标。

四 例文选读

五 情景写作

数字资源 4-6
例文选读

（1）请指出《文化符号传播对中国形象的影响及改善策略》一文的摘要存在的问题并修改。

摘要：文化符号是国家形象的载体。它一方面是传递国家形象的有效工具，另一方面，文化符号的跨文化传播可能出现编码意义和解码意义不相符合甚至相反的困境，造成国家形象的缺失、偏差甚至变形、扭曲。我国符号传播中出现的问题，既有我方符号选择的失误与传播能力较弱的原因，也有他方符号接受过程中渠道、环境与受众的原因。面对不利影响，以文化符号主动重构国家新形象的思路应以传统文化的现代化为前提、以塑造全人类共同的价值观为基础、以中外文化的关联性为纽带，来推动文化符号的创新性发展和有效表达，发展路径上应以互联网时代的年轻群体为重点对象，孵化文化符号2.0版本，实现立体传播。

关键词：中国形象；文化符号；文化折扣；文化误读；土耳其

（2）分析下面这段文字的论文方法和论文结构。

  我们很快就要在全国胜利了。这个胜利将冲破帝国主义的东方战线，具有伟大的国际意义。夺取这个胜利，已经是不要很久的时间和不要花费很大的气力了；巩固这个胜利，则是需要很久的时间和要花费很大的气力的事情。资产阶级怀疑我们的建设能力。帝国主义者估计我们终久会要向他们讨乞才能活下去。因为胜利，党内的骄傲情绪，以功臣自居的情绪，停顿起来不求进步的情绪，贪图享乐不愿再过艰苦生活的情绪，可能生长。因为胜利，人民感谢我们，资产阶级也会出来捧场。敌人的武力是不能征服我们的，这点已经得到证明了。资产阶级的捧场则可能征服我们队伍中的意志薄弱者。

（3）按照论文写作的规范与要求，修改一篇你写过的论文，并给出修改说明。

第五章 学位论文写作

第一节 学位论文写作概述

一 学位制度与学位论文概念

学位制度是为学位授予的级别、学位获得者的资格、学位评定、学位管理而设立的制度。该制度起源于中世纪的欧洲，1180年巴黎大学授予第一批神学博士学位。学位论文答辩制度是由德语国家首创的，以后各国相继效仿。由于各国教育制度规定授予学位的级别不同，学位论文也相应有学士学位论文、硕士学位论文、博士学位论文之分。

1980年2月，中华人民共和国第五届全国人民代表大会常务委员会第十三次会议审议通过了《中华人民共和国学位条例》，并于1981年1月1日起施行。1981年5月20日，国务院批准了《中华人民共和国学位条例暂行实施办法》，制定了学士、硕士、博士三级学位的学术标准。

学位论文，是学术论文的一种形式，是高等学校、科研机构的大学生为完成一定学位必须撰写的研究报告或科学论文，一般分为学士学位论文、硕士学位论文、博士学位论文三个级别。学位论文代表不同的学识水平，是重要的文献情报源之一，它一般不在刊物上公开发表，只能通过学位授予单位、指定收藏单位和私人途径获得。学位论文是学位制度的核心。

二 学士学位论文的特点

1. 专业性

不同专业、不同领域的学位论文写作往往因分析研究对象的特殊性而在具体写作过程中有自身规定性，其论文结构、分析研究方法、论证方法和语言表述存在很大差异。大学生在训练学位论文写作时要参照本专业的论文规范，避免张冠李戴。

2. 规范性

学位论文相对于其他学术论文，规范性要求更高。其中，学士学位论文的规范主要体现在论文要素的规范和格式规范上。要素的规范是指要有标题、中英文摘要、关键词、正文（包括绪论、本体、结论）、注释、参考文献和致谢等；格式规范指学位论文要求有封面、目录等前置材料，对于论文的字体、字号、序号等排版亦有较为规范的规定。

3. 理论性

理论性也称学术性，这是学位论文的基本特色。以学士学位论文为例，学士学位论文的作者需要运用抽象思维（概念、判断和推理等形式），对收集到的材料进行系统而较为深入的分析，从中提炼出鲜明而客观的理论观点，并运用科学的方法和严密的论证对观点进行逐层阐述。学士学位论文写作要改掉记流水账和就事论事的感性写作毛病，要从感性上升到理性，进而得出科学的结论。

4. 习作性

相比于硕士、博士学位论文对创新性的较高要求，学士学位授予条件是：较好地掌握本门学科的基础理论、专门知识和基本技能；具有从事科学研究工作或担负专门技术工作的初步能力。大学毕业生的学位论文写作是对大学期间所学专业基础理论、基本知识和基本技能的具体运用和适当深化，要求写作者能独立进行科学研究活动，分析或解决某个理论问题或实际问题，从中体现出初步发现、分析和解决问题的方法和能力。因此，学位论文写作是一种习作性的学术论文。

三 学位论文的规范

学术领域有其"社会契约"（学术伦理、学术纪律），这是培养求真务实的优良学风和文风的基本前提。但近些年来学术不端、抄袭现象不时发生，引起学术界和教育部相关部门重视，先后出台了系列规章制度，实行论文盲审措施等，各高校也纷纷在本科和研究生层面开设学术论文规范课程，强化对学术论文写作中的伦理教育与规范训练。这里重点介绍学术不端行为、引用与注释规范等。

1. 学术不端行为

学术不端主要包括抄袭与剽窃、伪造与篡改、代写与买卖论文等行为。

2. 引用与注释规范

科学研究是一个持续性的活动，后来者大多在前人的基础上推进科学研究，因此借鉴或引用前人或他人的成果是写作中常见的行为。

数字资源 5-1
学术不端的表现

引之为用，是为引用。引用是在研究者的论著或论文中，以抄录或转述的方式把他人著作、论文中的部分论述、言论用于自己的著作、论文，并加以注释。适当引用和抄袭的核心区别在于：适当引用有自己的原创核心观点，用他人的成果是为了佐证自己的观点；如果研究者的核心观点大部分来源于他人的成果，则为抄袭。

引用分为直接引用和间接引用。直接引用是将引用的部分一字不改地照录原话，引文前后通常加引号，主要是一些特定术语和专有名词，或者详细数据、完整图片或视频等原始材料，以及需要展示给读者的原文语言，但过度直接引用会导致重复率过高，甚至被认定为抄袭。间接引用指作者用自己的表达综合性转述别人论著中的理论、观点和意见等。其特点是涉及引用的原文篇幅较长，甚至是全文。为避免过度引用造成高重复率，需要用更加简明的话概括其核心观点，引用者要从原文中提炼出与当前论述相关的部分，做到内容连贯，便于读者阅读理解。

一般说来，必须注明引用的场景包括：非原始来源的数据、图表、图片等；他人的观点、理论、模型和实践；自己已经正式发表的观点、理论、数据、图表和图片等；他人对新闻、历史事件发表的口头或书面评论；他人在学术会议或研讨中发表的口头演讲；找不到作者姓名的互联网资料；自己对他人文章或部分段落的总结、提炼与转述，等等。

第二节　学位论文写作方法

一　学位论文的要素与写作格式

根据国家有关标准和要求，学士学位论文（毕业设计除外）的格式一般包括三部分：前置材料、正文和文末部分。

（一）前置材料

前置材料指正文之前必备材料的构成，主要包括封面、目录、题名、作者信息、摘要、关键词等。不同学校可能有具体规定，但大体相同。

1. 封面

学位论文封面的内容一般包括学校名称、专业名称、作者班级、学号和姓名、学位论文题目、指导教师姓名和职称、填表日期，等等。

2. 目录

目录一般包括论文的章、条、参考文献、附录等项目内容的序号、名称和页码。根据论文本身的结构设置情况，目录可以列至二级或三级标题。

3. 题名

题名是论文的总纲，是反映论文中重要特定内容的恰当、简明的词语的逻辑组合。

题名中的词语应有助于选定关键词和编制题录、索引等二次文献所需的实用信息，应使用标准术语、学名全称、通用名称，不应使用广义术语、夸张词语等。为便于交流和利用，题名应简明，一般不宜超过20字。为便于国际交流，论文宜有外文（多用英文）题名。

下列情况允许有副题名：题名语义未尽，用副题名补充说明论文中的特定内容；研究成果分几篇报道，或是分阶段的研究结果，各用不同副题名以区别其他特定内容；其他有必要用副题名作为引申或说明者。题名在论文中不同地方出现时应保持一致。

4. 作者信息

论文应有作者信息。作者信息具有以下意义：拥有著作权的声明，文责自负的承诺，联系作者的渠道。作者信息的内容，一般包括作者姓名、工作单位及通信方式等。为便于国际交流，论文宜有与中文对应的外文（多用英文）作者信息。对论文有实际贡献的责任者应列为作者，包括参与选定研究课题和制定研究方案、直接参与全部或主要部分研究工作并做出相应贡献，以及参加论文撰写并能对内容负责的个人或单位。

5. 摘要

摘要是对论文的内容不加注释和评论的简短陈述，应具有独立性和自明性，即不阅读全文就可以获得必要的信息。摘要的内容通常包括研究的目的、方法、结果和结论。论文摘要在写法上一般不分段落，常采用无人称句。摘要中一般不用图表、化学反应式、数学表达式等，不能出现非通用性的外文缩略语或代号，不得引用参考文献。论文摘要一般 200~400 字。

6. 关键词

关键词是为便于文献检索而从题名、摘要或正文部分选取出来用以表示论文主题内容的词或词组。关键词要有检索意义，不应使用泛指的词，例如"方法""理论""分析"等。每篇论文选取 3~8 个关键词为宜。

（二）正文

学位论文的正文部分主要包括引言、主体、结论等。正文的表述应科学合理、客观真实、准确完整、层次清晰、逻辑严密、文字顺畅。

1. 引言

学术论文一般有引言。引言内容通常包含研究的背景、目的、理由，预期结果及其意义和价值。引言的写作应做到：切合主题，言简意赅，突出重点，客观评价前人的研究，如实介绍作者自己的成果。

2. 主体

主体部分是论文的核心，占论文的主要篇幅，论文的论点、论据和论证均在此部分阐述或展示。主体部分应完整描述研究工作的理论、方法、假设、技术、工艺、程序、参数选择等，清晰说明使用的关键设备装置、仪器仪表、材料原料，或者涉及的研究对象等，以便于本专业领域的读者可依据这些描述重复研究过程；应详细陈述研究工作的过程、步骤及结果，提供必要的插图、表格、计算公式、数据资料等信息，并对其进行适当的说明和讨论。

主体部分一般由具有逻辑关系的多个部分构成，如理论分析、材料与方法、结果和讨论等内容。限于体量等，学士学位论文的主体各部分不宜独立成章（节）。

3. 结论

结论是对研究结果和论点的提炼与概括，不是摘要或主体部分内容的简单重复，宜做到客观、准确、精练、完整。如果推导不出结论，也可没有结论而写作"结束语"，进行必要的讨论，在讨论中提出建议或待研究解决的问题等。

（三）文末部分

文末部分主要包括参考文献、附录和致谢等。

1. 参考文献

论文中应引用与研究主题密切相关的参考文献。参考文献的著录项目、著录符号、著录格式以及参考文献在正文中的标注法，应符合《信息与文献——参考文献著录规则》（GB/T 7714—2015）的规定。参考文献表既可采用顺序编码制，也可采用著者—出版年制，但全文应统一。采用顺序编码制组织的参考文献表应置于文末，也可用脚注方式将参考文献置于当页地脚处。列于文末的参考文献表可以编章编号。

2. 附录

附录是对正文部分的有关内容进行补充说明。论文一般不设附录，但那些编入正文部分会影响编排的条理性和逻辑性、有碍论文结构的紧凑性、对突出主题有较大价值的材料，以及某些重要的原始数据、数学推导、计算程序、设备、技术等方面的详细描述，可作为附录编排于论文的末尾。

3. 致谢

致谢是作者对论文的写作过程中做过贡献的组织或个人予以感谢的文字记录，内容应客观、真实，语言宜诚恳、真挚、恰当。致谢内容可用与正文部分相区别的字体，排在结论或结束语之后。

二 写作要领

学位论文的写作训练是耗时而艰难的过程，涉及复杂的科学研究问题，有几个基本的写作要领。

1. 选题要恰当、合理

学位论文要经过专家盲审和答辩等程序，要在专业范围内选题，如果选题不符合专业要求，很难通过盲审和答辩专家的评审。同时，同一个选题方向，因其范围大小和深浅程度可以成为学士或硕士或博士学位论文选题。对于学士学位论文的写作来说，在研究单位不变的情况下，要在限定词与研究维度上不断缩小研究范围。比如我们想研究农民工这个群体，不妨加上限定词"新时代"，再加上研究维度，即"新时代农民工市民化问题研究"，但研究维度还是稍嫌过大，不如进一步缩小范围，改为"新时代农民工城市身份认同研究"，如果要做学士学位论文的话，还可以限定研究范围："新时代农民工城市身份认同研究：基于××市的调查"。

2. 论点要明确、科学

学位论文写作是专业性的科学研究活动，其基本观点要鲜明、明确，能经受科学实验或者实践的考验，这就需要无论是理论假设，还是学术论证等，都要有科学理论为指导，通过正确的方法和正确的程序来论证自己的论点。

3. 结构要清晰、完整

学位论文有大的结构要求，一般采用"提出问题—分析问题—解决问题"（引论—本论—结论）的形式，有中观层面的总论点和分论点的逻辑与层次关系，还包括分论点的主旨句和分句子的逻辑关系，要符合"总—分—总"或者"总—分"关系。学位论文最常见的问题之一就是结构上不完整、不严谨，这点需要特别重视。

4. 论证要充分、灵活

论证最能检查大学生的思维水平和表述能力，学位论文写作要求初步掌握例证法、类比法、对比法、归谬法、喻证法等多种论证方法，将理论指导和充分而精炼的事例相结合，避免简单直白地机械套用现状、原因和对策之类的三部曲论证模式。

5. 语言要准确、理性

学位论文写作是一种理论思维活动，体现在语言上就是使用理论语言，即要用概念、判断和推理性语言表述，而不是用感性的语言简单直观地描述个人的感受或情绪。

三 学位论文的写作技巧

学位论文的写作技巧主要介绍以下三个方面。

（一）文献综述和文献使用

文献指的是信而有征、具有研究参考价值的信息资料。文献是做学术研究的基础，文献自身的来源和真伪，以及文献使用者对文献的把握和理解水平，影响并决定着研究成果的方向、性质，以及学术研究的质量、贡献。在历史上，新文献的发现、整理、解释往往会改变相关学科的叙述方法与叙述格局，成为学术观念甚至研究范式突破的契机。因此，写作学位论文首先要做文献综述这个基础性工作。要全面把握文献、正确引用文献，还必须了解目录学、版本学、校勘学等方面的知识。

数字资源 5-2
文献使用

在信息时代，文献的形式和来源都很多，主要包括纸媒文献和电子文献两大类型。

1. 纸媒文献

纸媒文献有手写与印刷两种类型。最常用的是印刷文献，包括工具书、专业书、专业读物等。

（1）文学领域工具书种类很多，有专业辞典（如《简明美学辞典》）、百科全书（如《中国大百科全书·中国文学卷》）、年表（如《中国文学史年表》）、年谱（《叶圣陶年谱》）、图鉴（如《中国现代文学初版本图鉴》）、文摘（如《中国社会科学文摘》）等。

（2）专业书分很多种类，包括专业论著、选本、文集、全集等。

（3）专业读物就更多了，有专门报刊（如《文艺报》《文学评论》）、专业丛刊（如《外国美学》）、专业博硕论文，等等。

2. 电子文献

电子文献的类型主要有电子报纸、电子期刊、电子磁盘、电子光盘、电子图书、电子数据库以及各种联机网上资源等，例如中国重要报纸全文数据库、中国期刊全文数据库、万方数据库、读秀学术搜索、中国人民大学复印报刊资料数据库等。写作学位论文要多多利用这些数据库。

（二）论证结构清晰

学位论文的结构一般都是三段式的：提出问题—分析问题—解决问题。

（1）提出问题，也就是所谓的绪论，它是交代研究对象（在研究综述基础上提出来，让读者觉得该研究是对前人研究的深化、补充或者纠错等）、研究方法以及基本结论和观点。

（2）分析问题，就是本论，它一般采用分论点论述形式，进一步论证自己的观点。

（3）解决问题，在结尾部分重申论文的基本结论，反思论文可能存在的不足，并对未来进一步研究给出展望。

一般来说，学位论文的主体结构上，总分论点采用的是三三制形式：一、{（一）（二）（三）}；二、{（一）（二）（三）}；三、{（一）（二）（三）}。"一、二、三、"之间的逻辑关系是什么呢？是递进关系，还是并列关系？在结构上是形成树形结构或者块状结构形态，我们需要明确。当然也有这两种结构都使用的，这是更加复杂的结构形式，它对应的是难度和级别更高的论文。

具体到分论点的结构，也是我们说的微观结构，一般采用总分总或者总分结构。分论点中的总分总结构：观点（一）（主旨句）—证明（1.……2.……3.……）—重申观点（一）。分论点中的总分结构：观点（一）（主旨句）—证明（1.……2.……3.……）。其中，1.……2.……3.……需要有多重论证方法。方法不能过于单一，论说不能脱离文本。只有这样的分论点才是形式上完整、内容上合理的，才能显示出学术训练的规范性。

（三）反复修改

修改是学术论文写作重要的环节，学术论文和学位论文写作几乎没有一气呵成的，特别是好的论文大多是经过反复修改打磨而成的，事实上，一篇好的论文要在导师的指导下经过多次修改才能定稿。修改要注意全局性问题，包括论题、目的、结构、内容和总体策略等。也有局部性修改，如句子结构和词语的修改、完善，还有标点符号的修改等。对于修改，需要把握以下几个问题。

1. 把修改看作社交过程

在你和导师、同学以及其他可能的读者之间建立一个读者社区。当你向读者征求意见时，修改就变成了一种社交体验，让你与读者的建议和见解联系在一起，他们将帮助你对正在进行的工作"塑形"。

2. 以开放的心态倾听

你认为花了很大力气写成的初稿，可能在导师或同学眼中条理不清。这时，你不要把批评放在心上，也不要为自己辩护，相反的是要反思：为何别人不满意，能指出那么多问题？认真对待反馈会让你成为一个更优秀的作者。

3. 仔细权衡反馈意见

把所有的意见收集起来，最好列出清单，和你最初的目标对照。这个清单可以作为你每次修改论文的参考，帮助你了解自己写作的优势和劣势。当你以这种方式完成自己的写作时，别人的评论将成为一种宝贵的资源。

4. 掌握必要的修改策略

修改有一些基本技巧，比如，围绕论文主题进行辩论；开放思想，引入相反的论点反向加强你的论点；把读者的注意聚焦在中心问题上；句子修改要关注清晰和有效性，目标是让每个词语都有价值，以保持读者的注意力和兴趣；大声朗读你的作品；校对时要有条理，查找拼写错误、印刷错误、遗漏的字或词，等等。

四 常见问题

1. 选题过大

本科生在写作学位论文时首要的错误就是选题过大，研究对象的范围在时间和空间上大而不当，缺少限定性，比如李白研究、农民工的城市融入研究、鲁迅和果戈理比较研究等。这些都是博士学位论文、专著的规模和体量，本科生很难把握。本科生选题的研究难度，要符合自身的能力和水平，而且研究的范围要尽可能小、难度适中，这样便于把握。

2. 忽视文献

很多本科生写论文不看相关书籍，有的甚至连新近发表的相关论文也不读，凭自己的感觉经验洋洋洒洒地写，殊不知有些观点早已被别人研究了，自己做的是低级的重复研究。更为重要的是，有些论文，通篇除了文学作品的引文外，没有同行专家的文献出现，无法显示其对此课题的深入了解。有的同学甚至为了过关，随意添加几个参考文献，但经不住核实。最好的办法是在选题之前，做一个专题性的文献研究综述。

3. 疏于提纲

少数本科生写作学位论文不列提纲，不和导师、同学讨论，信马由缰，结果导致偏题，或内容关联性不强，或各个部分的篇幅比例不协调，或论文前后矛盾等，造成修改难度大。

4. 结构松垮

写作学术论文需要严格的思维训练，提出问题—分析问题—解决问题的三段论逻辑是基本思维形式。少数本科生写作论文时不重视结构的严谨。一般说来，不能用思维导图呈现的论文，结构上往往是存在问题的，很大可能是写作者个人并没有把问题思考清楚，思路是散乱的。

五、例文选读

六、情景写作

请在专业老师的指导下，完成一篇学位论文。

数字资源 5-3
例文选读

第六章 申论写作

第一节 申论概述

一、申论的概念与特点

（一）申论的概念

"申论"一词取自古文中的"申而论之"。申，即申述、延伸、申辩；论，即议论、论述、论证。在我国国家公务员考试中，申论是根据国家招录公务员的实际需要，借鉴我国古代"策论"等文体的特点，针对现实社会生活中的热点或难点问题进行概括、分析和论证的一种考试科目。

申论考试，按照中央机关及其省级直属机构综合管理类职位、市（地）级及以下直属机构综合管理类职位和行政执法类职位，分别命制试题，资料丰富，题型多样，综合考查考生的阅读理解能力、综合分析能力、提出和解决问题能力、文字表达能力等。

（二）申论的特点

1. 现实性

申论考试中所给资料，一般涉及现实社会生活中与广大人民群众的生产生活密切相关且亟待解决的问题，如民生问题、生态及环境保护问题、交通治理问题、医疗保险费用问题、城市垃圾处理与收费问题等，要求考生就这些现象和问题给出自己的理解和解决办法。

2. 综合性

申论的综合性主要体现在资料内容的综合性、对考生能力考查的综合性以及考试形式的综合性上。申论考试给定的资料涉及面广泛，政治、经济、文化、社会等各个方面都可能成为申论的话题。而这就要求考生具备一定的综合能力和素养，要能准确地理解和把握所给资料，分析概括资料中的问题，针对问题提出对策并进行清晰论证，这实际上也是对考生综合素质能力的考查。考试形式的综合性主要体现为写作文体的多样性。

3. 可行性

申论考试主要考查应试者分析概括问题,进而提出对策,并进行清晰论证的实际能力,而提出的对策必须是具体可行的,既要符合客观规律、法律法规,合乎民情民心,又要在政策上、操作上切实可行。

4. 针对性

申论考试是针对国家各级各类机关单位人才选拔而设置的,旨在选拔能够真正胜任公务员工作,具有较高综合素质与能力的优秀人才。申论考试的试题内容一般具有很强的现实针对性,主要选取时事或社会热点作为讨论对象。

二 申论试卷的结构

申论试卷通常由三部分组成:

第一部分是注意事项。这是提供给应试者关于考试的重要的指导性建议。

第二部分是给定资料。给定资料是申论考试作答的依据,一般都涉及社会现实问题和热点问题。给定资料常由若干文字材料组成,形式上并非完整的文章,但有时候这些资料也会统摄于某一主题之下,有一定的内在逻辑关系。

第三部分是作答要求。这一部分是针对考试各个环节提出的具体要求,包括根据给定的资料对其反映的问题或现象进行归纳概括;就资料反映的问题进行分析,并提出建议和解决方案;针对相应的问题进行分析论证,写作议论文等。

第二节 申论写作方法

一 申论写作的一般题型

申论试卷题型常常表现为归纳概括类、综合分析类、对策建议类、应用文写作类和议论文写作类等类型。每类题型又可以分为若干种小的题型,如综合分析类可以表现为名词解释题、语句理解题、观点辨析题、启示分析题、原因分析题和社会现象分析题等。这些题型综合考查考生的阅读理解能力、综合分析能力、提出和解决问题能力、文字表达能力等。

数字资源 6-1
申论写作题型

二 申论写作的要求

作为一种特殊的考试形式,申论写作除了要求具备一般文章写作的基本要求外,还应特别注意如下要求。

（一）准确理解题意，结合给定资料进行答题

题干中关键词是理解题意的重要依据；答题时，一定要根据题干要求，结合给定资料，不可随意发挥。

（二）答题时切忌照搬原文材料

应在原文的基础上，用简短精练的语句概括表达，不可照搬照抄原文。

（三）提出的对策方案要有针对性，要具体可行、易操作

申论考试，常常要求考生针对现实社会生活中的热点或难点问题进行分析，并提出解决问题的对策和方案。考生所提出的对策和方案必须具有针对性，并且具体可行，便于操作。

（四）要体现基本的文体规范

申论试卷题型，常常表现为归纳概括、综合分析、对策建议、应用文写作和议论文写作等类型。无论哪一种类型，都必须在文风和格式上规范、得体，慎用或不用文学性表现手法。

三 申论写作的技巧

申论考试，要求对考生多方面的能力进行综合考查，除了考场上的材料理解、分析概括、文字表达等能力考查，更有日常生活和工作中养成的多种素养和能力考查。就考场上的具体写作行为而言，有几个应试技巧是需要重点关注的。

（一）掌握重要阅读技巧，准确理解和把握给定资料的内部结构和主旨

申论所提供的每则资料一般都具有较为完整的内部结构，每则资料所反映的问题或主题也都是给定的。考生在阅读材料时，可以利用首尾句阅读、关联词句阅读、关键词句阅读等阅读技巧，准确把握每则资料的内部结构，理解和把握给定资料的主旨。

（二）抓住题干中的题眼，明确答题要求

申论答题，要有针对性，要做到"怎么问，怎么答"，"问什么，答什么"。要明确"怎么问"和"问什么"，就必须认真审题，抓住题干中的题眼，以便提高作答的针对性和有效性。题眼一般由一些关键词句充当，如2019年国家公务员考试（副省级）《申论》科目的第一题，"概括""举措"就是题眼。

（三）区分不同题型，明确答题思路

申论考试题型较多，要根据不同题型，采取相应的答题思路，不可过于依赖"万能八条"。不同题型的答题思路，是可以在平时通过训练掌握的。

四 申论写作的常见问题

申论写作中，考生常常出现如下问题，需要特别注意避免。

（一）审题出问题

主要表现是抓题眼不准，未能准确把握答题要求。

（二）概括、分析出问题

要么不能概括、分析出主要问题，要么概括、分析主要问题不准确，要么把概括、分析主要问题与提出方案混为一谈，等等。

（三）提出方案出问题

方案要么针对性不强，要么操作性不强，要么缺乏条理性。

（四）论文写作出问题

要么论文题目范围太大，不贴切；要么在论述时不能从资料切入引用材料进行引申议论，而是从其他途径引用材料；要么论据与论点脱离，论据不能证明论点；要么论述欠严谨周密，欠理性客观，甚至出现情感态度偏激；要么不符合文体规范（如语言、格式不规范），等等。

五 例文选读

六 情景写作

数字资源 6-2
2019 年国家公务员考试（副省级）申论及参考答案

仔细阅读给定资料，按照下面提出的要求依次作答。

问题一：根据"给定资料 1"，请你谈谈老马是怎样"当好基层这根'绣花针'"的。（10 分）

要求：全面、准确、有条理。不超过 200 字。

问题二："给定资料 2"反映了乡干部小雷在窦家梁村易地扶贫搬迁过程中遇到的一些问题，请你谈谈他是如何解决这些问题的。（15 分）

要求：内容全面，条理清晰。不超过300字。

问题三：邻区有关部门准备到锦林区学习考察，了解"智慧锦林"综合平台在社区治理方面的特点和运行情况。如果你是锦林区负责接待的工作人员，请根据"给定资料3"，写一份情况介绍提纲。(20分)

数字资源6-3
材料

要求：要点完整，内容具体，条理清晰。不超过500字。

问题四：如果你是沙洲市市场服务中心工作人员，请根据"给定资料4"分别梳理三个市场存在的问题，并提出相应的解决措施。(25分)

要求：

(1) 问题梳理全面、准确；

(2) 所提措施有针对性、切实可行；

(3) 不超过500字。

问题五：近期，S省开展乡村治理先进典型评选工作，M市打算推荐莱康村参加评选。如果你是该市有关部门的工作人员，请根据"给定资料5"写一份莱康村参评的推荐材料。(30分)

要求：

(1) 紧扣资料，内容全面；

(2) 逻辑清晰，语言准确；

(3) 字数800~1000字。

第三部分

宣传策划文体

第七章 新闻传播文书写作

第一节 新闻传播文书概述

新闻传播文书属于应用文的范畴，它与文学写作最大的不同在于它必须是传播事实、报道事实，要做到真实、客观、公正。新闻传播文书可以借鉴文学写作技巧，但不能为了追求文采而合理想象，损害新闻的真实性。

新闻传播文书与其他应用文书、求职文书、论文不同的是，它追求时效性，事件发生后要以最快的速度通过大众媒介传播给受众，这也就要求新闻传播文书的写作必须从受众视角出发，寻找受众最感兴趣的点，即发现故事、讲好故事。

一、新闻的概念

据不完全统计，新闻的定义有170多种。目前，我国新闻学界普遍采用的是陆定一于1943年9月1日在延安《解放日报》发表的文章《我们对于新闻学的基本观点》中提出的"新闻的定义，就是新近发生事实的报道"。事实强调了新闻报道的客观性，新近强调了新闻报道的时效性，报道中"报"就是告知、报告的意思，报道就是对事实的记录和传播。

二、新闻的特点

（一）真实性

新闻的本源是事实，真实是新闻报道的生命。陆定一认为，新闻的本源是物质的东西，是事实。事实是第一性的，新闻是第二性的。把握新闻的本源，坚持事实第一性、新闻第二性的原则，正确处理新闻报道中事实与思想观点之间的关系，是写作新闻传播文书的第一项基本要求。

（二）客观性

客观地叙述事实是坚持新闻报道真实性的前提。新闻的真实性决定了新闻报道只有坚持客观性叙事，才能保证新闻在传播过程中不致被歪曲。

（三）公正性

新闻传播文书的写作要以社会需要和新闻价值为取舍标准，进行写作时要兼顾各方，给新闻当事人平等的曝光机会，不屈从于外界压力，不论关系亲疏，不做偏袒报道，不利用新闻报道谋私利和泄私愤。

（四）时效性

多数新闻传播文书都讲究时效性，在越短的时间之内报道出来，价值越大，尤其是消息类的文书，过了一定的时间限度便不能称为新闻。尤其是在如今的网络与新媒体时代，对新闻传播文书时效性的要求便更高了。

三 新闻传播文书的写作要求

新闻传播文书因为其特殊性，写作时尤其要注意新闻事实的准确性，写作技巧通常包括：迅速及时，新闻要素齐全，新闻要素准确无误，语言通俗简洁，叙述客观，少用形容词与议论性的语言等。

（一）迅速及时反应

新闻传播文书对于时效性的要求比较高。报纸时代，新闻是隔天见报；广播、电视时代，新闻是当天传达；在互联网时代，新闻在发生后几个小时便可见报；而在数字媒体时代，新闻几乎同步报道。2017年四川九寨沟发生地震之后，仅用时25秒，《四川阿坝州九寨沟县发生7.0级地震》的稿件就编写完成了，该新闻由地震信息播报机器人自动编写完成，篇幅540字，包含4张地形图，稿件中详细展示了速报参数、震中地形、人口热力、周边村镇、周边县区、历史地震、震中简介、震中天气等多项信息。

（二）要素齐全、准确

这是保证新闻事实准确无误的基本技巧之一。"准确！准确！准确！"是普利策的经典名言。要做到准确，首先要保证确有其事，其次便是构成新闻的基本要素5W1H，即when（何时）、where（何地）、who（何人）、what（何事）、why（原因）、how（怎么进行）。

（三）语言通俗简洁

新闻传播文书要尽量使用大众化的通俗语言撰写，要做到具体化，注重细节描写，但同时也切忌啰唆、空话连篇。新闻传播文书中尽量少用专业术语，力求文章通俗易懂，语言简洁明了。

（四）叙述客观公正

新闻传播文书的写作要做到客观、公正，所以在报道中不要轻易出现记者的观点和结论。在写作时要注意删掉多余的形容词和副词，尤其是带有明显主观倾向的形容词和副词。

总之，新闻传播文书写作的目的是要及时、准确、客观地传播信息，文章不需要花里胡哨，做到真实、客观、公正、可读即可。掌握迅速反应、新闻要素准确、叙述客观等技巧，再加上大量的写作训练，边写、边改、边总结，就能够写出一篇标准的新闻传播文书。

第二节 消 息

一 消息的概念与特点

（一）消息的概念

消息是用概括叙述的方式，以简明扼要的文字，迅速、及时地报道新近发生的、有新闻价值的事实的一种文体。消息作为一种迅速、及时呈现新闻事实的新闻文体，往往是新闻媒体最常用的。

按照媒体的不同属性，消息包括报纸新闻、广播新闻、电视新闻以及网络新闻；按照篇幅长短，消息包括长消息、短消息、短讯以及简讯等；按照报道内容分类，消息包括政治新闻、经济新闻、社会新闻、文化新闻、体育新闻、军事新闻等；按照报道对象分类，消息包括人物新闻、事件新闻等。

（二）消息的特点

消息写作具有以下三个特点。

1. 时效性强

注重实效，是指消息总是用最快的速度，迅速、及时地呈现新闻事实，以争取最佳的报道效果，这是消息报道最重要的特征。

2. 事实简明

事实简明是指做报道抓住主要事实，不枝不蔓；对事实做概要式叙述，言简而意赅；对新闻要素（时间、地点、人物、事件、原因、怎么进行等）要交代清楚，用短小精悍的篇幅把新闻信息的价值最大化。

3. 活泼生动

传统消息通常以倒金字塔结构为主,按照新闻事实要素重要性递减的顺序来编排、呈现新闻事实,要素俱全。现在的消息写作往往更加灵活,突出主要的新闻事实要素来吸引眼球。

二 消息的写作规范

消息的结构包括标题、导语、背景、主体、结尾等部分。

(一)标题

标题好比消息的眼睛,所以标题的写作非常重要,一个好的标题能够吸引受众继续阅读,一个差的标题可能会使得一篇好的消息被埋没。尤其在网络与新媒体的消息写作过程中,标题甚至决定着一篇消息的点击量。标题从功能上来说有引题、主题、副题三种,从构成形式上,可分为单行标题、双行标题和多行标题。如:

习近平春节前夕赴天津看望慰问基层干部群众(引题)
向全国各族人民致以美好的新春祝福
祝各族人民幸福安康 祝伟大祖国繁荣昌盛(主题)
蔡奇陪同考察(副题)

该标题就是一个包含了引题、主题、副题的多行标题。这种完全式标题会使新闻显得更加隆重,像重要节庆这样的重大新闻往往会采用这种标题形式,一般新闻不采用这么隆重的标题形式,以单行标题和双行标题为主。如:

巨额援乌计划通过 欧盟内部撕裂难掩(单行标题)

该标题为单行标题,也就是只有主题的标题。一般主题使用的是实题,不使用虚题。实题以叙事为主,着重表现新闻具体的新闻事件。虚题以说理和抒情为主,侧重说明原则、道理、愿望,渲染情绪。

双行标题有主引式和主副式,主引式由引题和主题组成,主副式由主题和副题组成。如:

稳健的货币政策要灵活适度、精准有效
大力提高金融服务实体经济质效(主引式)

中国汽车品牌海外影响力不断提升
——来自阿联酋、比利时、墨西哥的一线观察(主副式)

消息标题的写作，首先要简明准确地概括消息的内容，帮助受众了解报道的事实，新闻标题虽然简洁但同时要传递足够数量的有新闻价值的信息；其次要具体生动、富有创意，能够吸引受众。

（二）导语

导语是消息的开头部分，用来提示新闻的要点与精华，发挥导读作用。导语肩负着三项使命：一是要反映新闻的要点；二是要确定新闻的基调；三是唤起受众的注意。按照不同的标准，导语可以分成不同的类型，根据梅尔文·门彻所言，实际上导语只有两种类型，即直接式导语和延迟式导语。

直接式导语又称硬新闻导语，单刀直入地告诉读者新闻的核心内容，包含人物、时间、地点、结果、原因以及消息来源等。这些新闻要素不一定都要罗列出来，要挑选最有新闻价值的要素进行阐述。如：

（新华社北京4月21日电）记者从中国地震局了解到，截至21日8时，四川省雅安市芦山县地震共记录到余震1165次，其中3级以上余震67次，包括5—5.9级3次，4—4.9级16次，3—3.9级48次。（2013年4月21日）

该条导语采用直接陈述的方式将余震的次数及震级告诉读者。

延迟式导语又称为软导语、间接式导语、特写导语，指在新闻的开头并不直接讲述新闻事实，而是用情节、逸事、细节等精彩片段来设置某种情境，激起受众的兴趣、疑问、情绪或好奇心，并把受众带入新闻主题中。如：

（扬州日报讯）昨天中午，扬州宝亿制鞋厂，60多名云南曲靖市的务工人员前来报到。欢迎新员工的典礼上，一位戴眼镜、挎皮包的中年男子，从人群中挤上主席台，向乡亲们挥手致意："我叫陈家顺，曲靖市就业局副局长，去年曾在宝亿制鞋厂打工一个月……"这一句自我介绍，令宝亿（制）鞋厂的新老员工惊讶地瞪大了眼睛。（2011年3月8日）

这是获得第二十二届中国新闻奖一等奖的一则消息导语，通过"引而不发"的方式留下一个悬念，以吸引受众。

所以，在写作导语的时候要把消息当中最新鲜、最重要的事实要素放在导语中，让受众了解该消息要传递的主要内容，同时又要留下悬念，最大限度地吸引受众继续阅读。

（三）背景

在消息的写作中，背景就是提供新闻事实之外，能够对新闻事实进行解释、补充和烘托的材料，在消息中起着提供知识、答疑解惑，以及补充新闻事实、提升新闻价值的作用。所以，消息背景材料的写作要注意围绕主题精心选择，务必要同新闻事实有本质的、内在的联系，切不可生搬硬套、牵强附会。此外，要灵活使用背景材料，可以在文本中整段穿插背景，也可以分别穿插进文本的不同段落中。

（四）主体

消息的主体是消息的主要部分，承担着两个任务：一是解释和深化导语；二是补充导语没有涉及的事实。所以，消息主体的写作，一要详细交代导语中所涉及的事实要素以及必要的细节和背景，二要补充导语中所没有的新闻要素，使得受众能够全面了解新闻事实的全貌。

（五）结尾

消息的结尾既可以是新闻事实的自然结束，也可以是对所报道事实的归纳总结，结尾的作用通常是拾遗补阙、画龙点睛。所以，消息结尾的写作规范要注意紧扣事实、首尾呼应、自然得体；不要重复主题内容；切忌空泛，不要为收尾而收尾。

三 消息的写作技巧

在网络与新媒体时代，标题几乎决定着一则消息的传播力和影响力。

（一）消息标题的写作技巧

（1）从新闻事实中找关键词然后连成一句话；
（2）撷取精华，突出最有新闻价值的部分；
（3）艰深内容通俗化；
（4）对号入座，强化代入感；
（5）标题设悬念；
（6）突出痛点与细节；
（7）贴标签式；
（8）括号补充突出强调；
（9）反常识或设计冲突。
但是要注意文题相符，避免陷入"标题党"。

（二）消息导语的写作技巧

1. 开门见山

开门见山是指开头就可以突出强调新闻事实中最重要、最有价值的要素，以引起读者足够的重视和兴趣。

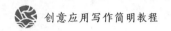

2. 设置悬念

设置悬念是指在导语中叙述部分事实要素，暂时搁置关键要素，"卖关子"以吸引读者继续阅读。

3. 简明生动

简明生动是指消息导语的写作要简洁明了、新颖生动，多使用动词或拟态词，使报道活起来。

（三）消息主体的写作技巧

第一，在进行消息主体的写作时结构非常重要，逻辑一定要清晰，可以按时间先后的顺序，或按逻辑关系，或按时间顺序与逻辑关系安排结构。第二，行文要注意层次分明，过渡自然，过渡可以采用关键词技巧，即从上一段落、上一句话的句尾处选出一个关键词并在下一段落、下一句话的句首部分重复使用这个关键词，从而实现两个部分的自然衔接。第三，要注意细节，以增强可读性。

（四）消息背景的写作技巧

消息背景的位置非常灵活，按照衬托对比性、注释说明性、分析解释性等背景材料的不同，消息背景可以放在文中的不同位置，并注意详略得当。

消息的结尾要根据消息的结构安排，把新闻事件诸要素交代完毕，就可以自然结尾。在进行消息写作时，也可以在结尾部分呼应一下导语，或者采用直接引语引用当事人的话深化主题。

四 例文选读

踔厉奋发启新程　挺膺担当建新功
第十八届"振兴杯"全国青年职业技能大赛学生组全国决赛落幕

今天上午，第十八届"振兴杯"全国青年职业技能大赛学生组全国决赛在杭州落下帷幕。浙江省、杭州市、人社部有关司局负责同志，以及大赛主办、承办单位、参赛选手、裁判、指导教师等800余人参加大赛闭幕式。团中央书记处书记胡盛出席活动。（节选自《中国青年报》）

评析

该消息采用双行标题，主题立意，副题交代事实，主标题立意高远，让整篇报道的新闻价值大大提升。

五 病例分析

数字资源 7-1
例文

【原文】

"一个历史性、全球性的里程碑"

厄立特里亚战略研究中心学者菲克雷耶苏斯·阿玛哈锡安日前接受记者采访时表示，对于非洲而言，共建"一带一路"倡议在多个领域产生了一系列积极成果，深化了非洲与中国的关系。未来，非洲将继续参与共建"一带一路"，这将为非洲进一步发展繁荣提供大量机遇和潜力。

阿玛哈锡安说，十年前中国提出共建"一带一路"倡议，目前中国已与150多个国家、30多个国际组织签署了"一带一路"合作文件。该倡议提出十周年是一个历史性、全球性的里程碑，也是我们思考该倡议对整个非洲大陆的意义和影响的极佳时间节点。

阿玛哈锡安表示，中国和非洲保持着牢固的联系，这种关系的主要支柱之一便是共建"一带一路"倡议，该倡议使中非交往逐步迈上新高度。中国已成为非洲最大贸易伙伴。据中国商务部统计，2022年中非贸易额约为2820亿美元，同比增长11.1%，其中中国对非洲出口额增至1645亿美元，自非洲进口额增至1175亿美元。共建"一带一路"倡议对于非洲的一体化和互联互通、工业化、能源，对于弥补非洲大陆长期存在的基础设施赤字尤为重要——所有这些都是非盟2063年议程以及各区域或国家发展战略的高度优先领域，这也与中非关系史上"双赢"的合作理念一脉相承。

"仅在能源领域，中国就在至少19个非洲国家资助了超过36个项目，主要包括水力发电和太阳能发电厂。"阿玛哈锡安说，中国还帮助非洲国家建设了6000多公里铁路、6000多公里公路、近20个港口等重大基础设施，不仅显著改善了中国与非洲之间的交通和贸易，也促进了非洲内部的联系，打破了长期阻碍非洲实现可持续发展的主要瓶颈。此外，在"一带一路"框架下，16个非洲国家建立了20多个经贸合作区，带动了数百家企业发展，创造了大量就业机会，吸引了数十亿美元投资。值得注意的是，在非洲，尽管许多传统类型的基础设施仍然是共建"一带一路"的核心项目，但数字技术日益成为增长和投资的重要新兴领域。

数字资源 7-2
例文改写

阿玛哈锡安指出，某些西方国家对日益密切的中非关系和蓬勃发展的中非合作感到担忧，"家长式"地警告非洲人注意所谓的"债务陷阱"和所谓中国在非洲大陆的"掠夺性"活动。然而，大量的研究和事实驳斥了这种论调。各种民意调查和研究报告显示，以共建"一带一路"为代表的中非交往满足了非洲人民的多样化需求，促进了非洲发展，帮助非洲人民提高了生活水平。

六 情景写作

（1）请扫二维码，为该消息拟一个标题。
（2）请根据以下材料，拟一则消息导语。

数字资源 7-3
消息一则

  2023 年 11 月 23 日上午，第十批搭载着 25 位在韩中国人民志愿军烈士遗骸及相关遗物的空军专机运-20 飞机从韩国仁川起飞。专机进入中国领空后，空军两架战斗机护航，向志愿军烈士致以崇高敬意。
  11 时 32 分，专机缓缓降落在辽宁沈阳桃仙国际机场。桃仙国际机场雪花纷飞，人们早早来到机场等候，迎接烈士英灵魂归故里。机场以"过水门"最高礼遇迎接志愿军烈士回家。
  12 时 18 分许，志愿军烈士遗骸迎回仪式在沈阳桃仙国际机场举行。仪式现场庄严肃穆，志愿军烈士遗骸的棺椁覆盖着鲜红的中华人民共和国国旗，到场迎接的解放军官兵军容威严、持枪鹄立，现场全体人员向烈士遗骸棺椁三鞠躬。
  天地英雄气，千秋尚凛然。仪式结束后，志愿军烈士遗骸棺椁由 48 辆警用摩托组成的骑警车队护送前往沈阳抗美援朝烈士陵园。24 日 10 时，第十批在韩中国人民志愿军烈士遗骸安葬仪式将在该陵园志愿军烈士纪念广场举行。

（3）请扫二维码，根据该材料写一则消息。

第三节　通　讯

数字资源 7-4
参考材料

一　通讯的概念与特点

（一）通讯的概念

通讯是通过采用多种表达方式，更为详尽地反映报道对象的新闻文体。

通讯按内容分有人物通讯、事件通讯、工作通讯、概貌通讯四种类型；按表现形式分有一般记事通讯、访问记、特写、大特写、小故事、集纳、巡礼、速写、侧记以及记者来信、采访札记或手记等类型；按写作方式分有叙事记述型、调查分析型和谈话实录型三种类型。

（二）通讯的特点

通讯和消息同属于新闻传播文书，都具有很强的时效性，必须恪守新闻真实性原则，但是通讯与消息又具有明显的区别。

其一，具有鲜明的主题。通讯与消息不同，消息一般只是传播信息，而通讯必须有主题，主题是作者统摄全篇的思想观念，没有主题，通讯立意就缺乏高度。通讯的主题一般是记者从材料中得来，同时又寓于材料中，而不是直接论述。

其二，报道的完整性和细节化。消息受刊发时效与篇幅限制往往比较简略，而通讯则会详述相关事实细节与背景资料，完整呈现整个事件的意义。同时，对于其中的人、物、场景等的描写也强调细节刻画，通过精彩的细节描写来表现主题与情感。

其三，形象性和故事性。通讯更接近于西方新闻界对新闻的认识——讲故事，所以通讯的写作往往选择情节生动、感人至深、意味深长的故事，通过讲故事表现主题。

其四，表达方式的多样性。消息的写作中多用叙述与描写，议论与抒情是严格控制的，甚至是不允许的，但在通讯写作中，叙述、描写、说明、抒情与议论几种方式是并存的。

二 通讯的写作规范

通讯的写作规范主要包括标题、主题、选材和结构的写作规范。

（一）标题是通讯的眼睛

通讯的标题要概括、准确、鲜明、生动。首先，通讯的标题要简洁明了、准确地概括报道的核心内容，同时又要注意突出重点。其次，通讯的标题与消息的标题不同，通讯的标题可以鲜明生动，可以形象贴切，可以充分展现文采，也可以使用情感词汇，以引起读者的共鸣，吸引读者的注意力。但要注意，通讯作为新闻报道的组成部分，必须符合新闻报道规范，避免使用模糊或带有主观色彩的语言，要保持客观中立。

通讯的标题可以是单行标题，也可以采用双行标题，如：

优质带动、优势互补、资源共享，多地探索完善集团化办学运行机制
更好满足群众对"上好学"的需要

这则通讯利用双行标题的方式来囊括更大的信息量。

（二）主题是通讯的灵魂

主题思想明确了，立意才清楚，选择和组织材料才有标准和依据。但要注意，主题是

从实践中来的，是在实际材料的综合分析与研判下，记者调查研究的产物，而不是凭空捏造或者合理虚构的。记者在采访中会收集大量的原始材料，这些原始材料未经整理、加工阶段，叫作素材。记者根据一定的报道思想，动用自己已有的知识储备，对这些素材进行梳理、分析，从而提炼出主题。切忌主题先行或随意拔高主题，这都是把作者的主观意图强加在新闻事件或者新闻人物之上，是违背真实性原则的。通讯主题的写作要求是正确、集中、深刻、新颖。首先，通讯的主题一定要注意导向正确，所以要求通讯的主题必须与社会发展方向一致、与人民利益一致，体现社会主义核心价值观；其次，通讯的主题要集中、深刻，抓住一点、突出一点，要开掘得深、准，这样才能充分发挥出通讯的作用和影响力；最后，一定要新颖，打破思维定式，敢于讨论新问题、介绍新经验、体现新思想，否则对受众的吸引力不足，也无法起到相应的传播效果。

（三）选材是通讯写作的基础

选材即选取题材和素材，不管题材还是素材都有正面和负面之分，必须确保写入通讯的题材和素材都能产生良好的正面效果。通讯的选材必须紧紧围绕主题进行，选取优质之材，首先要选取具有深厚内涵、能发人深省的材料，据此写成的通讯才可能有穿透力；其次要选取生动、鲜活、感人的材料，这种材料才能引人入胜。选材时注意弃用与主题无关的材料，弃用那些用途不大或者可能产生负面效果的材料，同时注意与已有同题材通讯相比较，弃用与之雷同的材料，以确保选材、用材上的独特性。

（四）结构是通讯的骨架

确定了主题之后，能不能将这一主题充分阐述清楚，并且引人入胜，这就要看通讯的结构了。通讯的结构分为纵式结构、横式结构以及纵横结合式结构。

（1）纵式结构包括按时间顺序和按逻辑层次两种安排结构的方式。按时间顺序安排结构，脉络清晰，通俗易懂，如果事实本身趣味性强则考虑此种结构方式。按逻辑层次安排结构，对读者要求相对较高，在调查分析型通讯中常用。

（2）横式结构也包括两种：第一种是将不同时空中的事件放在同一主题下进行报道，虽结构松散，但神韵不散；第二种是将事实的不同侧面分开来写，最后归结到一起强化通讯的主题。

（3）纵横结合式结构，则是取纵式结构与横式结构之长，如在时间顺序的纵式结构中，又在同一时间点并列几个不同空间发生的事件；或者在横式结构中，每个并列部分中又有一个纵式的前后有序的结构。纵横结合式结构有利于叙述复杂的新闻事件，并能体现立体感和纵深感。

三 通讯的写作技巧

（一）标题的写作技巧

与消息相比，通讯的标题可以更加形象生动、鲜明活泼，可以尝试运用以下几个拟标题的小技巧：化用诗词名句，如"安得广厦千万间 灾区群众尽欢颜——四川震后一千万群众全部安置纪实"；巧用修辞手法，引人注目，如"大数据解决百姓小烦恼 郑州市民享数字化医疗新生活"；巧用网络热词，如"中国经济'颜值'更高 '气质'更佳"；巧用民谚俗语等，如"李本春：舍得一身'剐' 石山变青山"。

（二）开头的写作技巧

通讯一般开头就奠定全篇的基调，同时需要引人入胜，吸引受众继续往下读。通讯的开头在写作时可以用重要的情节作开头，以尖锐的矛盾作开头，以鲜明的对比作开头，以精辟的议论作开头，突然的转折作开头，以优美的故事作开头，以动人的悬念作开头。

（三）结尾的写作技巧

通讯的写作不同于消息的写作，消息可以没有结尾，而通讯则不同，通讯必须有开头和结尾，否则结构便不完整。通讯的结尾一般要起到深化主题、激发情感、引人深思或者加深印象的作用。通讯的结尾可以采用以下常用方式：画龙点睛，加深读者对文章的理解，加深印象；引起共鸣，强化、扩大效果；与开头呼应，指明方向，增强文章的连贯性和完整性；提出具有启发性的问题或观点，引发读者深入思考。

（四）通讯主题的确立技巧

通讯的主题需要记者在采访所得材料的基础上确立，也就是说，主题受制于采访以及从采访中获得的素材，同时记者还要在不断深化对素材的认识中升华主题。主题的确立是非常考验记者功力的，可以尝试以下几个小技巧。

（1）在发散思维中择优。提出确立主题的多套方案，然后反复比较、权衡，将不深刻、不新颖的——淘汰，即淘汰法。

（2）打破思维定式。对问题展开逆向思考，往往能够发现新问题，如谈到精简机构总是说"精兵简政"，而如今的现实情况是官员人数越来越多，以"精官简政"为主题进行报道就是一种创新。

（五）通讯结构的构思技巧

谋篇布局是一篇通讯成败的关键，通讯的结构包括纵式结构、横式结构和纵横结合式结构，到底采用哪种结构形式，可以根据所写通讯的具体类型来决定。事件性通讯报道，往往采用纵式结构，根据时间顺序或逻辑层次谋篇布局；调查性通讯报道一般是由果溯因探寻联系，以纵式结构为主，便于写清楚事情的来龙去脉；专题类通讯报道，一般是围绕同一主体或相同题材展开，一般采用横式结构，将不同时空的事件放在同一主题下进行报道，做到"形散神不散"，报道才能具有相当深度、发人深思。

四 例文选读

五 病例分析

数字资源 7-5
例文选读

建设包容、普惠、有韧性的数字世界

　　桥，中国文化里一个重要的意象。它代表着连接，代表着跨越，代表着相聚，代表着克服阻碍，代表着引领方向。

　　乌镇是水乡，也是"桥乡"。小小西栅，河道交错纵横9000多米，却有古桥72座，石桥数为中国古镇之最。

　　世界互联网大会乌镇峰会跨入第十个年头。十年间，乌镇的"桥"与"网"交织，持续向世界最前沿传递构建网络空间命运共同体的中国智慧、中国主张、中国方案。

　　"互联网日益成为推动发展的新动能、维护安全的新疆域、文明互鉴的新平台，构建网络空间命运共同体既是回答时代课题的必然选择，也是国际社会的共同呼声。我们要深化交流、务实合作，共同推动构建网络空间命运共同体迈向新阶段。"11月8日上午，国家主席习近平向2023年世界互联网大会乌镇峰会开幕式发表视频致辞，为携手构建网络空间命运共同体指明了方向。

　　……

　　发展优先：构建更加普惠繁荣的网络空间

　　漫步乌镇街头，"智慧安防""智慧旅游""智慧警务自助站"随处可见，"乌镇互联网医院""智慧养老""无人驾驶汽车"普惠居民。"民有所需，数有所为"，乌镇只是我国数字生活的精彩缩影。

　　据《中国互联网发展报告2023》显示，截至2023年6月，中国互联网医疗用户规模达3.64亿人，农村地区互联网普及率为60.5%，数字技术深度融入群众日常生活。深度学习技术及应用国家工程研究中心主任、百度首席技术官王海峰深信，随着开发和应用门槛的不断降低，人工智能未来必将赋能千行百业，惠及千家万户。

　　第二次参会的巴基斯坦"读懂中国"论坛理事长扎法尔，非常赞赏"构建更加普惠繁荣的网络空间""让更多国家和人民共享互联网发展成果"等理念。"不同国家的互联网发展差距很大，这不利于解决发展赤字，还会造成全球治理危机。"扎法尔认为，互联网发展应该更加均衡，惠及各国人民，真正成为人类命运共同体建设的重要支撑。

　　中国决心，行胜于言。据《世界互联网发展报告2023》显示，中国助力提升数字公共服务水平，充分利用网络信息技术，建设国际合作教育"云上样板区"；积极开展网络扶贫国际合作，通过亚太经济合作组织等平台推广分享数字减贫经验，提出解决方案。

中国方案正在扎实推进全球普惠发展——中国通信服务股份有限公司现有31家驻外机构，海外员工本地化率约70%；中国移动辛姆巴科公司建成了巴基斯坦覆盖最广、质量最好、体验最佳的4G网络，间接带动当地超5万人就业。

……

评析

这篇文章是世界互联网大会的专题报道，问题：文章缺乏具体事例，没有具体细节，显得苍白、空泛。

数字资源7-6
例文改写

六 情景写作

（1）请自选主题写一则校园人物通讯报道。

（2）杭州第十九届亚运会于2023年9月23日至10月8日举行，这是中国继北京亚运会和广州亚运会之后第三次举行亚运会，请查阅相关资料配合写一则专题报道。

写作提示

可从以下主题着手：① 中国持续深化改革开放，迎接全世界朋友的到来；② 节俭、低碳、环保办亚运；③ 中国全民健身取得丰硕成果，体育人口显著增加，国民素质显著提升。

（3）请根据以下材料写一则特写通讯报道。

数字资源7-7
写作材料

第八章 文案创意写作

第一节 广告文案的创作技巧

广告文案，就是以愉悦的方式，凭借生动的句子或富有感染力的文字，与消费者进行沟通，表达品牌的核心价值，提升品牌的认知度与好感度，达成商业服务的目的。卓越的广告文案，可以四两拨千斤，起到画龙点睛的作用，既可以表达产品的核心内涵，也可以与消费者共振共情，降低营销传播成本，提升品牌核心价值。

一、广告文案

（一）广告文案的概念

广告文案是指通过报纸、广播、电视、网络等媒介，公开广泛地向公众广泛宣传，把商品相关信息、服务信息传递给人们的应用文体。广告文案主要有三个作用：传递消息，告知消费者；促进销售，差异化竞争；传递知识，陶冶情操。

（二）广告文案的特点

优秀的广告文案主要有以下三个特点：第一，真实性。消费者有必要通过产品文案来检验产品的功能和特征，即产品文案与所提供的产品服务一致，不能歪曲、夸大事实，误导消费者。第二，简约性。文案之所以打动人，不仅仅是因为它是感性的，更因为它是简短的，能够让人熟记的。第三，创意性。优秀的广告文案能够深入人心，是因为它有创新点，能够让人记住，能够让消费者产生共鸣。

数字资源 8-1
广告文案的基本原则

（三）广告文案创作十步法

（1）详细了解项目：主要了解包括哪些服务项目、项目时间进度表、每周工作安排、客户性质与要求、主要营销策略及方向等信息。

（2）研究分析该产品资料：研究分析产品成分原料、产地、研发背景（研发人资料）、独特配方、功效机理、科技含量、所获技术成果等。

（3）研究同类产品资料：研究同类产品的配方、产品机理、独特卖点、广告语、研发背景（研发人资料）、技术含量、主要媒体策略及广告表现、剪报及其他宣传资料。

（4）资料收集：上网、去图书馆、去书店、上终端零售店收集资料。

（5）关键词搜索分类：主要分为机理类、概念类、功能类、症状类、相关新闻类、成分类、季节类。

（6）整理筛选：根据需要选择、审核资料，将相关联的资料进行编辑整理，挑选出有用的材料，分门别类进行整理。

（7）找出相关意外信息：在资料收集过程中，可能会发现一些有惊喜的资料，应及时整理，项目成员共同分享。

（8）提炼产品核心利益点：吃透本产品，分析其他竞品，有针对性地提出产品的核心概念，从机理上创新、从技术上创新、从人群定位、从广告语定位等。

（9）策划产品基础文案：用400～600字，概括产品的主要优点，从原料、配方、科技含量、独特机理、效果承诺、权威认证、广告语等方面，集中体现产品差异化特色，表现出产品的核心利益点。

（10）标题策略：根据产品上市思路，以及创意不同阶段的软文策略，策划相关的软文标题，主要从新闻、功效、权威等角度进行软文标题策划。

（四）好的广告文案是什么样的

好的广告文案要从品牌营销的视角，以产品力为中心，从场景、标签、社交、流传四大视角，透视品牌文案创作的逻辑和思维。这就要求广告文案有三重境界：文字、文本、文化。

1. 文字

如果文案创作只是停留在生搬硬套的文字技巧上，比如注重标题套路、技法公式、图文模板，那么这篇文案最多只能是60分。

2. 文本

一旦你开始试图研究文案背后的商业逻辑，开始自主思考如何精确表达品牌价值，如何深入消费者的心理，那么你的文案可以达到进阶水平。

3. 文化

真正顶级的文案，能够打动消费者，引导消费观念，从而帮助企业塑造一种独特的品牌文化，形成一种社会流行文化。

二、广告文案创作规范

广告文案伴随着广告而出现。广告是一种信息传播活动，而传播必须依靠传播者与传播对象均能理解的信息，广告作品就是这些信息的最终载体，而广告中的语言信息就是文案。广告文案由广告语、标题、正文、附文四个部分组成。

（一）广告语

广告语又称广告口号，是为了加强诉求对象对企业、商品或服务的印象而在广告中长期、反复使用的简短口号性语句。它基于长远的销售利益，向消费者传达一种长期不变的观念。广告语大多是口号性语句，好的广告语在广告运作中有着画龙点睛的作用。广告语一般有以下几种。

数字资源 8-2
广告文案的
类别分析

1. 一般陈述

使用正式的语言、普通的句式、陈述性语气。这种广告语不张扬，但是可以显示企业或商品自信的气质。

2. 诗化

传达感性诉求时，使用稍具文学性的语言风格更能营造氛围。如"钻石恒久远，一颗永留传""不在乎天长地久，只在乎曾经拥有"。

3. 口语化

口语生动活泼，通俗易懂，适合生活类商品。如"牙好，胃口就好，身体倍儿棒，吃嘛嘛香"。

还有一些广告语使用郑重语气做宣传式表达，这种风格可以突出企业的气魄。如菲利浦的口号"让我们做得更好"。

（二）标题

标题是为传达最重要或最能引起消费者兴趣的信息，而在最显著位置以特别字体或特别语气突出表现的语句。标题的作用就在于在最短的时间内传递出最重要的信息或者引起诉求对象的注意。

标题与广告语在广告作品中的作用同等重要，但二者的本质却各不相同。就长远效果来看，广告语的重要性无疑超过标题。但就一则广告作品而言，尤其是平面广告，标题远比广告语重要。

标题是广告的关键点。只要我们的标题无法在瞬间抓住消费者的眼球，消费者就会失去继续阅读下去的兴趣，哪怕内容再好也是无用的。现代广告对标题越来越重视，广告标题也越来越新颖、醒目。

（三）正文

正文是广告作品中承接标题，对广告信息进行展开说明、对诉求对象进行深入说服的语言或文字内容。出色的正文对于建立消费者的信任，并令他们产生购买欲望起着关键性的作用。正文的内容一般有以下三个层次。

1. 诉求重点

诉求重点是广告的核心内容。在企业形象广告中，诉求重点常常是企业的优势或业绩；在商品广告中，诉求重点集中于商品或服务的特性和对消费者的利益承诺；在促销广告中，诉求重点是更具体的优惠、赠品等信息。

2. 诉求重要的支持点或深入解释

正文必须提供更多、更全面的信息使诉求重点更容易理解、更令人信服。如果广告的目的不在于传达具体的信息而是在于情感沟通，情感性的内容也需要深入展开以增加感染力。

3. 行动号召

如果广告的目的是直接促销，而不主要是建立品牌形象，正文还需要明确地号召参与、购买、使用，并说明获得商品或服务的方法与利益。

（四）附文

广告附文是对广告正文的有效补充，主要是将广告正文的完整结构中无法表现的有关问题做一个必要的交代。一般出现在广告文案的结尾部分。

三 常用写作技巧

（一）明确广告文案背景

1. 明确需求

广告的核心诉求，换句话说便是产品的核心卖点，以及品牌方想要传达给用户的核心内容。品牌想要表达什么，文案就围绕这一点来展开，而这一点也是品牌广告会进行持续强化的核心。

2. 明确目标受众

目标受众说的并不是品牌的用户市场，而是广告的目标受众，也就是这支广告想要传达的目标群体。写文案要从用户本身出发，考量用户最在意什么、目标用户想要什么。

3. 明确传播目的

我们通常将广告分为品牌广告和效果广告。前者主要是为了提升品牌影响力，后者则是直接促进产品销量。一般来说，品牌广告便是利用优质内容打动用户，让用户产生共鸣最终对品牌产生好感；效果广告则是通过创意内容以及让利优惠提升用户的购买欲望,将其直接转化为销量。品牌需要根据自己的需求和广告传播目的,去选择不同类型的广告。

4. 明确品牌调性

明确品牌长久以来在用户市场中所打造的形象,以及用户对于品牌最直观的特征的感受,按照这些形象和特征进行内容展开,将会更容易被用户所接受。比如,网易云的关键词是感性、走心,耐克的关键词是热血、运动等。

(二)广告文案的写作技巧

广告文案的写作涉及许多技巧,这些技巧有助于吸引受众的注意力,传达有效信息,并促使他们采取行动。以下是一些关键的广告文案写作技巧。

1. 了解目标受众

成功的广告文案需要针对特定的受众群体。因此,了解受众的兴趣、需求和心理是至关重要的。通过对受众的深入了解,可以使用吸引他们的语言和内容来编写更具针对性的广告文案。

2. 简洁明了

广告文案应简洁且直接,避免使用冗长或复杂的句子。尽量使用短句和易于理解的词汇,以便迅速传达信息。同时,避免无关紧要的内容,确保文案精炼且具有吸引力。

3. 突出主要信息

在文案中突出显示主要信息是关键,使用粗体、斜体或不同的颜色来强调重要的部分,使受众更容易关注到核心内容。

4. 创造情感共鸣

情感在广告中起着重要作用,通过激发受众的情感共鸣,可以使他们在情感层面上与品牌联系起来。可以利用温暖、欢乐、希望等积极的情感去吸引受众,并建立品牌的好感度。

5. 使用有力的呼吁行动

在广告文案的结尾处,使用明确的呼吁行动来引导受众。这可以是一个简单的指令、一个激励性的理由,或一个引导性的链接。确保呼吁行动清晰、具体,并能够激发受众的行动意愿。

6. 测试和优化

在投放广告之前,测试不同的文案版本是很重要的。通过分析数据和反馈,可以了解哪些文案最能吸引受众、哪些元素最有效,并根据此进行优化。

7. 保持一致性

确保广告文案的风格、语言和调性与品牌形象保持一致。通过一致的传达，可以强化品牌形象，并在受众心中建立品牌忠诚度。

8. 使用故事化的叙述方式

故事化的叙述方式可以使广告更有趣和引人入胜。通过讲述一个与品牌相关的小故事，可以吸引受众的注意力并使他们更容易记住品牌或产品。

9. 强调利益和优势

让受众清楚地知道购买产品或服务之后会得到什么样的好处和优势。强调产品的独特卖点，并说明这些优势是如何满足他们的需求的。

10. 保持创意和创新

尝试打破常规，使用新颖、有趣的方式来呈现广告内容。创意和创新可以使优秀的广告在众多竞争者中脱颖而出，吸引更多受众的关注。

四 例文选读

云南白药豹七：好三七，叫豹七。

1. 亮点解析

这句广告语直接明了，一语中的。它清晰地传达了产品的核心信息，即云南白药豹七的三七产品质量上乘。通过"好三七"这一表述，广告语向消费者传达了云南白药豹七的三七产品是优质的、值得信赖的。这样的表述有助于建立消费者对产品的信任感。"叫豹七"这一表述，使得云南白药豹七的三七产品具有独特性和辨识度。它就像一个品牌的标签，让人一听就能联想到云南白药豹七的三七产品。

2. 背景立意

三七素有"南国神草"之称，近百年来被云南白药作为重要药材配到其经典的中药产品中，因此其被披上了神秘的面纱。如今，三七逐渐被人们已知和应用，人们常常将三七头打粉直接服用，用来预防"三高"，它成为日常保健的中药饮片。

然而，三七粉很难从感官上甄别优劣，导致三七市场良莠不齐、真假难辨，这时品牌成为消费者购买决策的重要依据。豹七依靠云南白药强大的品牌背景，开创品类创新营销模式，提出"好三七，叫豹七"的广告主张，并通过品牌化运作，使其脱颖而出，成为三七行业领头者。

3. 价值提取

三七品类消费者的最大痛点是信任危机。如何建立积极正面的信息传达通道，增强消费者对品牌的信任，是豹七品牌定位亟须解决的根本问题；同时，要以此构建竞争区隔和壁垒。广告语书写应该是真诚的、有温度的，可以给消费者提供全方位的体验，而不是简单粗暴地洗脑，从而使消费者在不经意中把品牌名称当成通用名称。

4. 广告语实践

线下凭借"'豹七'三七求真溯源之旅"等不同于传统营销策略的广告活动，聚焦内容营销，让消费者通过全程参与亲身体验"豹七"三七的生产链，以边拍边剪边播的形式，线上线下同时传播"好三七，叫豹七"的广告语概念。同时，"白药养生"旗舰店实时跟踪报道，最终在天猫"双十一"取得傲人成绩。这次创新的营销模式不仅实现了线上线下的紧密配合，更是收获了豹七在消费者心目中"豹七，就是好三七"的品牌认同感。

数字资源 8-3
例文

五 情景写作

（1）请为"宝马 i4 M50"创作杂志广告文案。

2022 年 2 月，宝马 i4 M50 在国内上市，参考售价为 53.99 万元。作为宝马品牌纯电动四门轿车，基于 CLAR 平台打造，搭载第五代 BMW eDrive 电力驱动系统，零到百公里加速时间仅需 3.9 秒，CLTC 标准下续航里程最大可达 625 公里。内部配置方面，搭载 12.3 英寸液晶仪表与 14.9 英寸中控屏组成的大联屏，并面向驾驶员微微倾斜，全新 BMW iDrive 8.0 系统 UI 设计简洁，方便日常操控。主打动力强、续航优、易操作。

要求：系列广告，不得少于 3 则，每则不少于 50 字，必须包含标题、正文、口号、附文、准口号，拟发媒介为《商业评论》，相关信息自设。

（2）请为东阿阿胶与奈雪的茶联名活动创作广告语。

东阿阿胶作为老字号，在深厚文化与技术的底蕴当中不断挖掘新意，"滋补国宝"联名"新中式茶饮"吸引了年轻人的目光。东阿阿胶和奈雪的茶打开养生思路，这次联名合作为消费者带来了三款产品：奈雪东阿阿胶宝藏茶、奈雪东阿阿胶奶茶、东阿阿胶黑芝麻红枣糕。合作既丰富了奶茶的口感，又用人们熟悉的原料诠释了传统与现代的有机融合。

要求：契合产品背景与广告需求，创作广告语 3 条，需要包含广告语和创作说明，相关信息自设。

第二节 品牌传播推广

品牌传播推广是广告工作的主要组成部分。优秀的企业重视打造一流品牌,但好的产品离不开品牌维护和传播推广,"酒香也怕巷子深"。在自媒体时代,企业越来越重视品牌传播与推广。企业通过各种渠道传播品牌和产品信息,提升品牌的知名度,进而提升消费者对于品牌和产品的认知、兴趣,促进产品销售。

企业品牌知名度的提升,自然能帮助企业拓宽市场,吸引更多潜在客户和合作伙伴。同时,企业通过品牌建设,通过品牌形象的塑造来传递品牌愿景、价值观、情感和社会责任等,构建积极、值得信赖的品牌形象。总之,品牌宣传意义重大,有着事半功倍的作用。

一、品牌传播的概念和构成要素

(一)品牌传播的概念

品牌传播是指企业通过广告宣传、公关、促销等手段,向消费者传达品牌信息,提高品牌的知名度、认可度、忠诚度,从而提高市场份额的行为过程。品牌传播是品牌营销中非常关键的环节,不仅是为了影响现有消费者,也是为了在更大的范围内影响更多的消费者。

(二)品牌传播的构成要素

品牌传播的构成要素有以下几个方面:

(1) 从传播者角度看,包括传播者的人才队伍、技术水平、渠道实力、装备水平、管理能力等。

(2) 从信息角度看,包括信息的数量、传播速度、抵达率等。

(3) 从用户角度看,包括用户规模、结构、覆盖率等,体现的就是媒介指数、内容指数、用户指数。

品牌传播是品牌营销的推动力。传播力强,意味着不仅能将信息传出,而且传得广。如今是"酒香还怕巷子深"的时代,没有传播,就没有"亮剑"的机会。如传播不力,即便策略再精准,广告内容再经典,也毫无杀伤力!

再准的策略,再好的创意,都需要传播。没有传播,就没品牌!

数字资源 8-4
品牌传播的载体

二 品牌推广文案写作规范

写好品牌推广文案，主要从如下四个方面入手，即做好品牌定位，打磨品牌广告语、设计终端营销话术和讲好品牌故事。

（一）做好品牌定位

品牌传播的首要任务是进行品牌定位，让品牌及产品与其目标人群相匹配，而不是没有方向的广而告之。品牌定位理论由"定位之父"、全球顶级营销大师杰克·特劳特提出。品牌定位指的是，为品牌确定一个适当的市场位置，使得商品占领消费者心里的重要位置，当消费者产生某种需要时，立马就能想到这个品牌。比如炎炎夏日感觉口渴，人们就会立即想到冰爽的"可口可乐""百事可乐"；准备跑步时，人们就想到要穿"耐克""阿迪达斯"运动鞋。

品牌定位确定之后，会有一个词或一句话来表达定位，这句话就是定位语。定位语的特点是直白、简练，它的作用是告知消费者品牌卖的是哪类产品，解决"我是谁"的问题。比如：

农夫山泉：天然水

清扬：男士去屑

方太：高端厨电专家

薇诺娜：专注敏感肌肤

元气森林：无糖饮料专家

青花郎：中国两大酱香白酒之一

品牌定位有三种思路：

一是抢位策略，占位置。只要发现消费者心中有一个富有价值的位置无人占据，就要全力占据它。如云南白药豹七成为三七品类中的高端品牌，"好三七，叫豹七"；六味地黄丸虽有众多品牌，但也能"各尽其美，美美与共"，如仲景六味地黄丸的"药材好，药才好"，九芝堂浓缩六味地黄丸的"治肾亏，不含糖"，佛慈浓缩六味地黄丸提出"首创浓缩丸"的"认准佛慈浓缩丸"等。

二是跟随策略，靠位置。发现某个领域的首要位置，已被大牌或强势产品占据，就让品牌与领域中的大牌或强势产品相关联，使消费者在首选大牌或强势产品的同时，紧接着联想到自己。如当红罐王老吉成为"祛火凉茶"的代名词后，王老吉的绿色利乐装就顺势而为，推出"王老吉还有盒装"，让消费者认同，从而迅速做大。当片仔癀家喻户晓时，八宝丹推出产品渊源、出处、配方与其类似的品牌故事，使得自身产品知名度迅速提高，业绩也快速提升。

三是进攻策略，挤位置。如果消费者心中的品类代表品牌有潜在弱点，新品牌可以由此突破，借机放大该代表品牌不足的地方，以自己提出的优点对比对方的弱点，最终取而代之。如针对新康泰克的"早一粒、晚一粒，24小时持续有效"，泰诺提出"30分钟起效"，白加黑提出"白天服白片，不瞌睡；晚上服黑片，睡得香"。再如三九感冒灵入市期，针对人们对中药、西药的认知不同，提出"中西结合"，迅速挤位，最终成为感冒药市场中的品类标杆。

（二）打磨品牌广告语

有了定位语，消费者就知道了品牌卖的是哪类产品，但不一定会产生购买行为。这时，还需要一句打动人心的话，让人一看就产生购买冲动，这就是广告语。

广告语简约而不简单，每一条广告语的背后都凝聚着深思熟虑的品牌战略，和对消费者的深刻洞察，同时也考验着从业人员的文字功底。广告语，是品牌传播的重点，一条好的广告语，一字值千金！

数字资源 8-5
广告语与定位语的关系

（三）设计终端营销话术

无论是定位语还是广告语，都属于文案类的销售话术。除此之外，有些产品非常依赖销售人员的推荐，这就涉及语言类的销售话术。

以医药营销为例，店员在介绍产品时，不仅要了解药品的专业知识，还需要掌握合适的介绍方法，清晰地告知顾客，帮助顾客选择合适的药品。药品的终端销售有两种常用的方法：加减乘除法和 FABE 法。

1. 加减乘除法

加：指介绍疗效，首先告知顾客某款药品有什么作用，治疗什么症状。

减：描述副作用，如药物无副作用，应重点描述。

乘：介绍药品的优点，包括品牌历史、产品荣誉等。

除：分析用药成本，告知消费者某款药品的性价比。

2. FABE 法

F，即 features（特性），产品的特质和特性。比如：产品名称是什么，有什么功效，用到了什么药材，采用了什么工艺。

A，即 advantages（优点），突出产品与同类产品相比的优点，可多用形容词。

B，即 benefits（利益），站在顾客的角度，讲述用药的好处。

E，即 evidence（证据），店员可以介绍以往的病例情况，加强前面一系列讲解的可信度。

终端销售是整个销售通路的末端，也是销售的决胜地。终端销售话术，需要从业人员不断提炼和总结，面对不同的顾客，需采取不同的方式。

（四）讲好品牌故事

但凡成功的品牌，都有一个脍炙人口的品牌故事，因为故事，人们与品牌结缘，容易产生好感与信赖感；每一个中华老字号品牌的背后，都有其独特的工匠故事，演绎着品牌的传奇。为什么要讲好品牌故事？原因在于故事营销在品牌传播中举足轻重，具体来讲，品牌故事是一种特色资源，具有一定专属性，讲故事就是传递一种竞争优势，通过情感沟通将品牌与人联系起来，使人对品牌产生忠诚度。

数字资源 8-6
故事营销

一般来说，品牌故事的撰写有以下几个角度：

其一，讲述创始人的故事。这一类故事聚焦品牌创始人。通过创始人的自白，告诉大家为什么要创立这个品牌，为什么要打造这样的产品，为什么起这个品牌名，等等，表达创业的初心，展现当初的信念与执着。品牌使命与愿景、理念和文化自然而然从故事中发散而来。

数字资源 8-7
例文

其二，讲述产品研发生产的过程。一般是讲述产品研发过程中研发人员坚持不懈的钻研精神以及精细而复杂的工艺过程，或者是创始人的人生奇遇带来的灵感与秘诀等。

其三，描述产品的历史渊源和产地文化。通过追溯产品悠久的历史和产地文化，用时空的厚重感赋予产品独特的价值。

数字资源 8-8
例文

例 1：马爹利

在法国干邑地区，当陈年干邑静卧于橡木桶中冬眠时，桶中宝贵的酒体有一些会悄然蒸发在空气里，让这里的气氛变得大不寻常。

传说 300 多年前，一只移栖的燕子发现了这里，爱上了此地如天堂般的景象，此后年年重回旧地，直到她慢慢蜕变成金燕。每年春天，当万鸟盘旋高飞之际，这只金燕便会重现于世，在每支马爹利——人们能买到的最好的酒的外瓶之上。

自 1715 年公司成立，马爹利就把金燕作为品牌标识，激励自己一如既往地生产优质干邑。马爹利的酿酒师傅，把每年因蒸发损失掉的许多干邑，就叫作"送给燕子的那一份"。这就是马爹利的品牌故事"金燕传奇"。

例 2：依云

1789 年法国大革命，一名流亡贵族从巴黎来到阿尔卑斯山腹地的一个小镇。该贵族患有肾结石，因当地流行喝依云矿泉水，便决定试一试，喝了一段时间后，他的病竟不治而愈。故事流传开来，依云矿泉水从此名声大噪，许多人慕名前来。

法国皇帝拿破仑三世及其皇后对依云矿泉水情有独钟，1864年正式将该小镇赐名为依云小镇。

当地的泉水来自山顶高山融雪和雨水，经过至少15年的冰川岩层过滤。为保护当地水资源，法国政府特别规定，依云水源地周边500公里之内，不许有任何人为污染的存在。依云品牌的矿泉水不经任何人体接触和化学处理，在水源地直接灌装入瓶。

三、品牌传播推广策略与技巧

当今市场竞争日益激烈，品牌成为企业不可或缺的资产。然而，即使拥有优质的产品和服务，如果没有有效的品牌传播策略，企业的品牌形象也难以为消费者所知，从而无法实现商业价值的最大化。

我们从制定传播目标开始，详细介绍一些实用的品牌传播推广策略与技巧，帮助品牌更好地实现传播效果。

（一）制定传播目标

制定传播目标需要根据企业自身和市场环境的情况而定，但总体来说，都是为了增强品牌知名度和美誉度，提升品牌形象和价值，从而实现品牌的长期发展。例如同样是冰激凌，梦龙更着重于口感的宣传，哈根达斯则讲求氛围、情调，而新推出的茅台冰激凌则传递"有生以来的第一口茅台酒，不是喝的酒，而是吃的酒味冰激凌"，以此满足年轻群体的"尝鲜"心理。这些差异取决于品牌想要表达怎样的传播思想，想要在用户心目中树立怎样的品牌认知。总体来说，广告的结果就是品牌传播时想达到的目的，是宣传产品功效还是宣传企业形象，是打造品牌概念还是宣传生活方式，这是制定合理传播目标时需要思考的第一步。

品牌传播的目标有很多，例如建立品牌知名度、提升公司形象、促进购买行为、鼓励重复购买、提高品类需求、提高市场份额、提高销量、强化购买决策、维持顾客对品牌的忠诚度、改变顾客的信念或者态度等。这些都是相对具体的阶段性传播目标。如果仅仅是完成这些短期目标，并不能保证消费者未来持续购买或使用。短期目标只是解决了短期问题。不能深入人心的品牌，即使短期内获得消费者的关注和好评，甚至是购买和使用，成果也只是暂时的。

（二）制定品牌传播推广策略

品牌传播推广策略是指企业通过各种传播手段，将品牌的价值观、品牌故事、产品特点等信息传达给消费者，以提高品牌知名度和

数字资源 8-9
传播策略的十大法则

美誉度，从而促进销售的一种策略。在制定传播推广策略时，我们需要重点关注三个关键因素：当前的传播状况、期望的传播目标以及如何分阶段实现这些目标。

（三）注重品牌命名

品牌名称是消费者识别产品和企业的第一要素，一个易于记忆、具有独特性与传播价值的品牌名可以迅速吸引消费者的注意力，提高产品的认知度，促进产品的传播和推广，从而使产品在众多竞争对手中脱颖而出。品牌名的命名方向，可以从产品、消费者、企业经营这三个维度出发去思考。

（四）植入品牌情绪价值

品牌情绪价值能够触发消费者的情感反应，并且影响他们的购买决策。我们应该在品牌传播推广中巧妙植入情绪价值。

（五）加强品牌传播创新

品牌传播推广要有定力，"不管风吹浪打，胜似闲庭信步"，通过创意表现品牌的内涵与理念，可巧妙嫁接热点，真正与用户产生互动与共鸣，不为"刷存在感"，而为打下深深的烙印。

要打破原有的思维惯性，寻找与目标用户沟通的有效方式。以品牌传播的创新，更好地传递品牌信息，提高传播效率，这也是降低传播成本的有效途径。

数字资源 8-10
植入品牌情绪价值

数字资源 8-11
品牌传播推广创新

四 品牌传播推广中的误区

在品牌传播推广过程中经常出现的一些错误观念或行为，这些误区可能导致品牌形象受损、传播效果不佳或者与预期目标偏离。因此，在品牌传播推广过程中，要避免这些误区，注重品牌形象的建设和传播推广效果的评估，以及与消费者的互动和沟通。只有这样，才能实现品牌的长期发展目标。

（一）误区一：品牌传播推广等于"烧钱"做广告

品牌传播推广最常见的一种误区，是简单地将其等同于广告，认为传播推广效果只能靠"烧钱"。对于很多品类来说，最大的传播阵地往往不是电视、电梯，而是自有媒体，尤其是对于一些线下门店品牌。比如，酒店最大的传播载体是酒店大楼，餐饮最大的传播载体是门头。对于快消品类品牌来说，首要的媒体是产品包装，产品本身就是自己的"中央电视台"。

品牌传播推广不需要舍近求远，一般来说，自有媒体永远是第一传播媒介；品牌是否需要"烧钱"，一看品类，二看时机，并非所有品牌推广都靠"烧钱"做广告。

（二）误区二：过于追求短期效果

品牌传播是一个长期的过程，需要持续投入和耐心。一些品牌过于追求短期销售效果，忽视了长期的品牌价值和品牌形象的塑造。例如，过于关注广告的点击率、覆盖面等，而忽视了品牌传播推广的核心目标——建立品牌的形象和提升品牌的价值。这种本末倒置的做法会导致品牌形象混乱，消费者对品牌的认知度降低，从而影响到品牌的长期发展。因为品牌形象是需要长期积累和建设的，如果企业只关注短期的效果，就很难建立清晰、一致的品牌形象，消费者也很难对品牌产生信任感和忠诚度。

（三）误区三：缺乏与受众的互动和沟通

在品牌传播推广过程中，互动和沟通是非常重要的环节。品牌不仅需要向消费者传递信息，更需要与消费者建立情感连接，增强品牌忠诚度。缺乏互动和沟通可能导致品牌形象单薄，缺乏情感共鸣，从而使产品无法在消费者心中留下深刻印象。

具体来说，缺乏互动和沟通一般表现在以下几个方面。

（1）单向传播。传统的品牌传播往往是单向的，品牌向消费者传递信息，但缺乏与消费者的互动和沟通。这种单向传播方式很难让消费者对品牌产生情感共鸣，也难以形成品牌忠诚度。

（2）忽视社交媒体。社交媒体是品牌与消费者互动和沟通的重要平台。然而，一些品牌忽视了社交媒体的作用，没有充分利用社交媒体与消费者进行互动和沟通，错失了与消费者建立情感连接的机会。

（3）缺乏创意互动。创意互动是增进品牌与消费者关系的重要手段。一些品牌缺乏创意互动，无法吸引消费者的参与和关注，导致品牌形象单薄，消费者缺乏情感共鸣。

（4）反应迟钝。在品牌传播过程中，及时回应消费者的反馈和意见非常重要。一些品牌反应迟钝，无法及时回应消费者的诉求，导致消费者对品牌的信任度降低。

为了克服这些误区，品牌要注重与消费者的互动和沟通。通过社交媒体、线上活动、创意互动等方式与消费者建立情感连接，增强消费者的品牌忠诚度。同时，及时回应消费者的反馈和意见，关注消费者的需求和感受，不断提升品牌形象和服务质量。

五 例文选读

北京同仁堂的国际化创新

北京同仁堂是中医药行业的标杆品牌，至今已有三百余年的历史。电视剧《大宅门》的热播，掀起了同仁堂品牌故事的热潮，其金字招牌始终屹立不倒。

在全球化时代，北京同仁堂积极寻求品牌国际化，让中医药走向世界。1993年至今，同仁堂陆续在海外开设了150家左右分店。据不完全统计，同仁堂为海外患者诊疗超过 3000 万人次，上亿海外人士认识了同仁堂，认识了中国的中医药。

一、冲出去：用国际化促进现代化

"红柱子、灰瓦房"，20 世纪 70 年代末，北京同仁堂还只是位于大栅栏区域的一家药铺。1993 年，北京同仁堂集团成立的第二年，开始开拓国际化市场，出口业务也从借船出海的模式变成企业自身的垂直板块。首站选择落户香港，因地制宜，采用品牌入股模式开办第一家药铺，打开了通往境外的门户。

二、融进去：有华人的地方就有同仁堂

坐堂行医是中国传统药店的特色，同仁堂在国际化的过程中，也将这一特色带到了海外。每一家同仁堂海外门店都是一座中医药文化博物馆：医师们用疗效说话征服当地患者，药店经理、医师积极利用当地媒体宣传中医药知识，向当地居民传授太极拳、八段锦、五禽戏等健身方法，并且开办中医药文化讲座。这种以医带药、文化先行的策略对同仁堂的落地生根起到了重要作用。

三、走出去：打造全产业链生态，担当全球共享新使命

按照同仁堂的规划，国际化分为几步走。从"有华人的地方就有同仁堂"到"有健康需求的地方就有同仁堂"，北京同仁堂不仅让自己的产品和服务遍及全球五大洲，帮助更多人拥有优质健康的生活，还因地制宜，不断探索北京同仁堂海外全产业链布局，肩负"创造健康，全球共享"的使命，不忘初心，砥砺前行。

六 情景写作

（1）请为国货护肤品牌薇诺娜创作小红书品牌推广文案。

从 1998 年法国藏姿进入国内，到 2014 年前后珂润、花王等日本品牌涌入，2018 年起，薇诺娜这类强调成分的中国品牌崛起，"医药企业跨界护肤"以功效性护肤、微生态护肤、皮肤学级护肤的形态不断出现，几经翻红，足以确认市场对这一细分方向的接受程度。薇诺娜利用药企优势，用做药的思路做护肤品，从皮肤生理学、病理学出发，研发特色植物活性成分，推出了"特护霜"这一爆品。而在美妆护肤领域，小红书是业内公认的头部平台，在医药企业跨界护肤这个细分领域里，小红书为医药品牌们接下来的跨界营销布局提供了广阔的发挥空间。

要求：契合品牌定位与产品目标人群，创作符合小红书平台风格的品牌推广文案三条，需要包含推广文案和创意说明，相关信息自设。

(2) 请为广州"亚洲沙士"汽水拓展全国市场设计终端营销话术。

亚洲沙士,在广东人心目中比可乐分量还重的饮料,年销上亿瓶。沙士,原本是指 1930 年来自墨西哥的一种草本饮品,主要原料是墨西哥植物 Sarsaparilla(墨西哥菝葜),有清热利尿祛感冒的功效,最早被放在广州药房里售卖。这种"沙士汽水"传入广东后,其中的植物就被岭南人换成了和其气味相似但更香、功效更好的梅叶冬青,人们喝了以后清凉解暑还下火。但与众多果味汽水的味道不同,外地人第一次喝"亚洲沙士"都会觉得像是在喝风油精,基本都难以下咽,因此,它被网友们冠以"史上最难喝的饮料"。

要求:契合产品背景与品牌推广需求,创作终端营销话术 3 条,需要包含营销推广话术与创意说明,相关信息自设。

第九章
自媒体创意写作

自媒体创意写作是个人、企业以及组织参与信息创作和传播的写作方式，带有平民化、自主化、个性化和多样化等特点。典型的自媒体写作包括微博、微信公众号、人工智能（AI）以及短视频等写作。

第一节 微博写作

一、微博概述

（一）微博的概念

微博，即微博客（microblog）的简称，是一种基于用户关系实现信息分享、传播以及获得的平台，用户可以通过 Web、WAP 以及各种客户端组建个人社区，发布、更新简短信息，并通过网络实现即时分享的自媒体。

国际上最早、影响力最大的微博是美国的 Twitter；国内第一家提供微博服务的是新浪微博，它也是国内影响最大的微博，一般提及的微博即为新浪微博。

（二）微博的价值

随着互联网的深入发展，微博成为越来越重要的信息传播与互动平台。截至 2023 年 9 月底，微博的月活跃用户为 6.05 亿，同比净增约 2100 万，其中移动端月活跃用户占比为 95%，日均活跃用户为 2.6 亿，同比净增约 800 万。微博支持多界面的信息输入和输出，具备成为一种重要信息来源的条件，加上其技术门槛低、内容共享性高、传播度高、网友参与性强以及内容短小精悍，为用户提供了一个快速便捷的信息传播渠道。越来越多的用户通过关注微博上感兴趣的人、机构或话题，实时获取各种信息，并通过评论、转发、点赞等方式参与信息传播过程。

数字资源 9-1
什么样的微博
是合格的

二 微博的写作规范

（一）微博的一般结构要素

1. 标题

不是所有微博都需要制作标题，但内容如果较多，建议制作标题概括信息。

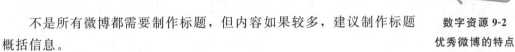

数字资源 9-2
优秀微博的特点

可通过标题了解何人、何时、何地、发生何事等关键信息，但微博标题可不用拘泥于传统媒体标题格式，语言可以更加活泼有趣。

2. 正文

正文主要是信息的详细化，能让我们更加全面地了解事件。虽然微博篇幅简短，但内容要完整具体，并且只报道一个事件、一个情景、一个观点，表达一定要言简意赅、短小精悍、通俗易懂，做到"小而精"。

3. 图片或视频

图片或视频作为文字的补充，可使内容更加丰富有趣，从而提升微博的吸引力；对新闻消息而言还能更全面立体地展现新闻事件的全貌；另外，也可提升界面美观度。

4. 话题

微博话题就是一个事件的标签，确定标签要具体，并且有明确指向性，让读者看到寥寥数字就大概知道微博内容。话题起到提示信息的作用，并且有助于增加微博曝光度，提升影响力。写作时，我们可以根据材料内容添加微博话题"♯……♯"，话题位置灵活，可以放在标题前、标题后、正文前、正文后。

（二）微博的排版设计

（1）标题和正文之间不空行。为避免浪费宝贵的前排空间，尽量不空行。

（2）每段一般不要超过 5 行。阅读太长文本，大脑容易疲劳，而阅读微博又属于碎片化浅层阅读，为提升读者的视觉体验，提升完读率，在微博较长的情况下，可多分轻巧的小段落，一般每段控制在 5 行以内。

（3）多用短句。将长句变为轻巧流畅的短句，减少文字的厚重感、复杂感，让读者有更舒适、顺利的阅读体验。

（4）适当运用表情符号、图片以及视频。表情符号、图片以及视频能让排版更美观，并为读者提供更丰富的视觉体验。

三、微博写作技巧

微博的写作技巧可以归纳为以下几点。

（一）关键词亮点化

微博写作要有吸引力，可针对关键词进行适当的加工，运用修辞或者活泼化语言吸引读者。在较短的篇幅中，有亮点的关键词能为微博写作增色不少。

（二）设置悬念

一定的悬念可以激发读者的阅读兴趣，可在标题和开头适当制造悬念吸引读者继续阅读，也可以在最后制造悬念引导读者继续关注事件的发展。

（三）运用倒金字塔结构

倒金字塔结构是按照价值的大小，即事实的重要程度、新鲜程度，以及读者感兴趣的程度等，依次将事实写出的一种结构形式。阅读微博属于碎片化浅阅读，微博写作时可先交代完整事件再展开叙述，重要的信息需要放在前面，细节内容可以后置。

（四）紧跟热点，增加流量

每天都会出现各种热点新闻，微博写作中要学会运用热点，增加流量，但也要注意底线，不可无节制地蹭热点，不可唯流量论，否则容易遭到反噬。

（五）表达形式多样

运用多种媒体形式（文字、图片、音乐、视频）以及表情符号呈现信息，不仅可增强微博吸引力，还能全面立体地展现内容全貌。

（六）引导互动

一篇优秀的微博能够引发用户不断点赞、评论和转发，被广泛传播，产生很强的互动性。如用提问句"那么大家是怎么看待这个事件的呢？"，也可用一些情感导向的词，如"致敬！""祝贺！"等，引起共鸣与互动。

四、例文选读

＃爸爸带着送外卖的那个小女孩长大了＃【＃"外卖宝宝"一家有了温馨新家＃】还记得四年前坐在外卖箱里，跟着爸爸送餐的"外卖宝宝"李霏儿吗？如今，在江苏常州，5 岁的霏儿和爸爸妈妈有了一个温馨的小家，她也在家附近上了幼儿园。不久前，李爸爸晒出视频，一家人在还未装修完的房子里奔跑嬉戏。他说："房子不大，但装得下一家人的梦想和未来。"新年将至，祝福小霏儿一家，也愿我们的 2024 越来越好！感动全网的"外卖宝宝"，有了新变化！（来源：央视新闻）

评析

这是一篇关于社会热点追踪的微博，通过对之前全网关注的"外卖宝宝"的追踪写作，讲述了他们的现状。

标题中的"外卖宝宝"一词就是关键词亮点化的表现，使人物有其独特的特点。原来待在外卖箱中的孩子现在有了个温馨的新家，这一现状让读者感动，产生共情，吸引读者继续阅读整个故事。微博正文开头以问句设下悬念，继续提起读者兴趣。"房子不大，但装得下一家人的梦想和未来。"可算是金句，容易引起读者情感共鸣，并点赞转发。在结尾表达了对"外卖宝宝"以及对众多网友的祝福。

这篇文章语言通俗易懂，节奏明快，以短句为主，符合手机端碎片化阅读场景，这是一篇优秀的微博写作范例。

五 病例分析

阅读下面的微博，分析其不足之处。

【#武警女兵带震区孩子游戏、谈心#】积石山地震后，武警女兵王小玲将震区的小朋友们聚集起来，带他们游戏、谈心。王小玲是武警甘肃临夏支队的医生。据悉，这是对震区的小朋友进行心理干预。孩子们也全身心投入玩耍中，希望孩子们经过心理干预后能驱散对灾难的阴霾。

数字资源 9-3
评析

六 情景写作

（1）修改下面的微博标题，让其成为一个优秀的微博标题。

【#朋友圈让人泪目#】
"坡很陡，刺很多，手也划破，脚也烧糊……"
"熊熊大火抵不住队友们的齐心协力。"
"往前是山火，身后是万家灯火，绝不能退！"
这是#贵州山火#救援一线消防员的朋友圈。他们毅然奔赴火场，却默契地选择将朋友圈设为"家人不可见"。
致敬！愿山火早日扑灭，盼英雄平安归来！

（2）请评析并修改这则微博。

【#司机倪师傅感谢医生#转发传递温暖，传递爱！】

上海的倪师傅两年前因糖尿病、糖尿病足到华山医院治疗。虽然很严重，但在医护的精心治疗护理下，他的病情好转，不仅保住了右脚，还慢慢康复，恢复了正常生活。

前几天，倪师傅搭载了一名乘客，聊天时偶然发现对方正是华山医院的医生。虽然两人并不相识，倪师傅却反复念叨着感谢并少收10块打车费表示感谢，朱小霞医生也表示很感动。倪师傅还说："多亏了医生护士，我到现在记着他们。"

这个让人惊喜的事被乘客朱小霞医生发在了朋友圈里。

（3）某文旅公司为宣传当地景点准备写一篇微博，根据给出的资料，撰写一篇短微博。

七彩丹霞景区（Colorful Danxia scenic spot）位于甘肃省张掖市临泽县、肃南县境内，景区总面积50平方公里，具有较高的旅游观赏价值和地质科考价值。

七彩丹霞是中国北方干旱地区发育最典型的丹霞地貌，是国内唯一的丹霞地貌与彩色丘陵景观高度复合区，色彩缤纷，观赏性强，面积大，集雄、险、奇、幽、美于一身。

七彩丹霞景区为国家5A级旅游景区、世界地质公园，是"中国最美的七大丹霞""奇险灵秀美如画——中国最美的六处奇异地貌""世界十大神奇地理奇观之一"，第三届世界会长大会推选2023年首选旅游目的地。

第二节 微信公众号写作

一 微信公众号概述

（一）微信公众号的概念

微信公众号是个人、企业或组织在微信这一社交平台上申请的图文类应用账号，主要通过图文形式发布内容，它充分利用微信的特点，吸引大量用户通过其开展新媒体运营。微信公众号有订阅号、服务号、企业号三种类型：订阅号侧重于传达信息，服务号偏重于提供服务，企业号偏重于为企业建立与员工以及合作伙伴之间的联系。

（二）微信公众号的价值

腾讯控股公布的 2023 年第三季度财务报告显示，截至 2023 年 9 月 30 日，微信和 WeChat 的合并月活跃账户数已达到 13.36 亿，是目前拥有用户最多的社交平台，微信用户群体广泛，覆盖了各个年龄段和消费层次的用户群体。微信公众号依附于微信，本身流量巨大，具有庞大的潜在客户，很多互联网用户不玩微博，不刷短视频，但关注微信公众号；只要用户使用微信，关注了公众号，用户一般每天都会在微信界面上看到各类微信公众号推文。

微信公众号的用户价值也很高，公众号的用户一般都要通过关注才能得到信息，因此用户群体相对精准，可针对用户长期做深度运营，进行高效、精准、实时的消息推送，从而使业务及时触达用户，提高用户黏性。

微信公众号还具有篇幅灵活、写作空间大、多媒体信息呈现方式多样、信息传播快速、互动性强等特点。

由于以上原因，微信公众号在当今社会发挥着极其重要的作用，已经成为个体、企业和组织获取信息、分享经验、交流思想的必备工具之一。

数字资源 9-4
什么样的微信
公众号文章
是合格的

（三）优秀的微信公众号文章的特点

优秀的微信公众号文章一般有以下特点。

1. 原创性

优秀的微信公众号文章一定是原创的，体现了作者独有的观点和思想。

2. 内容具有价值

公众号文章一般分为实用类、思考类、情感类、趣味类；实用类一般是解决读者生活中面临的问题；思考类一般是引发读者思考，发人深省，提升读者认知；情感类一般是引发读者共鸣，打动读者；趣味类一般满足读者娱乐消遣需求。不过很多趣味类的公众号文章在帮助用户打发时间的基础上，也会提供某种信息。

3. 精致、抓人眼球的形式

1）标题醒目，抓人眼球

醒目、抓人眼球的标题一般体现在以下几点。

一是标题中选取直击读者痛点或利益点的词。每个人都有非常关注、担忧、想解决的事情，这些都属于读者的痛点或利益点，在标题中戳中读者痛点或利益点，一般能引发读者阅读兴趣，但如果话题过于敏感，一定要慎重，不可唯流量论。

二是设置悬念。将观众最关注的点"犹抱琵琶半遮面"式地呈现,让读者产生好奇,采取提问式、设问式、使用省略号等方式设置悬念。

三是利用反常规标题引发读者好奇心。某种现象与读者的常识相悖,读者很容易以一种审视、好奇的心态去阅读,但也不可选择恐怖、血腥等过于暴力、猎奇的内容。

四是营造亲近感,拉近与受众的距离。有很多微信公众号文章擅长利用"关注""荐读""提醒"等引导性字眼吸引受众,有的利用一些接地气的网络流行语、俗语,打造亲近感。

五是引用数字,具象化表达。如将"中年人"改为"40 岁","商品畅销"改成"销量 10 万件"等,数字对大众的视觉刺激较强,让概念更直观具体,强化记忆点。

2)开头吸睛

好的开头会迅速吸引读者,使读者对文章产生兴趣。可以采用金句、矛盾冲突、悬念式、违反常理、直击痛点或者利益点的开头方式。金句开头,是直接把最具概括性、简洁凝练、意味深长的金句放在开头,开门见山地表达。矛盾冲突,是把文章中激烈的矛盾、情感爆发场景放置在开头,让读者受到冲击,激发阅读欲望。其他的悬念式、违反常理、直击痛点或者利益点的开头方式跟标题中的内容有些相似,就不再赘述。

3)结尾引发情感共鸣或引人深思

结尾将整篇文章的氛围渲染到最高潮,将读者的情绪推到最高点,耐人寻味、意味深长,引发情感共鸣;或提出读者平常忽略的问题,引发读者深思。

4)恰到好处的表述方式

公众号文章的内容一般都提供某种信息,在表达时要深入浅出,通俗易懂,语句生动形象,富有表现力和吸引力。

数字资源 9-5
微信公众号
文章写作的优劣
案例及分析

二 微信公众号文章的写作规范

(一)微信公众号文章的一般结构要素

一篇完整的微信公众号文章主要包括以下几项要素。

1. 封面图

封面图在微信公众号中是非常重要的,一张独特吸睛的封面图能增加浏览量。吸睛的封面大致包含以下几个特点:第一,封面图要高清;第二,具有代表性,封面图片和文字与文章主题密切相关;第三,可选择高饱和度、高对比度的图片,这样更为吸引人;第四,图片简洁明了,避免色彩过多或元素拥挤,导致眼花缭乱;第五,视觉冲击力强,带有戏剧性效果、令人意想不到的图片更为引人注目;第六,选择激发情感、带有故事感或能传递某种信息的图片。

2. 摘要

摘要是对文章的概括，主要目的是让读者大概知道文章内容，增加浏览量。要注意言简意赅、简洁明了、通俗易懂、突出亮点，可适当设置悬念，提升读者阅读文章的欲望。

3. 标题

标题包括文章总标题和层次小标题。文章总标题是提高用户阅读欲望的首要动力，一定要具有吸引力，字数尽量保持在 25 字以内；另外，在正文中，可分层次设置醒目的小标题，让结构更加清晰，内容更加一目了然。

4. 正文

正文包括开头、主体和结尾，秉持豹头、猪肚、凤尾的原则，开头精彩，主体丰富，结尾有力；正文结构要清晰明了、层次分明、逻辑清晰。

5. 图片、音乐以及视频

微信公众号文章可采取多媒体形式，添加图片、音乐和视频等，并且可以加入搞笑幽默的表情包图片，让读者更加生动形象地理解文章内容，拉近与读者距离，增强传播效果。

（二）微信公众号文章的排版设计

微信公众号文章的排版设计包括以下几个原则。

1. 简约美观

在颜色搭配上，颜色不宜过多。一个版面中，颜色最好不要超过 3 种，且最好为邻近色，这样整体看起来不会杂乱，能给读者带来更加轻松、舒服的阅读体验。

在图片数量上，图片不是放得越多越好，太多图片很影响观感。当有很多不得不放的图片时，可在某些微信编辑器中选择"多图"排版，做成拼图的形式；或采用图片滑动组件（一般包括上下滑动和左右滑动），这样只占据一个空位，节省空间。在文字方面，段落行数不要太多，一般不超过 5 行；句子以短句为主，降低读者阅读成本，不要使读者产生视觉疲劳。

2. 风格一致

封面图片、文章图片、音乐以及视频等要与文章内容保持一致，不可太突兀。

3. 突出重点

为了突显关键词或关键语句，微信公众号文章可将其着重标记，加粗或设置特殊颜色。

三 微信公众号文章写作技巧

（一）运用倒金字塔结构

把最重要、读者最关心的内容放在最开头，让读者快速掌握作者的写作意图和写作核心，以满足互联网时代快速阅读的需求。

（二）灵活调整 SCQA 各结构

S 即 situation，是指故事背景；C 即 complication，是指故事冲突；Q 即 question，是指提问，通过提问形成不稳定状态；A 即 answer，指解决问题。

SCA 结构，思路是介绍背景、呈现冲突、解决问题，这是常规的故事讲述思路。

ASC 结构，比较简洁有力，直接在开头提出解决问题的方法。

CSA 结构，冲突是故事的核心，把冲突置于开头，这是自媒体近年来广泛运用的故事讲述方法。也就是先把最强有力的、最容易让读者关注的冲突放置在开头，在开头加上引发情感共鸣的语句，将更容易吸引读者。例如：近年来，"沉睡大学生"现象加剧，越来越多的大学生上课睡觉、刷手机，不认真听课，这种情况让人忧思重重。

在 SCQA 故事框架中，冲突（C）是核心，围绕核心要素，我们可以灵活调整 S、C、Q、A 的顺序，从而产生不同的表达效果。

（三）可利用热点，增加曝光度，提升影响力

自媒体时代信息浩如烟海，受众应接不暇，很多信息容易淹没，但一些热点话题却能成为大众共同关注的话题。微信文章要提升曝光率和点击量，需要考虑如何借热点来"蹭流量"。

四 例文选读

标题：

女儿见到"失联"半年的爸爸撒腿就跑，原因令人动容

正文：

云南楚雄缉毒警阿曼（化名）

因在外执行任务与家人"失联"了 6 个月

近日，他的任务终于结束

他准备给女儿一个惊喜

去接女儿放学

第九章 自媒体创意写作

但令人意外的是
女儿看见他撒腿就跑……

看到女儿跑远，阿曼说他也很疑惑
只能紧紧地跟在后面
当他终于追上女儿
孩子才委屈地向他解释：
"不是你说的
人多的地方见到你要假装不认识吗？"
阿曼心疼地告诉女儿
"爸爸任务结束了
你不用装作不认识爸爸了"
话音刚落，孩子就紧紧地抱住了父亲

2023年6月，阿曼接到任务
有境外人员拟指挥一批毒品入境
需要他们立刻赶往边境开展行动
匆忙之中
阿曼来不及与家人告别
更不能透露具体的工作内容
于是给妻子紧急发了条信息
"出任务，归期不定"
就赶往了边境
出任务期间，由于保密需求
缉毒警和家人完全没了联系

历经近5个月的追踪
阿曼他们终于发现了贩毒团伙的身影
狡猾的毒贩将交易地点
选在了学校外的一个停车场
队长向大家下达了"死命令"
"把我们的车全部堵到路口
宁可把我们撞飞了
也不能让他们伤到学生"

缉毒警将车辆横成两排堵在了路口
将嫌疑人逼停至路旁

随后，民警在嫌疑人的后备厢中搜出了
大量毒品可疑物及枪支等危险品
历时 6 个月的行动
他们共抓获 5 名犯罪嫌疑人
缴获毒品超 120 公斤

正是由于工作的危险性
缉毒警成了"不能露脸的英雄"
甚至要和家人装成"陌生人"
阿曼说，他之前在一次任务中
意外碰上了家人
妻子为了不干扰他工作
只好装作不认识
转头抱着孩子就离开了

同他一样
还有很多警察行走在最危险的一线
有人与孩子擦肩却不敢相认
有人悄悄给家人和战友写下遗书
有人身上永远留下了伤痕
却说这是无法抹去的"勋章"……
2023 年，全国公安机关
共有 253 名民警、164 名辅警
因公牺牲

他们是和我们一样的平凡人
也是将我们护在身后的"超人"
愿他们每一次出警，都能平安归来
今天，第四个中国人民警察节
人民警察，节日快乐
致敬！

（来源：《人民日报》）

评析

　　此文章标题运用了反常规、设置悬念的技巧，父亲与女儿明明是亲密的，女儿却撒腿就跑，这种带有反差的事件，使读者产生好奇；"原因令人动容"又制造悬念，让读者想要一探究竟。文章开头表明这位父亲是缉毒警察的身份，并描述了女儿撒腿就跑的场景及原因，道出为保证缉毒警察安全以及任务的完成，亲人无法相见相认的现象，使读者产生情感共鸣。在最后将文章情感推至最高点，"愿他们每一次出警，都能平安归来"容易引起读者点赞转发，并促进互动。

五 病例分析

阅读下面的微信公众号文章，分析其不足之处。

标题：

小伙救助突发病人

正文：

11日

深圳开往武汉的高铁上

一男乘客突发不适疑似癫痫

当广播寻找医务人员时

一个年轻小伙冲了过来

黄崇高今年24岁

是湖北汉川人

2022年入职武汉市第四医院

现担任武汉市第四医院常青院区康复科康复师

听到广播后，作为医生

他果断出手，来到男子所在车厢为其救治

只见一位大约40岁的男性乘客

歪靠在座椅上口吐白沫、浑身抽搐

情况危急

黄崇高立即上前俯下身来查看男子的各种生命体征

他主要通过瞳孔大小、对光反射、脉搏、呼吸、心率等生命体征

初步判断他的病症是癫痫发作

在确认病症后，他随即对男子进行一系列的救助动作

在救助过程中

黄崇高还一直关注他的身体

为他拿湿毛巾擦拭身体

他将男子的嘴用毛巾固定，防止咬舌

他同列车人员一直守在男子身边

紧急处理后，男子身体抽搐情况缓解

然后意识逐渐恢复正常

情况好转后男子立即起身

向医生和列车工作人员鞠躬致谢
并说:"我好多了,真的太感谢您了。"
黄崇高看到男子恢复的那一刻也如释重负
并表示遇到这种紧急情况
尽自己所能施救是职业本能
好转后的男子也十分感谢黄医生

数字资源 9-6
评析及修改

六 情景写作

(1) 修改下面的标题,让其成为优秀的微信公众号文章标题。

标题:交警解救被困车辆。(原文请扫二维码查看)

(2) 修改下面的微信公众号文章结尾,使其成为优秀的结尾。

结尾:我们要做的不仅是致敬消防员,还要防范火灾的发生。(原文请扫二维码查看)

数字资源 9-7
情景写作(1)

数字资源 9-8
情景写作(2)

(3) 假如你是《中国青年报》新媒体编辑,现根据要求发一篇五四青年节表彰大会的预热推文。内容应该包括往届活动精彩照片、活动时间、活动地点、活动主题、活动节目单、活动的创新点,同时邀请广大青年积极参与。

第三节 人工智能(AI)写作

一 AI 写作概述

(一) AI 写作的概念

AI 是人工智能(artificial intelligence)的简称,人工智能写作也就是 AI 写作。AI 写作是指利用人工智能技术,结合自然语言处理、机器学习和深度学习技术,生成、辅助或改进文本内容的新写作形态。通过训练模型使用大量文本数据,人工智能系统能够分析和理解文本,并生成符合语法和语义规则的文章。

随着信息时代的到来，人们需要处理的信息量越来越大，对于信息质量的要求也越来越高。AI写作可帮助人们快速准确地生成大量文本内容，满足人们获取信息数据库中大量信息的需求。其可应用于多个领域，例如新闻报道、广告文案、短视频文案、影视剧本创作、小说创作、诗歌创作等。利用AI写作可极大提升写作效率，提高文本准确性和创作多样性。

AI写作能够大幅提升写作效率。AI写作可快速生成大量的文本内容，从而在短时间内处理大量的信息和数据，相较于传统写作，能够大大提高效率和速度。

AI写作可提高文本准确性。AI写作工具可借助自然语言处理技术和深度学习模型，有效避免传统写作中可能出现的拼写、语法和逻辑错误等问题，使生成的文本内容更加准确和专业。

AI写作可使创作多样性。AI写作工具可以根据用户的需求和要求，自动生成符合要求的文本内容。无论是新闻报道、广告文案、诗歌创作、小说创作等，AI写作都能应对自如，并根据用户的要求进行个性化定制。

（二）AI写作的主要特点

1. 智能化

AI写作能够按照提示词自动完成较为复杂的指令，具备判断、推理、学习以及自我更新等能力，基于对大数据的分析和学习，生成高质量的文章内容，并且可以智能地优化和改进生成的文本，提高文本质量。

2. 高效化

AI写作秒杀式地生成大量文本内容，其创作速度很快，大大提高了写作效率，并且可以自动完成排版、校对等工作，减少错误率。

3. 针对性

AI写作可以根据用户的需求和偏好，生成针对性的文本内容，以满足不同领域和人群的需求；AI写作还可以根据文体规律生成不同类型的文本内容，如新闻报道、广告文案和不同文体的文学作品等，以满足不同领域和场景的需求。

AI写作的这些特点使其在新闻报道、广告文案、短视频文案、影视剧本创作、小说创作、诗歌创作等领域得到广泛应用。同时，随着技术的不断进步和应用场景的不断扩展，AI写作将会越来越成熟，写作效率和能力将不断提升，普及程度会越来越高。

二、AI写作的过程

目前，AI写作整体上是人机合作方式，离不开人的"意图"和"指示"，其写作大体分为以下过程。

1. 明确写作目标

在利用 AI 写作之前，使用者应明确写作目的、主题、风格以及面向的读者，这将帮助 AI 更准确理解并满足用户的写作需求。

2. 选择合适的 AI 写作生成器

根据写作目的和需求，选择合适的 AI 写作生成器，比如 Chat GPT、文心一言、智谱清言、讯飞星火等。针对同一个问题，不同生成器会从不同角度给予回答，因此，同一种写作需要，用户可同时提问多个生成器，最后优化整合最佳写作结果。

3. 提供明确的提示词

AI 写作有一个不言而喻的前提，就是我们假设写作机器人或写作软件（模型）能明确并有能力实现人类写作意图，我们需要做的是让写作机器或软件明白我们的意图或需求。因此为 AI 提供明确的提示词可帮助其更好地理解操作者希望创作的内容。这些提示词应当涵盖文本的主题、核心内容及其他我们希望 AI 注意的方面，以便更好把控 AI 生成文本的方向和质量。因此对我们来说，如何通过反复设计给出提示词是一种必须具备的能力。

4. 人工审阅和修改

要让 AI 写作的结果满足需要，往往需要用户反复审阅和修改，首先通过不断输入提示词提出要求，使 AI 模型不断调整和优化，进一步提升文章的准确性和表达力，确保文章符合特定要求；若是生成文本有语法问题、逻辑问题、语义问题或风格不一致的问题，用户就需要进行人工修改和完善。

AI 写作正在由弱人工智能时代向强人工智能时代迈进，不可避免存在一些局限性。我们要看到 AI 写作目前在数据资料的整理、简单事实的描述、量化硬新闻报道、格式化程度较高的应用文等文本类型有较大优势，可利用 AI 写作来提高效率和质量，但对于主观性强、需要创造性和想象力的文本类型，如诗歌和小说等，AI 写作存在明显的不足，和人类的优秀文本相比，尚显得幼稚，其难以理解复杂的人类情感，并且创造力、想象力和审美能力有限，有时也会出现逻辑问题、语法问题以及语义不准确等问题，文本质量有时不尽如人意，故我们目前不应完全依赖 AI 写作。

在利用 AI 写作技术时，仍然需要用户不断提示、优化，才能更好保证高质量文本的生成。但随着迭代技术的进步，AI 写作能力突飞猛进，新功能和新工具不断出现，我们应持续关注这些变化，及时利用新技术辅助写作。

三、写好提示词

（一）提示词的概念

提示词是指在进行 AI 写作时，用来指导 AI 生成符合要求文本的关键词或短语。这些提示词可根据实际需要自行选择和调整，以确保生成的内容符合用户的要求。例如，在希望 AI 写作生成器提供一篇新闻报道时，可使用以下提示词。

文本类型：新闻报道。
主题：提供新闻报道的主题或关键词，例如"人工智能发展趋势"。
语言风格：选择适合的语言风格，例如"简洁明了"或"生动有趣"。
新闻来源：指定新闻的来源，例如"据某权威机构报告"。
事实信息：提供相关的新闻事实，例如"近年来人工智能在多个领域取得重要突破"。
观点态度：表达对新闻事实的观点或态度，例如"专家认为人工智能的发展将为人类带来新的机遇，同时也带来更多挑战"。

通过使用这些提示词，AI 写作生成器可以更好地理解用户的需求和意图，并生成符合要求的新闻报道。当然，AI 写作的提示词并非一成不变，用户可以根据实际需求进行调整和优化，以获得更好的写作效果。

（二）写好提示词的技巧

1. 准确具体、言简意赅

给予 AI 写作生成器一个准确具体、言简意赅的目标，避免使用模糊、有歧义的词，去掉不相干的词。类似于老师下达作业要求、老板下达文件要求。用户可将自己想象成老师或老板，把 AI 写作生成器想成自己的学生或员工，给他们下达准确清晰的要求，让他们完成目标。

例如：

> 我是一名会计专业的毕业生，想找一份税务会计的工作，请帮我写一封求职信。
> 我是一名大二学生，学校要举办迎新晚会，请帮我写一个策划方案。

2. 直截了当

设计提示词的时候，尽量直接告诉机器要达到什么要求，而不是避免什么。如果你的要求是言简意赅、短小精悍，就不要输入"不要太烦琐冗长"的类似语句。

3. 明确角色

明确具体地说明文本的写作角色，简单理解为赋予身份，让 AI 写作生成器生成文本时，知道它将扮演什么样的角色，赋予它更多具体的身份特征。

例如：

> 我是汉语言文学专业的一位教授。/我是一个研究历史学的学者。（√）
> 我是一个教语文的人。/我是一个喜欢历史的老师。（×）

在角色赋予中，提示词要详细明确，"汉语言文学专业的一位教授"和"一个研究历史学的学者"就比"教语文的人"和"喜欢历史的老师"的描述更好。

4. 一次尽量不要输入太多提示词

如果有多个提示词，在输入基本的文本类型、主题等提示词之后，其他提示词尽量一次输入一个，而不要同时输入太多，以免句子太长，AI写作生成器未能理解每一个提示词。如果由较多提示词组成的输入语句较短，或是较易理解，也可整合至一起，同时输入信息。

5. 循序渐进

提示词可从简单到复杂，逐步深入细节，增加背景和更多相关元素。假如用户想让AI写作生成器写一篇介绍苏轼的公众号推文，可先问苏轼是谁，再问苏轼有哪些特殊经历，苏轼值得后辈学习的精神有哪些，继而要求生成器"写一篇宣传苏轼旷达乐观精神的公众号推文，结合其具体经历来写"。

6. 将提示词整合成多个版本的提问句

AI写作具有很强的生成能力，同样的写作要求，但更换顺序，更换词语，便可以生成不同文本，所以用户提问时可提供不同版本的提问句，以便优化整合不同版本的回答，生成高质量文本。

7. 不提供敏感信息

在提示词中不要提供任何个人敏感信息，例如你的姓名、家庭地址、电话号码等。

（三）提示词模板

通过以上的提示词提升技巧，笔者总结了一个提示词模板，如下：
(1) [角色]；(2) [背景] (3) [主题]；(4) [文本类型]；(5) [具体要素（其他要求）]；(6) [写作风格]；(7) [目标人群/受众]。

根据用户目标和已知信息，提示词不一定包括每个要点，但一定要详细。比如你是一名大学生，想写一篇学校元旦晚会的主持稿，提示词可以如下。

(1) [角色]　　我是一名大学生。
(2) [背景]　　学校要举办元旦晚会。
(3) [主题/文本类型]　　要写一篇元旦晚会的主持稿。
(4) [具体要素（其他要求）]　　表演节目包括汉服走秀、《牡丹亭》昆曲表演、《只此青绿》古典舞、相声、现代舞。

（5）[写作风格]　加入诗词/加入网络流行语（绝绝子、YYDS等），风格幽默风趣、活泼生动。

四　例文选读

小明作为2024届优秀毕业生，要在毕业典礼上发言，他需要AI写作生成器写一篇发言稿，下面是使用不同提示词对"智谱清言"进行提问的文本示范。

提问1：

请帮我写一篇毕业的发言稿。

回答：

尊敬的校领导、老师们，亲爱的同学们：

大家好！

今天，我们迎来了人生中的一个重要时刻——毕业典礼。在这充满喜悦和感动的时刻，我非常荣幸能够站在这里，代表全体毕业生发言。

首先，请允许我向辛勤耕耘在教育一线的老师们表示衷心的感谢！感谢你们为我们点燃求知的火焰，陪伴我们度过这段美好的青春时光。你们的教诲和关爱将成为我们人生中最宝贵的财富。

同时，我要感谢亲爱的同学们。我们一起度过了无数难忘的日子，共同成长、共同进步。感谢你们在我遇到困难时给予的鼓励和支持，让我学会了坚持和勇敢。这段同窗情谊将永远铭刻在我们的心中。

时光荏苒，转眼间，我们即将告别熟悉的校园，踏上新的人生征程。此刻，我内心充满了感慨和不舍，但更多的是对未来的期待和憧憬。

最后，祝愿我们的母校繁荣昌盛，越来越好！祝愿老师们身体健康、事业有成！祝愿同学们前程似锦、梦想成真！

谢谢大家！

提问2：

我是一名即将毕业的大学生，受邀在毕业典礼上发表讲话，请帮我写一篇发言稿，发言对象是全体师生，字数不超过800字，语言要求规范精炼，情感丰富，条理清晰，用词正式。

回答：

尊敬的校领导、老师们，亲爱的同学们：

大家晚上好！

作为一名即将告别母校的毕业生，能够站在这里代表全体毕业生发言，我感到无比荣幸。在此，我要向在座的每一位老师表示最深切的敬意，向同窗们致以最热烈的祝福。

四年的大学生活，如白驹过隙，转瞬即逝。这四年间，我们不仅学习了知识，更学习了如何做人、如何思考、如何面对挑战。在这里，我们收获了友谊，也收获了成长。我们的每一个进步，都离不开老师的悉心教导和同学们的无私帮助。因此，我要对所有给予我们帮助和支持的人说一声：谢谢！

我们这一代青年人，生于盛世，长于变革，见证了科技的飞速发展和时代的日新月异。我们更应该明白，毕业不仅仅是一个结束，更是一个崭新的开始。我们将带着所学所得，走向社会，去实现我们的梦想，去创造我们的未来。在这个过程中，我们会遇到挑战，也会遇到困难，但我相信，只要我们心中有梦想，脚下有力量，就一定能够勇往直前，书写属于我们的精彩篇章。

在即将告别母校的时刻，我想对学弟学妹们说：珍惜在学校的每一分每一秒，用心学习，用心生活，用心去感受成长的每一刻。对于老师们，我想说：感谢您的辛勤付出，您的教诲我们将永记于心。对于同窗们，我想说：无论未来我们身在何方，让我们永远保持联系，共同进步，相互扶持。

最后，我想对母校说：感谢您给予我们的一切，我们将带着您的期望和祝福，继续前行。请母校放心，我们一定会用实际行动来证明，您的学子不会辜负您的培养，我们将会在各自的岗位上发光发热，为母校争光。未来的道路充满挑战，但我们坚信，只要我们牢记校训，继续保持勤奋好学的精神，我们一定能够克服一切困难，取得更加辉煌的成就。请允许我引用一句话与大家共勉："长风破浪会有时，直挂云帆济沧海。"

谢谢大家！

◈ 评析

以上两种不同提问示范，提问2的回答更为清晰，情感更为丰富，文本质量更高，更符合毕业典礼上优秀毕业生发言的主题。提问2相较于提问1，明确了写作角色和写作目标，将毕业生限制为大学生，而不是中小学生；写作内容是大学生的毕业发言稿，而不是校长或者教师的。又将字数、文稿要求等相关提示词详细描述，提示词更为准确具体，指向性强。

利用AI写作生成器辅助写作一定要善用提示词，要根据实际需求对提示词进行调整和优化，以获得更好的效果，满足用户需求。

五 病例分析

李小诗是一名热爱传统文化的大二学生，在小红书上运营一个宣传传统文化的账号，风格深入浅出、讲解通俗、清新典雅、诗意满满、富有底蕴，目前想写一则关于二十四节气中"立春"的短视频文案，介绍立春的时间、含义、风俗、相关诗词，字数300字左右。

她想运用 AI 写作生成器生成一篇文案，以下是她的提示词和回答，请分析其提示词的不足之处，并思考"什么样的提示词更好"。

提问：

我是一名大二学生，在小红书上运营一个宣传传统文化的账号，想写一篇关于二十四节气中"立春"的短视频文案，字数 300 字左右，语言不要太难懂。

回答：

立春，春天的第一个节气，悄然而至。冬日的寒冷逐渐退去，春天的温暖慢慢降临。

立春是万物复苏的开始，大自然从沉睡中苏醒，草木开始萌发新绿，一切都充满了生机和活力。这是一个充满希望和梦想的时刻，让人感到无限可能和美好。

在这个特别的时刻，我们可以和家人一起咬春、打春牛、贴宜春帖等，感受传统文化的魅力。同时，我们也可以用相机记录下春天的美景，分享在小红书上，让更多的人感受到春天的美好。

愿你在新的一年里，立春之时，感受到生命的活力和美好，充满力量和勇气，迎接更加美好的未来！

数字资源 9-9
评价及修改

六 情景写作

（1）提示词设计：李小薇是一名工商管理专业的大学生，老师让她写一篇关于蜜雪冰城市场调研的调查报告，她应该怎样更好地对 AI 写作生成器进行提问？

（2）请比较 ChatGPT 和文心一言写作的优缺点。

（3）经过对 AI 写作的学习，刘宇想使用 AI 写作生成器写一篇关于"提升大学生爱国情怀"的演讲稿，她对 AI 写作生成器的提问是：请帮我写一篇关于"提升大学生爱国情怀"的演讲稿。但提问过于简短，导致生成结果不大好，请你重新给出一个你认为好的提问，并生成一篇优秀的文章。

第四节 短视频写作

一、短视频概述

（一）短视频概念

短视频，又称短小视频，是指在互联网上传播，时长以 10 秒到 3 分钟为主，内容主要包括社会热点、幽默搞怪、时尚潮流、技能分享、街头采访、公益教育、广告创意、商业定制等，适合大众在移动环境和短时间休闲状态下观看的自媒体作品。短视频平台有抖音、微信视频号、快手以及小红书等。

（二）短视频的价值

短视频具有生产流程简单、制作门槛低、模仿性强、能快速变现等特点，容易激发全民创作的欲望。短视频常见的变现形式有广告推广、橱窗带货、流量变现、知识付费变现、线下引流变现等。短视频受众广，流量大，其低投入、高回报的流量使站在风口的创作者可以迅速享受到红利。

由于短视频具有以上优点，近年来，短视频在社交媒体中越来越受欢迎，商业价值逐渐增高。《2023 中国视听新媒体发展报告》发布：截至 2022 年底，我国网络视听用户规模达 10.4 亿，网民使用率为 97.4%。网络视听用户数量是十年前的三倍，网络视听产业规模是十年前的 20 多倍，网络视听成为第一大互联网产业。

数字资源 9-10
什么样的短视频
是合格的

在收入方面，2022 年网络视听服务机构总收入 6687.24 亿元，同比增长 23.61%；网络视听相关业务收入 4419.80 亿元，同比增长 22.95%。由此可见，短视频已成为国人生活中不可缺少的部分，制作短视频不仅可作为分享生活的娱乐消遣，还可能带来巨大收益。

（三）优秀短视频的特点

1. 原创视频

近年来，加入短视频创作队伍的人越来越多，直接搬运抄袭其他视频的现象层出不穷，要创作优秀短视频，原创是必不可少的条件。

2. 内容具有吸引力

短视频内容的吸引力主要表现在：

（1）主题新颖，创新度高。大众都不喜欢老生常谈的内容，而期待新颖别致、与众不同、创新度高的主题以及素材，所以创作者要尽量选题新颖，搜集别具一格、不太常见的素材。

（2）具有利他性。利他性题材核心是让用户产生"让自己变得更好"的想法，这样才能吸引用户看下去，在短视频中，创作者可不断向观众传达通过本视频"你们可以得到什么"，让用户觉得视频对他们有帮助。

（3）引发用户情感共鸣。创作者在选定主题和素材后，可在情感上进行引导，引发其共鸣，使其产生喜悦、悲伤以及遗憾等情感，并在视频创作中通过叙述、共情、反转等方式形成情绪价值，强化用户情感记忆点。

（4）发人深省，引人深思。内容能启迪人心、能引发思考的短视频，也是非常优秀的短视频。

3. 形式活泼有趣

主要表现在：

（1）标题具有吸引力。标题具有概括性，创作者应设计新颖独特、通俗易懂、冲击力强的标题，吸引用户驻足浏览。

（2）视频封面吸睛。除了标题，封面也是吸引用户点击的关键，封面足够吸睛才能增加用户点击量。

（3）文案生动有趣，幽默诙谐，并且营造对话感。生动有趣的内容令人愉悦，天然具有吸引力；文案营造对话感可通过情感上的交流，拉近和受众的心理距离。

4. 遵循黄金三秒定律

由于平台分发机制的限制，短视频大多需要在前三秒对观众产生吸引力，也称"黄金三秒定律"。这三秒决定用户是继续观看还是刷走，所以在制作短视频时，要把视频中最有趣、最引人注目的高光部分放在开头。

数字资源 9-11
短视频写作的
优劣案例分析

5. 具有独特风格

短视频有幽默风、可爱风、严肃风、荒诞不羁风等。不管短视频为何种风格，都要让人眼前一亮，让人忍不住分享。

二、短视频的创制规范

（一）短视频制作的一般结构要素

一个完整的短视频制作主要包括以下几项要素。

1. 封面图片

封面图片风格与视频内容一定要统一，并且如果确定了某种封面风格，最好固定下来，这样观众在刷到创作者短视频时，不看账号名，也能认出来，从而给观众留下比较深刻的印象。

2. 标题

很多初次创作短视频的用户，没有在封面图中添加标题，导致观众很难直接从封面图中看出大致内容，吸引力不足。虽然在发布短视频时有文案，但观众在刷到某短视频时，视频几乎占据整个屏幕，文案一般只在底部，最多可显示两行，超过两行的文字便会被折叠，并且是默认字体，字小、色彩单调。所以标题如果不在封面中显示，视频很容易石沉大海，创作者应尽量在封面中可加入标题，自行设计字体大小、颜色和位置。字体大小要适中，不可太小，导致看不见，不能太大，影响观看视频；颜色一般选择醒目的红色和黄色，具体颜色要视视频内容而定；标题一般放置于视频顶部，底部用于发布账号和发布文案。

3. 视频

视频是短视频的核心组成部分，高清的画质是视频的第一要素；画面剪辑要流畅，不能卡顿，以免影响观感；镜头推进的节奏要适中，不可太快或太慢；画面拍摄有一定技法，体现构图艺术和光影特色，能给观众艺术感。

4. 视频声音

视频声音包括解说词、人物声音和音乐等。视频解说是短视频内容的讲解部分，要注意语言规范、语句流畅、简短有力，以及通俗易懂，并且营造一种对话感、亲近感，拉近与观众的心理距离。视频中人物声音（无论是视频中人物还是借引其他人物的声音）要尽量保持发音清晰，如果现场直播做不到足够清晰，创作者应加上字幕，保证观众正常理解。不是所有视频都有人物、声音，很多短视频只有音乐和画面。这就要求音乐和画面在节奏和情绪上协调，吸引观众。建议尽量选择明快简短、节奏感较强，并能引发情感共鸣的音乐。

5. 字幕

视频中出现的语音转化成字幕，有助于观众理解。字幕的语言要规范、准确，并且一般出现在视频底部，字体颜色不要太花哨，白色偏多。现在很多短视频可自动识别语音，转化成字幕，但通过这种方式转化的字幕，有时会出现错别字，这就需要创作者人工改正。

6. 画面互动文字

许多短视频会在讲解过程时，在画面中插入相关互动文字，一般是对字幕的解释补充,使视频内容更加丰富。要注意的是,画面插入型文字字体最好与视频解说中字幕的字体不一样,字号可以适当加大或调整颜色,让观众一目了然。

7. 发布文案

短视频发布时,会有相关文案发布,陈述视频相关内容,相当于标题的补充文字。发布文案也需要简短有力、生动通俗,并且把亮点内容置于前面两行,因为大多数平台会将超过两行的发布文案折叠,观众刷视频时,一般只能在画面底部看到最多两行的文字。

8. 话题

话题是发布的文案对视频所贴的"标签",同时言简意赅地向用户传达出该短视频的大致方向和核心内容,起到提示信息的作用,用"#"增加话题,可增加短视频的曝光度,增加浏览量。很多初次创作短视频的用户,也往往会忽略增加话题,导致浏览量不多。

(二)短视频的结构布局

短视频结构安排的原则是一目了然、风格统一、美观和谐。

1. 一目了然

一目了然是指封面、封面上的文字、视频中的插入文字要恰当布局,不可太花哨、令人眼花缭乱,不能让观众找不到信息重点。

2. 风格统一

风格统一是指各类文字、图片、视频以及音乐的风格都要统一,例如,不可在悲伤的视频基调中突然播放一首喧闹愉悦的歌曲。

3. 美观和谐

短视频的美观度,极其影响视频的播放量,观众都喜欢清晰美观、赏心悦目的短视频。图片和视频要高清,字体的大小和颜色要契合画面。

三 短视频创作技巧

1. 简明扼要

短视频的特点就是具有短时性,在短暂的视频中,一定要呈现出精华,太过琐碎冗余的内容可直接删掉,以免让观众产生疲惫感。

2. 明确受众

一则短视频很难面面俱到,很难吸引每个观众,创作短视频时,只需要针对某部分受众，获得他们的喜爱就可以。比如，你想做诗词介绍的短视频，你的受众文化修养较高，对诗词感兴趣，那你的内容就应具有知识性和深度。

3. 别具风格

观点、素材以及画面风格等，不要千篇一律，尽量根据自己的优势、喜好创作有新意的内容。幽默搞笑的、严肃科普的、深度挖掘历史的，等等，都可根据个人特质去展现视频风格。

4. 巧借热点

恰到好处地利用热点，可以极大地激起观众的观看欲望，提升浏览量。2024年春晚，尼格买提在魔术节目中没对上扑克牌的一幕，表情非常可爱传神，一度成为春节假期的热点，很多视频加上相关尼格买提的内容，都能提升浏览量。

四 例文选读

标题：

年轻人正在捧红传统戏剧

发布文案：

陈丽君带火越剧，成都带火川剧，一大波年轻人正在捧红传统戏剧。俊美扮相，毫无油腻感，演员陈丽君出演的越剧《新龙门客栈》"迷惑"不少网友，连"较真姐"都被"精准拿下"。近年来文艺演出市场火爆，供给需求旺盛，年轻人成为消费主力军，在购票平台上甚至一票难求。在四川的民间小剧场，"较真姐"也体验了一把"喝茶、看戏、嗑瓜子"。

视频解说文字：

俊美扮装，单手转圈，女演员陈丽君不仅帅气，还毫无油腻感。近日，不少网友迷上《新龙门客栈》，连铁石心肠的"较真姐"都被"精准拿下"，年轻人的文化血脉觉醒了吗？戏曲是一夜爆红的吗？其实不然，早在2015年7月11日，国务院办公厅已印发《关于支持戏曲传承发展的若干政策》。这几年戏曲国风歌，新中式穿衣搭配，无一不在体现传统审美的回归。中国演出行业协会《2023上半年全国演出市场简报》显示，上半年全国演出市场延续上行趋势，市场活跃。点开淘宝，演唱会、话剧、音乐节，常常一票难求，沉浸式演出如雨后春笋，年轻人成为消费的主力军。

"较真姐"辗转民间戏曲小剧场，体验30元在剧院喝茶、看戏、嗑瓜子。

"你这个砍脑壳的，你出去！"

40年从业表演，剧团创始人之一的伍大姐见证了川剧的高光、失落、冷热交替，近年来，成都的年轻人也开始来到剧院，剧院的演员们都很开心。

"反正每天至少有几个年轻人,多的十几个,肯定高兴。"伍大姐说,"只要年轻人经常关注我们,进入我们的剧场。年轻人就会慢慢懂,我们非遗就会传承下去。"

"更多人关注到,这种东西会传承下去。不然老的东西会消失。"观众雷先生说。

"较真姐"认为:演员坚守,年轻人剥落偏见。有人演,有人爱,传统艺术才不会消失。

(来源:红星新闻)

评析

① 此短视频文案在封面中添加了标题,明确了受众,标题"年轻人正在捧红传统戏剧",对戏曲感兴趣的年轻人一般看到标题便会尝试观看;② 利用热点,发布的文案和解说文字的开头利用了当时的热点"越剧小生陈丽君",直接吸引了对陈丽君感兴趣的观众;③ 以短句为主,节奏明快;④ 以金句结尾,视频以金句"演员坚守,年轻人剥落偏见。有人演,有人爱,传统艺术才不会消失。"结尾,语句朗朗上口,概括性强,引人深思,并且还带有引发观众情感共鸣的特点,很容易引起观众点赞、转发。

五 病例分析

标题:

哈尔滨冰雪大世界欢迎南方朋友

视频解说文字:

哈尔滨冰雪大世界最近的火,大家有目共睹,很多南方朋友慕名而来,本次冰雪大世界是史上规模最大的一次,不仅有超长滑道,还有有趣的音乐节,现在去还能体验东北早市、索菲亚大教堂超美雪景,欢迎更多南方朋友来冰雪大世界!

数字资源 9-12
修改

六 情景写作

(1) 请评析并修改此文案:游本昌说要树立正确的金钱观。(请扫二维码查看)

(2) 分享你认为的优秀短视频,并评析其优点。

(3) 请根据以下要求,制作一条短视频。

要求:① 视频主题为母婴室是否要改名为育婴室;② 视频开头运用黄金三秒法则;③ 主题简单明确,文案丰富有趣;④ 剪辑连贯自然。

数字资源 9-13
文案

第四部分

行业类文体

第十章 党政机关公文写作

第一节 党政机关公文概述

一、党政机关公文的概念与种类

(一) 党政机关公文的概念

中共中央办公厅和国务院办公厅 2012 年联合印发的《党政机关公文处理工作条例》(以下简称《条例》)中明确规定,党政机关公文是"党政机关实施领导、履行职能、处理公务的具有特定效力和规范体式的文书,是传达贯彻党和国家的方针政策,公布法规和规章,指导、布置和商洽工作,请示和答复问题,报告、通报和交流情况等的重要工具"。党政机关公文是中国共产党机关和行政机关使用的文书,其他企事业单位可以参照执行。

按照不同的分类标准,党政机关公文有多种表现类型。按照公文性质,可以分为政令性公文、知照性公文、呈请性公文和商洽性工作;按照涉密程度分,可以分为绝密、机密和秘密公文;按照紧急程度,可分为特急和加急;按照公文的行文方向,可分为上行文、下行文和平行文三类。

(二) 党政机关公文的种类

党政机关公文有十五种,分别是:

1. 决议

适用于会议讨论通过的重大决策事项。

2. 决定

适用于对重要事项作出决策和部署、奖惩有关单位和人员、变更或者撤销下级机关不适当的决定事项。

3. 命令(令)

适用于公布行政法规和规章、宣布施行重大强制性措施、批准授予和晋升衔级、嘉奖有关单位和人员。

4. 公报

适用于公布重要决定或者重大事项。

5. 公告

适用于向国内外宣布重要事项或者法定事项。

6. 通告

适用于在一定范围内公布应当遵守或者周知的事项。

7. 意见

适用于对重要问题提出见解和处理办法。

8. 通知

适用于发布、传达要求下级机关执行和有关单位周知或者执行的事项，批转、转发公文。

9. 通报

适用于表彰先进、批评错误、传达重要精神和告知重要情况。

10. 报告

适用于向上级机关汇报工作、反映情况，回复上级机关的询问。

11. 请示

适用于向上级机关请求指示、批准。

12. 批复

适用于答复下级机关请示事项。

13. 议案

适用于各级人民政府按照法律程序向同级人民代表大会或者人民代表大会常务委员会提请审议事项。

14. 函

适用于不相隶属机关之间商洽工作、询问和答复问题、请求批准和答复审批事项。

15. 纪要

适用于记载会议主要情况和议定事项。

其他文种是非公文，当我们说公文时，一般指的是这15种党政机关公文。

二 党政机关公文的特点

（一）特定的权威性

公文是国家权威的象征，国家在实施领导、履行职能、处理公务时，需要用公文来表达国家意志。党政机关公文覆盖范围内的任何单位和个人必须遵照执行，不得违背。

（二）体式的规范性

公文强调"文有定式"。《条例》专门规定公文体式的规范化，主要体现在：标准化的公文格式，专门出台了《党政机关公文格式》；明晰的行文规则；约定俗称的公文用语和表达方式。

（三）作者的法定性

党政机关公文的作者是法定作者。法定作者是依照法律和规章成立，享受权利并承担义务的机关或组织。有的公文（如命令）以单位领导人名义发布，是其行使职权的一种表现，公文的作者也是法定作者。文秘人员起草公文，但他只能是拟稿人，并不是法定作者。

（四）处理的程序性

公文处理有特定的程序，包括公文的拟制、办理和管理等一系列相互关联、前后衔接的工序。公文的拟制则包括了起草、审核和签发等程序。

三 党政机关公文的写作规范

党政机关公文的写作规范包括行文规范和格式规范两个方面。

（一）党政机关公文的行文规范

党政机关公文的行文规范指的是按照一定的规定或者准则来维护机关之间的行文秩序。它包括行文关系、行文方向与方式、行文规则等三个方面。

1. 行文关系

行文关系指发文机关和收文机关之间是否具有隶属关系。具有隶属关系的机关包括两种情况：一是具有领导和被领导的关系，如上海市人民政府和宝山区人民政府之间是上下级关系组织；二是具有业务上的指导与被指导的关系，如公安部与上海市公安局之间具有业务上的指导与被指导关系。不相隶属的机关要么是非同一系统的机关之间，比如宝山区人民政府和上海市财政局；或者是同一系统的平行机关，比如宝山区人民政府与嘉定区人民政府。

2. 行文方向与方式

不同的行文关系产生不同的行文方向与方式。公文的行文方向包括上行文、下行文和平行文三类。

3. 行文规则

《条例》规定的公文行文规则主要有：

（1）精减文件，严格控制发文数量和范围，行文应当确有必要，讲求实效，注重针对性和可操作性。

（2）注意隶属关系，尊重机关职权。一般不得越级行文，特殊情况需要越级行文的，应当同时抄送被越过的机关。机关内设部门除了办公厅（室）外，不得独立对外行文。

（3）下级机关行文原则上主送一个上级机关，根据需要同时抄送相关上级机关和同级机关，不抄送下级机关；党委、政府的部门向上级主管部门请示、报告重大事项，应当经本级党委、政府同意或者授权；属于部门职权范围内的事项应当直接报送上级主管部门；下级机关的请示事项，如需以本机关名义向上级机关请示，应当提出倾向性意见后上报，不得原文转报上级机关；请示应当一文一事；不得在报告等非请示性公文中夹带请示事项；除上级机关负责人直接交办事项外，不得以本机关名义向上级机关负责人报送公文，不得以本机关负责人名义向上级机关报送公文；受双重领导的机关向一个上级机关行文，必要时抄送另一个上级机关。

（4）联合行文。必须是两个或两个以上的不相隶属机关之间，经过协商一致后方能行文。同级党政军之间，同级党政机关之间，同级政府各部门之间，上级政府部门与下一级政府之间等都可以联合行文。

（二）党政机关公文的格式规范

按照《条例》和《党政机关公文格式》，公文在格式上可以分为版头、主体和版记三个部分，每个部分又有若干规定性要素。

数字资源 10-1
党政机关公文的
格式规范

第二节 通知 通报

一、通知的写作

（一）通知的概念与分类

1. 通知的概念

通知是用于批转下级机关的公文，转发上级机关和不相隶属机关的公文，传达要求下级机关办理和有关单位周知或者执行的事项，任免人员，以及发布、传达要求下级机关执行和有关单位周知或者执行的事项，批转、转发公文的公文。

2. 通知的分类

通知主要有指示性通知、公布性通知、转文性通知、事务性通知和任免通知五种。

（二）通知的特征

通知有广泛性、指导性、告知性三个特征。

数字资源 10-2
通知的种类

1. 广泛性

通知是党政机关使用频率最高、使用范围最广的文种。其广泛性体现在两个方面：一是使用主体的广泛性，无论是中央机关，还是普通的基层单位都可以使用通知行文；二是行使功能的广泛性，无论是涉及国计民生的重大安排，颁布行政法规，还是某具体单位告知一般事项，都可以使用通知行文，诸如发布法规规章、传达指示、布置工作、批转或转发文件、晓谕事项、任免人员等。

2. 指导性

通知在作出指示、发布规章、布置工作、转发文件时，要明确阐述处理问题的原则和具体措施、方法，如需要做什么事、怎么做、达到什么要求等，这说明通知具有指导功能。

3. 告知性

通知的告知性功能十分明显。通知用于传达信息、告知事项，或者要求办理、遵照执行，因此具有告知性。但是，要明确的是，通知只对主送机关范围中的对象有告知性。

（三）通知的写作规范

通知一般由标题、正文、结尾等部分组成。

1. 标题

通知的标题分为完全式标题和非完全式标题两种。

（1）完全式标题，发文机关＋发文事由＋文种，如"国务院办公厅政府信息与政务公开办公室关于做好集中公开并动态更新工作的通知"。

（2）非完全式标题，发文事由＋文种，如"关于×××同志免职的通知"。一般没有"发文机关＋文种"的标题形式。

2. 正文

通知的正文一般由通知缘由、通知事项和执行要求等构成。

（1）通知缘由。这是通知的开头，应写明制发通知的背景、目的、依据或情况。

（2）通知事项。主要写出通知的内容，即要求受文机关承办、执行和应予知晓的事项。如果通知的事项很简单，建议采用篇段合一的格式；如果通知的内容如较复杂，可分条列项写出，便于执行机关办理，避免信息遗漏。

（3）执行要求。执行要求部分是根据需要提出有关单位在贯彻落实通知事项方面的具体要求等，多写"请遵照执行"，也可以不写。

3. 结尾

通知结尾一般的习惯用语有"特此通知""希周知""请遵照执行""请认真贯彻执行""请研究贯彻"等，也可以不写。

数字资源 10-3
通知正文的
写作规范

（四）例文选读

案例：指示性通知

关于做好 2024 年国家助学贷款免息及本金延期偿还工作的通知

财教〔2024〕2 号

各省、自治区、直辖市、计划单列市财政厅（局）、教育厅（教委、教育局），新疆生产建设兵团财政局、教育局，中国人民银行上海总部、各省、自治区、直辖市、计划单列市分行，金融监管总局各监管局，中央部门所属各高等学校，有关银行业金融机构：

为进一步减轻家庭经济困难高校毕业生负担，支持做好 2024 年高校毕业生就业服务工作，经国务院同意，现就做好 2024 年国家助学贷款免息及本金延期偿还工作通知如下：

一、对 2024 年及以前年度毕业的贷款学生 2024 年内应偿还的国家助学贷款利息予以免除，参照国家助学贷款贴息政策，免除的利息由中央财政和地方财政分别承担。

二、对 2024 年及以前年度毕业的贷款学生 2024 年内应偿还的国家助学贷款本金，经贷款学生自主申请，可延期 1 年偿还，按照有关规定，助学贷款期限最长不超过 22 年，延期贷款不计罚息和复利，风险分类暂不下调。

数字资源 10-4
例文分析

三、国家助学贷款承办银行应按照调整后的贷款安排报送征信信息，已经报送的应当予以调整。

本通知未规定事项，按照现行有关政策执行。

财政部　教育部　中国人民银行　金融监管总局

2024 年 1 月 26 日

（五）病例分析

××区工商局、××区公安分局通知

全区各旅店业：

根据上级指示精神，对全区旅店业进行一次整顿，我们研究召开旅店业负责人会议，现将有关事项通知如下：

一、会议时间 2024 年 4 月 5 日在××酒店报到，会期两天。

二、参加会议人员：全区国有、集体、个体旅店业来一名负责人。不得缺席，否则按停业处理或取缔，并请各派出所和工商所负责人出席会议。

数字资源 10-5
修改稿

三、资料自备。

四、差旅费自理。

特此通知。

××区工商局
××区公安分局
2024 年 3 月 28 日

（六）情景写作

××学院准备在近期召开 2023 级新生军训表彰大会，要求学院党政领导、全体授训教官、各教学单位辅导员、2023 级全体新生按时参加，请你以该学院办公室的名义写一份会议通知，会议时间、地点、注意事项等自拟。

格式要求：按照公文的一般格式，具备发文机关标识、发文字号、标题、主送机关、正文、署名、成文时间、印章等要素。

二 通报的写作

（一）通报的概念与分类

通报是用于表彰先进、批评错误、传达重要精神或告知重要情况的公文。

根据通报的适用范围，可将通报分为三类：表彰性通报、批评性通报和传达性通报。

数字资源 10-6
通报的种类

表彰性通报是通过表彰先进典型，让先进思想发扬光大，鼓舞人们学先进，找差距；批评性通报则是一方面让当事人认识错误，改正错误，另一方面是让人们吸取教训，引以为戒；传达性通报通过传达交流重要精神或者情况引起人们的注意。

（二）通报的特征

通报有知照性、教育性、典型性和表达方式多样性等四个特征。

1. 知照性

通报传递信息、起到告知通晓的作用。通报之事大多发生在局部，为发挥教育功能，通过发布通报以扩大有关事件的影响，使更多相关单位或个人了解事件，并从中接受教育或教训等。

2. 教育性

通报的目的是让人们从中受到教育，而通报事件、情况的结果则是实现其教育功能的载体。它即使告诫和要求人们注意什么，也不是以命令、指示的方式，而是通过教育和号召的形式来表达。可以说，表彰先进以树立榜样、号召学习，批评错误以吸取教训、引以为戒，传达情况以总结经验、沟通信息，是通报对比单一的表彰或处理决定的行文价值所在。

3. 典型性

无论是表彰性通报还是批评性通报，事例都应当具有典型性，并非一般性。所谓典型性是指无论是何种通报都要注意其涉及的事项既要有普遍性、代表性、针对性，同时，又具有个体的独特性、鲜活性。只有典型的，才值得学习、警诫、借鉴，一般的事迹、错误或情况，可以发简报。

4. 表达方式多样性

通报的表达方式不再是单纯的叙事,而是叙议结合。叙述主要是介绍情况,叙述事实;议论主要是对事件和行为性质的定论分析,有时候会有一定的感情色彩。

(三)通报的写作规范

通报一般主要由标题、正文、结尾等三部分构成。

1. 标题

通报一般用完全式标题,发文机关+发文事由+文种,如,"××市人民政府关于表彰×××见义勇为先进事迹的通报"。

2. 正文

通报正文因通报种类不同而有所区别,下面分别介绍三种不同通报的正文写法。

1) 表彰性通报

表彰性通报的正文内容主要包括通报事件、通报意义、表彰决定和希望要求等四部分。

(1) 通报事件。通报事件部分主要介绍被表彰单位或个人的先进事迹。用叙事方式,高度概括事件的时间、地点、人物、行为、经过、结果等。在表述上要抓住特征,突出重点,不能用细节描写、抒情手法。

(2) 通报意义。在介绍先进事迹的基础上,抓住典型特征、精神实质,分析通报事件的意义,用高度概括的语言对人物、事件、行为作出定性评价。

(3) 表彰决定。主要写明决定内容。当然,最好说明决定的目的、依据。

(4) 希望要求。号召有关方面学习先进,鼓励进步。

2) 批评性通报

批评性通报的正文内容主要包括通报事件、分析定性、处理决定和警诫要求等四部分。

(1) 通报事件。通报事件部分主要介绍被通报事件发生的时间、地点、人物、过程、后果、影响等事实。要用概述的方法简要地、重点突出地、清楚明确地反映事件的全貌。

(2) 分析定性。分析定性是在通报事实的基础上,分析认定事件的根源、性质、危害等,从而抓住要害,作出恰当的结论。

(3) 处理决定。明确、简要地写明决定内容,包括目的、依据等。

(4) 警诫要求。警诫要求主要是向有关方面提出引以为戒、吸取教训的希望和要求。

3）传达性通报

传达性通报的正文内容主要包括通报背景、情况材料、分析说明和希望要求等四部分。

（1）通报背景。通报背景部分主要说明通报的缘由和目的等。

（2）情况材料。情况材料部分主要列举与通报事件有关的事实材料。

（3）分析说明。分析说明部分主要针对有关事实材料，对通报事件的性质、影响等作出评估。

（4）希望要求。希望要求部分是传达性通报的关键部分，因为这部分充分表达了通报发文机关发文目的、意图，传达了指示性信息。

3. 结尾

结尾部分要有发文单位和日期。如果发文单位在标题前已加上去，此处可以只写日期。下发或张贴的通报要加盖公章。

（四）通报的写作要求

1. 客观真实

通报中所表彰或者批评的事例，必须是真实可靠、客观存在的。写作前要对有关材料进行反复调查核实，务求准确反映客观事实。写作中不得对事实材料任意作主观夸大或者缩小，更不能虚构或者捏造，否则的话，表扬和批评都失去了真实性基础。

2. 选取典型

通报要选取典型的、有代表性的、有普遍指导意义的事例，使通报具有教育性，真正起到教育鼓励或者引以警戒的作用。

3. 把握时机

通报有很强的时效性。应抓住时机，及时将先进典型经验予以宣传推广；对反面典型予以揭露批评，引以为鉴；对重大事项或者重要情况予以公布，引起重视，起到交流情况、指导工作的作用。

（五）例文选读

农业农村部办公厅关于 2022 年农药监督抽查结果的通报

农办农〔2023〕13 号

各省、自治区、直辖市农业农村（农牧）厅（局、委），新疆生产建设兵团农业农村局：

根据农业农村部 2022 年农药监督抽查工作部署，20 个省（自治区、直辖市）

农业农村部门及 24 家农药检验检测机构，采取随机抽查、重点抽查及专项抽查相结合的方式，完成了 2022 年部级农药监督抽查。现将有关情况通报如下。

一、抽查结果

2022 年我部组织抽查农药样品 3615 个（其中有 7 个样品因复检样品寄送丢失等原因按无效样品处理，电商销售农药抽检样品 107 个，已另行通报）。本次纳入统计的样品 3501 个，合格样品 3370 个，总体合格率为 96.3%，比 2021 年农药监督抽查总体合格率 95.4% 提高 0.9 个百分点。不合格样品 131 个，不合格率为 3.7%，其中检出假农药（标明的有效成分未检出或擅自加入其他农药成分）53 个，占检测样品总数的 1.5%，占不合格样品数的 40.5%。不合格产品按标称生产企业被检出次数排序汇总情况详见附件 1，不合格产品按被抽查单位次数排序汇总情况详见附件 2。抽检结果具有以下五个特点。

（1）例行抽查产品合格率较高。共随机抽检农药样品 2722 个，合格样品 2627 个，合格率为 96.5%，比总体合格率高 0.2 个百分点；比 2021 年例行抽查合格率 96.0% 提高 0.5 个百分点。

（2）专项抽查产品质量合格率略有下降。本次对生物农药、灭生性除草剂开展了专项抽查，共抽查 750 个产品（专项抽查和重点抽查有重合），合格产品 709 个，合格率 94.5%，比 2021 年专项抽查产品质量合格率（95.2%）降低 0.7 个百分点。

（3）重点抽查产品的合格率偏低。本次对往年涉及问题较多的生产企业所生产的产品开展重点抽查，共抽查了 457 个农药样品（重点抽查和专项抽查有重合），合格样品 432 个，合格率为 94.5%，比总体合格率低 1.8 个百分点，比 2021 年重点抽查合格率（91.7%）提高 2.8 个百分点。其中假农药 9 个，占重点抽查发现不合格产品的 36%。

（4）单剂产品质量高于混剂产品。在检测的 3501 个农药样品中，单剂 2506 个，占检测总数的 71.6%，质量合格 2424 个，合格率 96.7%；混剂 995 个，占检测总数的 28.4%，质量合格的 946 个，合格率 95.1%。

（5）杀虫剂质量合格率低于杀菌剂、除草剂产品。在检测的 3501 个农药样品中，杀虫剂 1483 个，占检测总数的 42.4%，质量合格的 1421 个，合格率 95.8%；杀菌剂 648 个，占检测总数的 18.5%，质量合格的 633 个，合格率 97.7%；除草剂 1201 个，占检测总数的 34.3%，质量合格的 1156 个，合格率 96.3%；其他 169 个，质量合格的 160 个，合格率 94.7%。

二、主要问题

从检测情况来看，不合格产品主要存在以下四方面问题（同一产品同时存在几种情况的，重复计算）。

（1）标明的有效成分未检出。标明的有效成分未检出的产品有 39 个，占质量不合格产品的 29.8%。

(2) 检出其他隐性农药成分。产品中擅自添加其他农药成分的有 26 个，占质量不合格产品的 19.8%。其中，在 1 个印楝素产品中检出高毒农药克百威和限制使用农药丁硫克百威，在 1 个毒死蜱产品中检出高毒农药克百威，在 1 个高效氯氰菊酯产品中检出毒死蜱。在 4 个敌草快产品和 1 个草铵膦产品中检出百草枯（见附件 3），在阿维菌素、甲氨基阿维菌素苯甲酸盐等 4 个产品中检出的二氯异丙虫酰胺属于未登记化合物。

(3) 有效成分含量、安全控制项目不符合标准要求。产品中含有标明的有效成分，但达不到标准要求的有 83 个，占质量不合格产品的 63.4%。产品中有效成分外的安全控制项目达不到标准要求的有 12 个，占质量不合格样品的 9.2%。

(4) 假冒或伪造农药登记证号。涉嫌非法生产的产品共 5 个（见附件 4）。假冒、伪造农药登记证号的样品有 9 个，占质量不合格样品的 6.9%。

三、处理意见

(1) 依法查处违法生产经营单位。对产品质量不合格，未取得农药登记、假冒和伪造农药登记证号的，农药经营者和标称生产企业所在地农业农村部门要及时依法查处，情节严重的要从严从重处罚。涉及吊销农药登记证的，及时报告农业农村部农药管理司。

(2) 对非法添加百草枯等重点监督抽查产品要追查来源。农业农村部自 2017 年连续开展专项监督抽查以来，灭生性除草剂中检出非法添加百草枯的比例持续下降，由 2017 年的 3.8% 降低至 2022 年的 0.8%，敌草快中检出百草枯的比例由 19.0% 降低至 1.4%。

(3) 依法打击无证生产农药的行为。对于无证生产农药及其产品（见附件 4），经营单位所在地和标称生产企业所在地的农业农村部门要认真依法追查不合格产品的来源，经营单位所在地农业农村部门要牵头追查，依法查处非法生产经营者，坚决一查到底，从重从快打击，涉嫌犯罪的，依法移送司法机关。

请有关省（自治区、直辖市）农业农村部门于 2023 年 6 月 30 日前将相关核查处理情况总结及监督抽查查处情况汇总表（见附件 5）报农业农村部（电子版发邮箱：pmd@agri.gov.cn；纸质文件邮寄：北京市朝阳区农展馆南里 11 号农业农村部农药管理司，电话 010-59192810）。

附件：
1. 不合格产品按标称生产企业被检出次数排序汇总表.xlsx
2. 不合格产品按被抽查单位次数排序汇总表.xlsx
3. 非法添加百草枯产品汇总表.xlsx
4. 无证生产企业及其产品汇总表.xlsx
5. 2022 年农药监督抽查查处情况汇总表.doc

农业农村部办公厅
2023 年 4 月 6 日

（在原文的基础上有删减）

评析

这是一则传达性通报,这种通报形式目前非常流行,使用频率较高。这种写作方式具有很强的代表性。首先这则通报有特定主送对象,是下级单位,因而有主送机关。第一自然段是通报的缘由,交代抽查的背景或者依据,抽查的范围与方法;然后在通报的缘由与通报的主要事项之间有一个过渡语"现将有关情况通报如下";接下来是通报抽查结果,包括数据分析,总结出五个特点;然后是分析存在的问题和处理意见;结尾是提出要求,要求有关部门提交相关情况汇总表。

数字资源 10-7
例文

(六)病例分析

表 扬 通 报

6月25日,餐饮部员工王丽在客人离席后,准备收拾餐桌时突然发现就餐客人遗留了一个黑色皮包在包房内。王丽迅速按照规范将皮包上交给主管瞿艳兰,并告知具体情况。瞿主管立刻追赶客人至酒店门口,发现客人已经离店。为尽快找到失主,瞿主管查看客人预订记录后,确认皮包是继续教育学院客人所遗留的。为进一步确认客人身份,她和迎宾员一道打开皮包,发现皮包内有数千元现金和数张银行卡,同时,也找到客人孙书记的身份证。

孙书记是酒店的老客户,迎宾员马上从客史档案中查到孙书记的电话号码。打电话时,孙书记一再对酒店表示感谢,并表明对酒店的充分信任。1小时后,孙书记过来取走了皮包,再次对酒店员工拾金不昧的精神给予了高度赞扬。

餐饮部员工用他们的实际行动和规范服务赢得了客人的信任和赞誉,反映了酒店员工急客人之所急、想客人之所想的服务意识,体现了酒店员工高尚的职业操守。这种好人好事是新时期新风尚,这种拾金不昧的精神值得我们全体员工学习和发扬!

数字资源 10-8
病例修改

经研究决定,对餐饮部员工王丽奖励现金500元,予以通报表扬;并对餐饮部主管瞿艳兰和迎宾组予以通报表扬。

特此通报!

行政办公室
2023年6月27日

（七）情景写作

请修改下面一则公文。

××市人民政府办公厅通报

全体市民：

　　据反映得知，近日来本市部分地区有一种令人人心惶惶的传说，称原流行于某国的恶性传染病××热已传入本市，并已造成十几个人死亡。经本市防疫部门证实，这是完全没有任何事实根据的，本市至今从未发生过一起××热的病例。经核查已查明，这一消息源于本市"晨报"4月1日的一则"愚人节特快报道"。"本报"这种不顾国情照搬西方文化极不严肃的做法是非常错误的，已给全市人民的稳定生活带来了极其恶劣的影响。目前有关部门已对本报作出停刊整顿并令其主要负责人深刻检查等待纪律处分的处理。有关单位应汲取这一教训，采取措施予以杜绝。特此通报。

××市人民政府启
2024年5月

第三节　报告　请示

一、报告的写作

（一）报告的概念

报告是下级单位向上级机关汇报工作，反映情况，回复上级机关的询问的公文。

（二）报告的特征

报告有单向性、直陈性、理论性三个特征。

1. 单向性

报告是下级机关向具有隶属关系的直接上级领导机关的单向行文，收文的上级机关虽然可以视具体情况给予批转，但没有回复的义务。为此，报告中不能向上级机关提出"批示""指示"等要求，即报告中不能夹带请示事项。

数字资源10-9
报告的分类

2. 直陈性

报告用于向上级机关汇报工作、反映情况、回复询问，无论其所表达的内容还是使用的语言都是具有陈述性的，可以说，对事实和观点的直陈构成了报告的主体内容。报告是陈述性公文，它的主要表达方法是叙述和说明，应尽量少发议论。

3. 理论性

报告免不了要对工作情况加以分析，进而进行综合和归纳，这样需要上升到一定理论高度。特别是汇报工作的报告，要阐明工作的指导思想和原则，归纳工作的经验和收获，分析存在的问题和改进设想等，执笔者应该从具体事务中归纳、概括出对具体工作具有指导意义的方法论观念，从而使报告具有一定的理论色彩。

（三）报告的写作规范

报告一般由标题、主送机关、正文和结尾等部分组成。

1. 标题

报告一般用完全式标题，即"发文机关名称＋事由＋文种"，例如"上海市国防动员办公室2023年度法治政府建设情况的报告"。报告的标题有时可以省略发文机关名称，即"事由＋文种"，例如"关于2023年校园食品安全治理工作的报告"。报告的标题一般不省略事由。

2. 主送机关

报告属于上行文，因此，报告的主送机关一般只有一个，即行文机关的上级领导机关。要避免多头主送。

3. 正文

一般而言，报告的正文主要包括前言和主体两大部分。

（1）前言部分主要交代报告的背景、起因、依据、目的等。前言的末尾常用"现将有关情况报告如下"等过渡语句。

（2）主体部分是报告的核心部分，不同的报告应采用不同的写法：综合报告的主体要写出基本情况、经验和教训、今后的打算等，要注意突出重点，分清主次，不能面面俱到，平均使用笔力；专题报告的主体要写清专题事项情况，或者提出存在的问题，或者提出意见，或者规划下一步的打算，或者汇报工作，各有侧重。

在结构上，可以采取"基本情况、主要做法、收到的效果、存在的问题、今后工作的建议"的思路，也可以采取"先写成效（可以一并写做法），再写问题，最后写建议"的思路，此外，采取"基本情况、问题、措施"三段式思路也可以。不管是哪一种报告，基本情况要写得简明，要把重点放在概括经验、分析教训、解剖问题上，要说清、说准、说透。

4. 结尾

报告的结尾由结尾习惯语和落款组成。结尾习惯语要另起一行空两格，常用的结尾语有："特此报告""以上报告当否，请审核""以上报告请审阅"等；呈转性报告可用"以上报告如无不妥，请批转有关部门共同执行"等。一般不写"请指示""请批示"等，因为报告是"阅件"，不是"办件"，上级机关没有指示、批示等义务。如果上级机关阅文后有所指示或批示，会另外行文。

（四）报告的写作要求

在党政机关公文中，报告是写作难度比较大的文体。难度在于，一方面是它和很多文体有交叉，比如总结、政府工作报告、述职报告等；另一方面需要处理的材料比较复杂，需要写作者有较强的写作能力和理论水平。一般说来，报告写作要处理好如下几个问题。

1. 区分几组文体

主要是区分报告与总结、政府工作报告与报告的关系。

（1）报告与总结。用于汇报工作的报告与工作总结都是对工作、情况等概括汇总，在写作思路和写法上基本相同，两者可以转化，总结可以用"报告"向上正式行文。二者的不同在于：文种属性上，报告是党政机关公文，总结是实务性文书；行文方式上，报告是对外行文，总结是对内行文；处理要求上，报告是请上级机关阅知，总结由本机关留存归档。

（2）政府工作报告与报告。政府工作报告多专门用于人大会议上，政府或部门负责人所做的报告，比如全国人大会议上，总理代表国务院所做的政府工作报告；党政机关报告，是一个统称，既包括党的机关在日常工作中（注意是日常工作中）使用的报告（非党代会上使用的工作报告），也包括行政机关日常工作中使用的报告（非人大会议上使用的政府工作报告）。

2. 处理好几对关系

报告要综合众多材料，既要遴选典型和重点的材料，也要重视材料的详略问题，还要实现从材料到观点的提升，这就需要在写作中处理好以下几组关系。

（1）"点"与"面"的关系："点"是指反映局部问题、个别事例、特殊情况的材料；"面"是反映全局问题、整体概貌、一般情况的材料。在筛选和组织材料时，除运用必要的"面"上的概括材料外，还要运用"点"上的典型材料，二者相辅相成，互为补充。

（2）"详"与"略"的关系：详写影响全局的工作或情况的材料、对当前或今后工作有重要指导或推动作用的材料，概括性地略写一般性材料。

（3）"事"与"理"的关系："事"即有关工作或事件情况，"理"即对工作或事件情况进行分析、议论，要做到"事"与"理"的高度统一。

(五)例文选读

评析

这是下级机关上海市国防动员办公室给市政府的报请性公文,属于专题报告。写法上采用完全式公文标题,一个主送机关,正文的前言部分言简意赅地交代了报告背景、依据和目的。然后在主体部分从主要举措和成效、存在的不足和原因、2024年的工作安排这三个方面展开,思路上采取"先写成效(可以一并写做法),再写问题,最后写建议"的思路,结构完整,思路清晰。在写法上详略得当,理论与事实统一较好。结尾用"专此报告",落款和成文日期规范。总体上这是一篇不错的工作报告。

数字资源 10-10
上海市国防动员办公室2023年度法治政府建设情况的报告
(在原文的基础上略有改动和删减)

(六)病例分析

自查报告

市税收、财务、物价大检查办公室:

遵照国务院《关于开展××××年税收、财务、物价大检查通知》和市政府×号文件精神,我公司认真组织了税收、财务、物价大检查的自查和互查工作。现将情况报告如下。

一、领导重视,提高认识

7月12日接到市大检查办公室布置的任务后,公司立刻行动,成立了大检查领导小组并发出了部署大检查的通知。7月18日又开了各直属单位经理、财务科长、审计和物价等部门负责人参加的动员会。会上学习了有关文件,认识到今年的大检查是推动治理整顿、深化改革,促进社会稳定发展的一项重要措施,大家表示要正确处理好国家、集体和个人三者利益关系,坚决纠正违纪现象。

二、认真落实检查措施

各单位按照上级的部署积极组织本单位人员认真自查,自查面达100%。在自查中很多单位将税收和专项基金的提取按月逐笔核对,差一分钱都进行了调账。在各单位自查的基础上,公司又到各个基层组织了互查,互查面达100%。截止到9月12日,共查出违纪问题户×个,占总数的×%;违纪金额×万元,比去年下降×%;应入库金额×万元,比去年下降×%,已入库金额×万元,对尚未入库部分正在积极缴纳。

三、发现的问题及解决的办法

公司大检查领导小组对查出的问题逐一进行了分析研究,认为造成违纪的主要原因有两方面:一是财会人员素质不高,业务不熟,工作不细致;二是对某些行政规定理解不透,造成违反控购政策、价格政策。

针对上述违纪问题,公司一是于9月22日召开了各直属单位财务科长会议,对检查中发现的问题进行了认真的分析,以杜绝今后工作中再发生违纪问题。二是从10月9日至29日,举办了两期由各单位经理和财会负责人参加的学习班,认真学习了会计法、税法、审计条例、物价管理条例等法规。通过学习,提高了认识,进一步明确了各项财务制度,为今后更好地执行财务、税收、物价政策和制度创造了条件。

特此报告。

数字资源 10-11
病例修改

2011年×月×日

(七)情景写作

请把《唐僧西天取经工作的总结》改为报告。

二 请示的写作

数字资源 10-12
唐僧西天取经
工作的总结

(一)请示的概念

请示是适用于向上级机关请求指示、批准的公文。请示的种类主要有两种:求示性请示和求准性请示。

(二)请示的特征

请示有期复性、唯请性、单一性三个特征。

数字资源 10-13
请示的种类

1. 期复性

下级机关只有在遇到问题或困难无法自行解决或在职权范围内无权解决时才向上级机关请求指示、批准。上级机关在收到请示后,有义务及时地对下级机关请求指示、批准的事项作出同意与否的批复。请示与批复是一对相应的机关公文文种,有请示必有批复。

2. 唯请性

请示应该使用诚恳的语气表达请求事项,而不能采取命令式的口气要求上级机关按照自己的意志行事;同时,请示必须事先行文而不能置后,不能"先斩后奏";上级机关对请示事项也必须及时批复,不能延后。

但是，下级机关不能因此上交矛盾或困难，而应把问题及其解决方案一同上报，以便上级决策；同时，请示所提要求应当合情合理、切实可行，不应过分。

3. 单一性

请示的单一性表现在两个方面：一是请示行文的事项的性质必须单一，即非请求指示、批准的事项不能用请示行文；二是请示必须一文一事，一份请示不能同时诉求多项请求指示或批准的事项，以免影响工作效率。

（三）请示的写作规范

请示一般由标题、主送机关、正文和结尾等部分组成。

1. 标题

请示一般采用完全式标题，发文机关＋发文事由＋请示，如"××集团公司关于增拨技术改造经费的请示"。有时可以省略发文机关名称，但一般不能省略事由。

2. 主送机关

请示属于上行文，因此，请示的主送机关一般只有一个，即行文机关的上级领导机关，请示要避免多头主送。

3. 正文

请示正文包括请示缘由和请示事项两部分。

（1）请示缘由。请示缘由是指请求指示或批准事项的理由、依据等。这部分内容直接关系到请示事项是否必要以及能否得到上级机关的认可等。因此，要理由充分，陈述清楚，具体写出所请示问题的重要性、迫切性、必要性、可行性等，不过并不要求行文中都具备这四个特性，应该根据实际情况而定。

（2）请示事项。请示事项是请求上级机关批复的具体事项。请示事项要明确、具体地表达，要写出处理问题的系统意见和完整方案，并提出解决问题的办法，供上级机关审批，绝不能把问题、矛盾或困难简单上交。

4. 结尾

请示的结尾由结尾习惯用语和落款组成。结尾习惯用语要另起一行空两格，常用的有："当否，请批复""以上请示当否，请批复""如无不妥，请批复"等。

（四）请示的写作要求

请示写作要遵循六个原则：一文一事的原则；只送一个主送机关的原则；不得主送个人的原则；不得越级的原则；报告中不得夹带请示事项的原则；请示和报告不能混用的原则。

数字资源 10-14
请示与报告的区别

（五）例文选读

关于上海青浦淀湖水产良种场市级水产良种场资质复审的请示

上海市农业农村委员会：

　　上海青浦淀湖水产良种场是上海淀山湖日本沼虾苗种培育和保种基地，也是全国水产健康养殖示范基地和青浦周边地区日本沼虾苗种主要供应基地。2020年8月，上海青浦淀湖水产良种场通过市级水产良种场资质复审，年产优质日本沼虾苗种约1.0亿尾。目前，上海青浦淀湖水产良种场市级水产良种场资质已到期，按照《上海市市级水产原、良种场资格认定办法》（沪农委规〔2019〕21号）文件规定，现恳请贵委对上海青浦淀湖水产良种场市级水产良种场资质进行复审。

　　特此请示。

数字资源 10-15
例文

上海市青浦区农业农村委员会

2023年6月2日

（六）病例分析

请 示 报 告

总公司：

　　我公司总装车间自建成至今已有25年了，这期间虽经两次大规模扩建，但仍无法满足我公司军品生产和民用产品的生产。鉴于目前总装车间面积过小和设备陈旧，为了保证我公司能保质保量地按期完成今年的生产任务，须立即对总装车间进行扩建和改造。经测算，此项工程需经费200万元。目前，我公司已自筹120万元，还差80万元。希望总公司拨发专项经费80万元，请阅知。

　　另外，我公司离休干部的交通费问题也亟待解决，请一并批准。

数字资源 10-16
评析和修改

××分公司（印章）

2023年6月27日

（七）情景写作

（1）阅读并分析下面一则请示，找出存在的问题。

关于更新笔记本电脑的请示

王总：

  由于工程设计的难度与日俱增，我部 6 名设计师的办公电脑因使用年限过长、硬件设备落后，已经无法正常运行大型设计软件。

  为保证 2022 年设计工作的顺利开展，我部请求公司在 2 月 28 日之前为所有设计师更换新笔记本电脑。

  专此申请。

×××工程有限公司设计部经理李小明
2022 年 2 月 15 日

（2）××市××区工安分局因工作需要，需增购公务用车十辆，为此向上级机关请求批准。请你为此撰写一份请示。

（3）下面是刊登在 20××年 6 月 29 日杭州网上的一则消息。请根据这则消息的内容，代杭州电化集团有限公司拟一份该公司节电工作的情况报告，上报给杭州市政府。要求简明扼要，合乎报告的特点与写作要求。

数字资源 10-17
企业撑起抗缺电的大梁——
一场全面的特殊战

第四节　函　纪要

一、函的写作

（一）函的概念

函是不相隶属机关之间商洽工作、询问和答复问题，请求批准和答复审批事项的公文。

（二）函的特征

函有平等性、广泛性和灵便性三个特征。

数字资源 10-18
函的种类

1. 平等性

函用于不相隶属机关之间平行行文，是一种典型的平行文，行文机关之间往往分属不同的系统、部门、行业或地域，没有领导与被领导关系，因此可以说，其相互间的关系应是平等的，哪怕双方的行政级别不同，哪怕双方在业务上具有主管与被主管的关系。

2. 广泛性

广泛性是指函可以用于商洽工作、询问和答复问题、请求批准、答复审批事项等，例如，可用于人事调配、商借物品、查询事项、通报情况、联系工作、请批资金、催办公务等。

3. 灵便性

函可以根据不同的关系、需要、事项等决定具体的写作内容，正文部分没有固定的模式，写法与一般信函差不多。但要注意：函是法定公文文种之一，而一般信函没有法定性。

（三）函的写作规范

一般由标题、主送机关、正文和结尾等部分组成。

1. 标题

函的标题可以是完全式标题，即由发文机关、事由和文种三部分组成。去函应标明"××（单位）关于×××××（事由）的函"，复函应写成"××（单位）关于×××××（事由）的复函"。

2. 主送机关

函的主送机关可以是一个，也可以是多个，根据发文实际需要而定，如果是复函，主送机关一般是来函的发文机关。

3. 正文

正文包括发函/复函的缘由、事项、要求三部分。

（1）缘由。缘由部分主要陈述发函及其事项的背景、目的、原因、情况等，以便对方了解情况。

复函则要有来函引语，引述来文日期、标题和发文字号。如果不写来函引语的话，就直接写"来函收悉""函悉"等加以说明。

（2）事项。事项部分主要陈述需要向对方商洽、询问或告知的事项和有关要求，写清楚、写具体，便于对方答复。

（3）要求。如有必要，发文机关也可以针对有关事项的实施、落实等问题提出适当的要求，特别是复函。

4. 结尾

函的结尾习惯用语一般有："即（敬）请函复"、"请予研究函复"（要求对方答复的）；"特此函达"、"特此函达，即希查照"（不要对方答复的）；"此复"、"特此函复"、"特此函告，请查照办理"（用于复函）。

（四）例文分析

案例一

关于征求《关于加强公路水运工程平安工地建设的
指导意见（征求意见稿）》意见的函

交办安监函〔2023〕811号

为深入推进公路水运工程平安工地建设，提升工程安全管理水平，我部起草了《关于加强公路水运工程平安工地建设的指导意见》（征求意见稿），现向社会公开征求意见。公众可通过以下途径和方式提出反馈意见：

1. 登录交通运输部网站（网址：http://www.mot.gov.cn），进入首页右侧的"互动"栏"意见征集"，点击"交通运输部办公厅关于征求《关于加强公路水运工程平安工地建设的指导意见（征求意见稿）》意见的函"提出意见。

2. 电子邮箱：shuiyunchu@mot.gov.cn。

3. 通信地址：北京市东城区建国门内大街11号交通运输部安全与质量监督管理司水运处（100736）。

4. 联系人：曹坤、赵攀　电话：010-65293794、65292707/65292704（传真）。

意见反馈截止时间为2023年7月14日。

交通运输部
2023年6月15日

评析

这是一则面向工作的询问函，并不多见。它并没有主送机关和结尾用语。其他和一般函的写法并无不同。

案例二

上海市水务局关于做好再生水利用配置试点中期评估工作的函

沪水务〔2023〕466号

上海化学工业区管理委员会：

根据水利部等六部委印发《关于公布典型地区再生水利用配置试点城市名单

的通知》（水节约〔2022〕427号），上海化学工业区被确定为我市再生水利用配置试点。近期，水利部办公厅印发《关于开展典型地区再生水利用配置试点中期评估工作的通知》（办节约函〔2023〕586号），要求各试点地区按要求开展中期评估工作，具体通知如下：

一、请你单位按照《上海化学工业区再生水利用配置试点实施方案》要求，加快推进试点项目工程进度，参照自评估报告参考提纲要求，认真组织并编制完成试点自评估报告，于7月21日前报送市水务局。

二、市水务局将会同市发改委、市经信委、市规划资源局、市生态环境局、市财政局等部门开展自评估报告初评工作，并形成初评意见。

三、水利部现场评估工作组计划将于8月6日—9月10日期间开展现场评估工作，具体对接工作另行通知。

专此函达。

附件：水利部办公厅关于开展典型地区再生水利用配置试点中期评估工作的通知（办节约函〔2023〕586号）

上海市水务局
2023年7月13日

评析

水利部给下级单位水务局下发开展再生水利用配置试点的中期评估通知，水务局和上海化学工业区管理委员会虽是不相隶属单位，但会有业务上的指导关系，因此用函的方式行文，要求该管理委员会执行。正文第一部分介绍发函缘由，第二部分分三条提出办理事项。结尾用"专此函达"，表示不用复函。

数字资源10-19
例文

（五）病例分析

阿尔金山国家级自然保护区总体规划审核意见的复函

新疆维吾尔自治区：

经审查，我局原则同意《总体规划》。现函复如下：

一、同意《总体规划》提出的规划原则和规划目标。阿尔金山保护区高原生态系统结构完整，高原野生动物种类多、种群数量大，具有全球性中药保护价值，如果加强建设和管理，阿尔金山保护区建设在国际上会更具影响、在国内更具典型示范性。

二、《总体规划》确定的保护区总面积为450万公顷；比较同意保护区的功能区划分，但是否应明确核心区、缓冲区和实验区的具体范围？

三、原则同意《总体规划》提出的资源保护和管理规划。要根据保护区面积大、海拔高、环境恶劣等特点，重点加强哨卡建设，严格防止发生大规模偷猎事件和大量涌入非法淘金人员。

四、原则同意《总体规划》提出的资源可持续开发利用规划。要按规划加强合法采金活动的组织管理，特别是对采金地段，定时间、定人数，加强检查，防止采金人猎杀野生动物。

五、原则同意《总体规划》提出的基础设施建设规划。管理处的基本建设要与当地景观相协调，并统筹规划，分期实施。

请你局按上述审核意见，对《总体规划》作进一步修改完善后，报请新疆维吾尔自治区人民政府审批。

特此函复。

20××年11月20日

数字资源 10-20
修改

二、纪要的写作

（一）纪要的概念与分类

纪要是记载会议主要情况和议定事项的公文。纪要的种类主要有指示性纪要、决定性纪要、情况性纪要三种。

数字资源 10-21
纪要的种类

（二）纪要的特点

纪要有纪实性、概括性、备考性三个特点。

1. 纪实性

纪要如实地反映会议内容，即会议宗旨、会议进程、会议主要精神以及会议议定的事项等。它不能也不能随意增减和更改内容，否则，就会失去其内容的客观真实性，违反纪实的要求。

2. 概括性

纪要用简洁精炼的文字整理、提炼和概括会议总体情况，重点应放在介绍会议的成果，而不是叙述会议的过程，切忌记流水账。

3. 备考性

部分纪要向上汇报或向下通报情况，必要时可作查阅之用。

（三）纪要的写作规范

纪要一般由标题、正文等部分组成。纪要无主送机关，无落款和成文日期。《党政机关公文格式》规定，纪要格式可以根据实际制定。这表明纪要的写作和其他公文有一定差异。

1. 标题

标题有两种情况：

一是单行标题，一般是公文式标题，会议名称＋纪要，如"校长办公会议纪要"或"××市计划生育工作会议纪要"；会议主办单位名称＋会议名称＋纪要，如"××省发改委关于企业改制工作座谈会的纪要"；发文事由＋纪要，如"关于协调解决沙面大街56号首层房屋使用权问题的会议纪要"。

二是双行标题，正标题是文章式的，副标题是公文式的，比如"穷追猛打，除恶务尽——某市扫黄打非工作纪要"。

2. 正文

纪要正文一般由两部分组成：

（1）会议概况。这部分内容主要介绍会议的一般情况，这部分内容可以包括会议的名称、会议召开的背景、指导思想和目的、时间、地点、主持者、与会人员、主要议题、议程等。

（2）会议的精神和议定事项。这部分内容主要对会议的主要内容、主要精神、主要原则以及基本结论和今后任务等进行具体地阐述。如果是常务会、办公会、日常工作例会的纪要，一般包括会议内容、议定事项，有的还可概述议定事项的意义。如果是工作会议、专业会议和座谈会的纪要，往往还要写出经验、做法、今后工作的意见、措施和要求等。

（四）例文选读

例文一

××年第六次局长办公会会议纪要

×月×日，局长××在局一楼会议室主持召开了××××年第六次局长办公会议，党组书记×××，副局长×××参加会议，×××、×××、×××、×××、×××等列席会议。会议审议了《中央铭城沿街景观打造方案》等事项，现将议定事项纪要如下：

一、传达安排省委省政府防汛减灾和地质灾害防治工作电视电话会议精神。会议要求全局系统进一步强化认识，提高政治站位，时刻绷紧安全生产这根弦，切实把防汛减灾和地质灾害防治工作抓紧、抓细、抓实；局属各单位及时修订完善防汛预案，使预案具有可操作性，将防洪物资和人员等落到实处，能有效应对突发事件；严格执行汛期值班和巡查等制度，落实相关要求，做好记录和档案资料留存；进一步强化督查检查，局属各单位主要负责人要亲自带队督查检查，力促存在问题及时整改。

二、安排部署中共四川省住房和城乡建设厅党组关于印发《全省住房城乡建设系统"政风行风专项整治年"活动实施方案》的通知（川建党组〔2019〕32号）；部署市城市管理行政执法局"政风行风专项整治年"相关活动。

会议要求将政风行风专项整治与《攀枝花市人民政府办公室关于常态化开展"亲历体验　为民服务"调研活动的通知》要求及政府常务会议每月开展一次"亲历体验　为民服务"调研活动要求紧密结合起来，共同推进；党办将《中共攀枝花市城市管理行政执法局党组关于印发〈攀枝花市城市管理行政执法局"政风行风专项整治年"活动实施方案〉的通知》（攀城管执党〔2019〕20号）文件发至各县（区）城管部门，局属各单位要召开专题会议安排政风行风专项整治活动；局办公室充分利用各种宣传载体，牵头做好"政风行风专项整治年"系列宣传报道工作；在住房城乡建设厅督促检查前，对各县（区）及局属单位政风行风专项整治活动开展情况，每月至少开展一次专门检查，并及时将检查情况上报。

三、安排落实住房和城乡建设部关于召开推进城镇污水处理提质增效三年行动电视电话会议精神。会议议定××副局长牵头，公用科具体负责，组织生态环境局、水利局、市场监督管理局等部门认真研读《住房和城乡建设部　生态环境部　发展改革委关于印发城镇污水处理提质增效三年行动方案（2019—2021年）的通知》，结合攀枝花实际，拟定实施方案代拟稿报市政府印发。

……

评析

这是一篇办公会议纪要。标题采用"会议名称+纪要"的形式。正文分为两大部分，第一部分介绍会议基本情况，包括会议时间、地点、主持人、与会人、会议议题等。第二部分概括了会议议定的三个事项。会议基本情况与会议议定事项用"现将议定事项纪要如下"承上启下衔接。事完文止，文章结尾自然结束。

例文二

华大集团20××年第一次董事会会议纪要

时间：20××年3月2日下午2：00
地点：华大集团会议室
出席人员：叶建农　斯福民　张良仪　胡嘉敏　刘珩　宋为民　王发其
列席人员：邱怀德　邱化寅　罗一华　袁晓平　沈敬华　蒋真伟

缺席：刘家英（出差）

主持人：叶建农

会议主要讨论事项：20××年工作汇报；20××年工作打算。

会议决议：

一、通过20××年工作报告。

二、审议并补充20××年集团工作计划（见附件）。

三、通过集团干部任免。任万平为集团总经理助理；刘念宁为接待服务中心总经理；沈小光任华大医药公司总经理；返聘卢象太为环境艺术装潢工程公司总经理；张韵秋兼任集团对外贸易部经理。

评析

这是目前企事业单位比较流行的格式。标题采用"会议名称＋纪要"的形式。整个格式和会议记录比较接近，会议的基本情况这一部分采用的是模板，一条一条罗列。第二部分是会议的决议归纳。整个纪要简洁明了，不拖泥带水。

（五）病例分析

会议纪要

2023的大门即将打开，新的一年，新的气象，新的任务，新的挑战。新一年的工作作何打算？这场工作务虚会告诉你！

12月22日下午，市检察院召开全市检察工作务虚会，深入学习贯彻党的二十大精神，明确目标、理清思路，以强烈的使命担当、更高的标准要求，推进温州检察工作现代化。市检察院党组书记、检察长×××主持会议并讲话。市检察院领导班子成员、检委会专职委员，各县（市、区）检察院主要负责人及市检察院各内设部门负责人等参加会议。

各县（市、区）检察院主要负责人汇报2023年整体工作思路和重点工作，畅谈提升检察工作质效的意见和建议，并聚焦"个案办理—类案监督—系统治理"的大数据法律监督路径，提出数字办案的创新思路和多跨场景应用建设项目。市检察院各内设部门书面汇报2023年整体工作思路和重点工作。

市检察院领导班子成员、检委会专职委员分别对分管、协管条线工作进行点评，重点围绕"差距怎么看、工作怎么抓、今后怎么干"等方面，聚焦人才队伍专业能力建设、提升法律监督质效、深化数字检察和"三查融合"、知识产权综合司法保护等工作，提出下步工作思路和举措。

"要以时不我待的奋进姿态、求真务实的工作作风，抓落实、强推进，奋力开创温州检察工作新局面。"就如何推进温州检察工作现代化，×××提出三项要求——

"要抢抓发展机遇，巩固温州检察工作现代化的坚实基础。"×××指出，只有抓住机遇，才能抢占先机、乘势而上。全市检察机关要充分发挥法律监督特殊"专责"作用，用情用力"五个持续"，即持续学习宣传贯彻《中共中央关于加强新时代检察机关法律监督工作的意见》和二十大的重大决策部署，持续推动形成党委全面领导、各方鼎力支持的法律监督工作格局，持续深化高质效法律监督，持续保持团结奋斗、奋勇争先的工作状态，持续发挥正确选人用人导向的正向激励作用，积极利用各方面有利因素，深化法律监督、依法能动履职，以主动作为得到更多关注、获得更大支持、赢得更重地位，为推进温州检察工作现代化创造更加优良履职环境。

"要把握重大原则，确保温州检察工作现代化的正确方向。"×××强调，二十大报告阐述了新时代新征程中国共产党的使命任务，指明了前进道路上必须牢牢把握的五项重大原则。全市检察机关要牢牢把握五项重大原则，立足检察职能，始终做到"五个坚持"，即坚持党对检察工作的绝对领导，坚持和完善中国特色社会主义检察制度，坚持以人民为中心的发展思想，坚持深化改革创新，坚持发扬斗争精神，深入贯彻落实中央、省委、市委和上级院的各项决策部署，推进政治建设与业务建设深度融合，进一步激扬"敢为人先，特别能创业创新"的温州人精神，以更强的大局意识、斗争精神和责任担当，不断提升法律监督质效水平，推动温州检察工作高质量发展。

"要明确目标任务，突出温州检察工作现代化的工作重点。"×××强调，全市检察机关要紧扣"高质量发展"主题，聚焦聚力"锚定一个目标，围绕四个维度"，以检察工作现代化服务保障推进中国式现代化。其中，"一个目标"，就是坚定扛起市委赋予的"打造法律监督最有力示范省温州样板"的职责使命。"四个维度"，即党委政府的认可度、人民群众的满意度、法治同行的认同度、工作业绩的显现度。突出要抓好三个方面九项重点工作。在服务保障推进中国式现代化方面，要做好保安全、促发展、惠民生等三项工作，以依法能动履职，提升党委政府的认可度、人民群众的满意度；在全面充分履行法律监督职能方面，要抓好监督质效、数字检察、审查调查侦查融合等三项工作，不断提升法治同行的认同度、工作业绩的显现度；在建设适应现代化、引领现代化的高素质检察队伍方面，要推进检察一体化机制建设、检务管理水平提升、全面从严管党治检等三项工作，进一步提高检察核心战斗力。

数字资源10-22
评析

（六）情景写作

（1）列举会议记录的要素，分析会议记录与会议纪要的区别。

（2）组织学生观看一部有争议性的影片，就影片中的有关问题组织学生召开讨论会。要求学生做好会议记录，然后在会议记录的基础上整理成纪要。

第十一章 经管法类公文写作

第一节 经管法类公文概述

一 经管法类公文的概念与基本类型

经管法类公文是经济部门、管理部门、法务部门及企事业单位用于经济管理和法律实务中,传递相关信息,协调相应活动时使用的具有相对固定格式的一类专用文书总称。这些公文涵盖了组织、管理、监督、决策等各个方面的正式文书,包括但不限于法律法规的起草、颁布、执行和监督,企事业单位的管理决策和执行,以及与外部机构或个人的正式沟通和交流。

经管法类公文中主要常见的几大类别:协议书、经济合同、招投标书、上诉状、判决书等。

数字资源 11-1
经管法类
公文类型

二 经管法类公文的主要特点

经管法类公文的特点是要确保公文的权威性、明确性和规范性,以便于有效管理和实施相关经济、管理和法律事务。

(一)权威性

该类公文通常由具有一定权威的组织机关或专业人士发布,具有一定的法律效力和约束力,目的是维护社会经济秩序、规范经济行为、保护公民、法人和其他组织的合法权益,以及推动社会经济的健康发展。这类公文具备强制执行力,违反可能导致行政处罚,要承担法律责任。

(二)明确性

经管法类公文通常有明确的目的和意图,如传达信息、表达意见、决策执行等,目的明确有助于公文的有效传达和实施。经管法类公文的表达要准确明确,措辞严谨,避免歧义和模糊性,以确保信息的准确传达和规范执行。

（三）规范性

经管法类公文的内容和形式需要符合一定的规范标准，如特定的格式、用词规范、排版要求等，以保证公文的统一性和规范性。

三、经管法类公文的写作要求

经管法类公文的写作需要遵循一定的规范和技巧，以保证其政策导向、法律效力和权威性得以有效体现。

（一）清晰简明

表达内容要准确、明确，避免使用模糊或含糊不清的词语和表达方式。例如"重量 5000 吨"，而非"重量大约 5000 吨"。要求语言简明扼要，点明要点，避免冗长的句子和复杂的结构。

（二）用词精准

撰写过程中选用准确的语言和专业术语，确保表达的准确性和专业性，用字用词要正确，表达方式要文雅和得体，避免使用不恰当或不专业的语言。例如，国际商务合同中常见的三种支付方式为"汇付""托收"及"信用证"，国际贸易中有 11 条贸易术语，保险条款中保险险别有对应的术语，等等。

同时，经管法类公文的结构要求条理明晰，通常包括标题、文号、正文、发布单位、发布日期、结尾等部分。正文中的条款分类要清晰，逻辑层次分明，以确保信息的逻辑流畅性和易读性。

（三）语体与形式规范

注意格式语气，注意细节，确保公文的整体形式符合要求。在公文中，要将重点信息进行明确的突出，可以通过加粗、加下划线、使用引号等方式来标注关键词或重要内容。公文的语气应该正式、客观，避免个人情感和主观色彩。语气稳健、中立，以确保公文的权威性。

第二节　协　议　书

一、协议书的概念与要求

协议书是指两个或多个当事人就某些具体问题达成的共识或意见的正式书面记录。同时协议书也是一种具备法律约束力的文档，用于确认各方面就特定事项所达成的共识，并且通常会涉及当事人的权利和义务，通过谈判、共同协商达成一致后，签订的一种具有经济关系或其他关系的契约类文书。

撰写协议书对于任何形式的两个或两个以上当事人之间的交易、谈判或合作都是非常重要的。通过协议书可以清晰地界定当事方的权利和义务，确保所有当事人都理解他们必须履行的责任和他们可以期望的权利。并且通过书面记录各项条款，有助于减少因沟通不充分导致的误解，提供一个明确和具体的参照，以便在争议出现时找到解决问题的依据。

协议书作为一份书面契约，在法律上具有约束力，可以在一方未遵守协议时成为取得法律补救的依据。对于合法且正当的协议，法院通常可以执行协议中的条款。通过协商交流，编写和签署协议书，使得各方都有文档记录以依托，并且能够在之后查阅，它有助于识别和管理交易中可能出现的风险，通过设定风险分担、保险要求等条款来预防和减轻损失。

二、好的协议书的特点

基于公平自愿的原则，根据具体问题友好协商后达成一致，起草一份完整且有效的协议书是一件有难度的事情，但此类书面契约却有着非常大的价值。

（一）减少风险

清晰的条款能够减少误解和争议，提供处理冲突和意外事件的预警机制，降低不确定性和潜在的风险。协议双方都能各司其职，基于协议的基础上尽可能履行自己的责任与义务。遭遇相应损失或灭失时，能积极应对，及时补救，降低风险率。

（二）提高效率

通过细化各方职责，协议书可确保各方面的工作分工明确，预期结果和职责范围得以清晰界定。让当事方能明白各自的责任和期望，协议书有助于工作流程的优化和效率的提升。在约定有效期内履行义务，执行协议书里的条款，能加快运转效率，提升团体或个人的积极度。

（三）规划资源

一份好的协议书可以使双方处理、解决问题更加规范，帮助降低事务成本，优化资源配置。同时记录下双方的预期和义务有助于合理规划和分配资源，以实现协议的最终目标。

三、协议书的写作规范

协议书的结构要素主要包括标题、缔约方、正文和落款。

(一)标题

标题注明协议书的内容和性质,如《合作协议书》《代理协议书》《和解协议书》等,也可以只写"协议书"三字。

(二)缔约方

缔约方可以是单位,也可以是个人,位于正文之前,写明协议方当事人或单位的名称及地点,并用甲方和乙方进行注明,以便在正文中称呼。

(三)正文

正文包括鉴于条款、权利与义务、货物或服务的描述、支付条款、交付条款、期限和终止、保密性条款、赔偿条款和争议解决等要素。

(1)鉴于条款。首先表明甲乙双方签订协议的背景、缘由及目的,紧接着书写"现对双方就以下条款及条件达成协议"此类文字,下文另起一行紧跟协议书的主体部分。

(2)权利与义务。约定一方的权利,明确其中一方在合作关系中享有的特定权益,如获取另一方的专有技术、使用另一方的品牌、获取另一方市场渠道、使用另一方的资源等。对义务的约定,明确需要在合作关系中履行的具体责任,如提供技术支持、按时交付产品或服务等,或者支付合作费用、提供市场推广支持等。

(3)货物或服务的描述。若协议书与交易相关,便需要详细描述交易中涉及的货物或服务。

(4)支付条款。包括价格、付款时间、付款方式、滞纳金等。

(5)交付条款。包括交付日期、地点、方式、物流等。

(6)期限和终止。任何协议书都是有一定有效期的,因此在协议书中双方需要明确约定协议的起止日期。其中有效期就是协议开始至结束。此外,可能在某种情况下终止协议,因此更需要协商好终止后的义务,如通知期限、结清款项等。

(7)保密性条款。规定双方在合作期间和合作终止后对机密信息的保密责任。明确双方必须采取合理的措施保护机密信息,不得泄露、披露或未经授权使用机密信息。

(8)赔偿条款。当一方因违约行为或过失导致另一方遭受直接或间接损失时,有责任对另一方进行赔偿。赔偿条款需要有一定适用的损失范围,可以包括直接经济损失、间接损失、利润损失、律师费用、诉讼费用等。并且赔偿责任要有最高金额限制,防止过高的赔偿责任对一方造成不合理的损失。

(9)争议解决。发生争议后,双方应首先进行友好的谈判,试图通过对话解决争议。这包括指定谈判代表和设定谈判期限。若谈判未能解决争议,双方可以同意进行调解。调解是通过一个中立的第三方调解人来帮助双方就争议达成协议。

正文是协议书的主体部分,大多是各种条款的罗列,分条陈述当事方签订协议的内容,不同性质的协议书所对应的条款也有所不同,都是由当事方协商的结果而定。

（四）落款

落款部分由协议双方签字并加盖公章，最后写上签订协议的日期。

数字资源 11-2
协议书的排版设计

四 协议书的写作要求

协议书的写作是一项要求严谨的任务，撰写时需考虑法律效力、清晰性、可执行性和防风险能力。

（一）结构完整

一要保证协议书基本条款的完整度，确保涵盖所有相关的潜在问题和情节，包括义务、权利、责任、支付条款、违约后果等。二是结尾条款或落款中当事双方签字盖章，并签订签约时间后合同才能生效。三是协议书必须注明份数及其原件的法律效力。协议书结构不完善，会导致最后协议书不被法律认可，一方可以不履约。

（二）用词准确

协议书起草时不要使用模糊的词语，避免理解歧义所导致的纠纷争议，须用简洁、准确的语言书写。多义性和模糊条款可能会导致不同的解读，增加未来法律争议的风险。每个术语、条件、义务和权利都应该被定义和解释得非常具体，以避免解释上的差异。除非必要，尽量避免使用复杂的法律术语，以确保协议的清晰性。如果使用，则确保正确并提供定义或解释。例如某些组织结构、术语的英文缩写后附带上中文全称，少用"大约""差不多"等模糊性词语。

（三）遵守法律

确保协议的条款遵循适用的法律法规，并考虑国际交易可能涉及的跨境法律问题，如中外合作协议书需要考虑适用的法律是国内法、国外法，还是国际法，不同地区的法律制度会导致协议最终带来不同的结果。此外，要确保协议条款不违反任何相关的法律和法规。非法条款不仅无效，甚至可能导致整个协议无效。

建议所有的协议书在最终确认和签字前，由专业的律师进行审阅。律师的参与可以确保协议书不仅遵守适用法律，同时还能针对具体的交易或关系提供必要的保护。专业法律意见可以帮助避免或至少最小化未来潜在的法律问题。

五 例文选读

合作协议书

甲方：_____
乙方：_____

甲、乙双方本着精诚合作、平等互利的原则，经友好协商，就相关租赁合作事宜，达成如下，双方共同遵守：

第一条：合作范围

甲方向乙方租用_____（详见附件）以作甲方所属项目"_____"会务现场布置之用。乙方同时配合甲方上述租用物之现场制作工程。

第二条：合作期限

合作期限自_____年_____月_____日至_____年_____月_____日，共_____天。

第三条：收费标准、结算方式

1. 收费标准：以上物品租用、制作等工程服务内容费用总额为人民币_____元（开票加收8%）。

2. 结算方式：甲方签订本合同当日以现金预付总价款的30%为定金，进场验收后付30%，余款于活动结束当天以现金一次性付清乙方。

第四条：甲乙双方的权利和义务

（一）甲方的权利和义务

1. 负责提供活动场地，提供必要的活动协助。

2. 双方签署合同之日起，甲方将其所属项目现场制作工程部分委托乙方代理。

3. 负责维护活动的治安秩序及保障乙方工作人员的人身安全，财物保管。

4. 甲方应按约定如期向乙方支付器材租用费用，逾期3天无故不支付，则按每天5%的标准向乙方支付滞纳金。

（二）乙方的权利和义务

1. 乙方管理及工作人员在甲方场所活动期间，应遵守国家的法律法规，自觉遵守甲方的规章制度，配合甲方管理人员的安排。

2. 乙方必须根据甲方要求按时、按质、按量地完成相关作业。

3. 甲方有权根据乙方活动内容及质量提出合理建议，乙方需积极与甲方进行协商，并根据协商结果作相应调整。

4. 应在协议约定时间内提供合同内容中的租用器材及相关作业，如因天气原因及不可抗力因素阻碍活动进行，经甲方同意后可中止活动，已安排提供服务的活动项目费用需照常支付。

5. 本次活动基本设施的验收日期为_____年_____月_____日。

第五条：违约责任

1. 乙方未能按合同规定时间如期提供合同内容中的租用器材及相关服务，则均属违约，应给予甲方经济赔偿，赔偿金额按合同法有关规定执行。

2. 若甲方未能够按期付款，则按合同法规定给乙方5％滞纳金。

第六条：其他

1. 本协议一式二份，甲乙双方各执一份，均具有同等法律效力。

2. 本协议中未尽事宜，双方可协商解决，并另行签订补充协议。

3. 本协议自签订之日起生效。

甲方（盖章）：_____   乙方（盖章）：_____

法定代表人（签名）：_____   法定代表人（签名）：_____

账户：_____

开户行：_____

本合同于_____年_____月_____日签订于_____

评析

该合作协议书明确了合作范围、期限、结算方式，约定甲乙双方的权利与义务，清晰地描述了代理项目、甲乙双方的权利与义务、违约责任。条款明晰，内容严谨，结构规范，符合合作协议书的写作要求。在合作范围及期限中，明确具体的内容；在甲乙双方权利与义务中，详细约定双方的具体责任，如何开展自己的工作，如何配合协调双方的活动，并约定对于出现逾期或天气问题又该如何补救赔偿；违约责任作为一般性条款，成为一股约束力，保证双方被违约后遭受的损失能得到合理补偿；最后落款部分约定好协议书的份数以及效力，注明签约生效时间。

六 病例分析

阅读以下委托代理协议书，并分析其不足之处。

委托代理协议书

甲方：_____

乙方：_____

一、乙方负责代理项目及价格

乙方代理的设备型号为_____设备，价格：_____。

二、设备销售货款支付方式

1. 付款时间：合同签订后的三天内支付_____％，货到安装好后付清剩下的。

2. 付款方式：将款项直接打入_____账户。

3. 甲方银行账号：_____。

三、甲、乙双方权利与责任

甲方在技术上全力配合乙方工作；要是甲方没有按时、足额收到设备销售款，甲方可以不付佣金。有任何其他问题，由乙方独立承担其全部相关法律责任；乙方必须遵守总公司的《技术保密协定》《知识产权保护合同》及《项目代理协议》等相应协议的所有条款，乙方不能随意转让。

四、协议期限及签署地点

1. 协议期限：本协议签字盖章之日生效，有效期壹年，此前所签协议作废；

2. 本协议的签订地点：××省××市××区××街×××号。

五、中止

乙方在此期间出现问题，甲方可以单方面中止与乙方签订的本代理协议；乙方没有履行本代理协议时，甲方也可以单方面中止与乙方签订的本代理协议。

六、协议纠纷的解决

在本协议执行期间，甲乙双方如发生争议，双方可以协商解决；协商解决未果时，可以向甲方所在地人民法院提请经济诉讼解决。

甲方：_____　　　　　乙方：_____

数字资源 11-3
修改

七　情景写作

假设有两家公司即将进行合作，A 公司是软件开发公司，B 公司是客户公司，需要开发一款应用程序，请按照以下提供的信息，撰写出一份软件开发服务协议书。

（1）双方合作的内容为，B 公司委托 A 公司开发一款名为"×YZ 管理系统"的应用程序。

（2）软件开发及交付具有一定时间要求，A 公司需要按照具体时间段上交开发成果：初步需求分析和设计方案完成时间为 2024 年 6 月 10 日；第一阶段开发完成和初步测试时间为 2024 年 8 月 10 日；用户验收测试及最终调整时间为 2024 年 10 月 10 日；最终产品交付时间为 2024 年 10 月 30 日。

（3）费用和支付方式。甲方提供的开发服务总费用为：_____［金额］。付款方式将分为三期，即：签订协议时支付第一期款项：_____［金额］，占总费用的 20%。第一期开发完成后支付第二期款项：_____［金额］，占总费用的 30%。最终交付产品后支付尾款：_____［金额］，占总费用的 50%。

（4）约定好协议过程中双方的责任与义务。

（5）保密条款。

(6) 争议解决条款。

(7) 协议书必须包含正式的落款部分。

第三节 经济合同

一 经济合同概述

（一）经济合同的概念

经济合同是指两个或两个以上的经济主体之间，为了建立某些经济关系而自愿订立的，用以明确各方权利和义务的协议或法律文书。

经济合同是调节经济关系、保障各方经济利益、促进经济交换的重要法律手段，是为了明确各方在经济活动中的权利和义务而订立的书面协议。它们可能涉及商品的买卖、服务的提供、知识产权的交易、合作项目等。根据《合同法》可将合同分为15类：买卖合同，供用电、水、气、热力合同，赠与合同，借款合同，租赁合同，融资租赁合同，承揽合同，建设工程合同，运输合同，技术合同，保管合同，仓储合同，委托合同，行纪合同，居间合同。

（二）有效的经济合同

有效的经济合同要满足两方面的要求：

1. 经济合同须有明确的当事人

合同或交易的主体应该明确，能够承担相应的法律责任。参与经济合同的个人或实体必须具备法律规定的行为能力。例如，个人需达到法定年龄并具有完全民事行为能力，公司或其他组织需要依法设立并有效存续。此外，当事人参与其中时应该是出于自己真实的意愿和意图进行的，没有受到胁迫或欺诈。合同的成立基于双方或多方的真实意愿，并且经过充分协商一致同意。

2. 经济合同的内容合法合规

合同中所约定的内容，首先，要明确其对象，如买卖的商品、服务或其他权益，要求具体明确，并且是可以交易的。其次，交易条件或合同条款必须是合理的，不应当包含不公平或无法执行的条款。最后，经济合同中所涉及的活动必须是合法的，不能违反当地的法律和政策规定，包括但不限于反垄断法、税法、公司法等相关经济法规。

二 经济合同的写作规范

经济合同的基本结构为:标题、前言、正文和结尾条款四个方面。标题要注明合同性质;前言部分列出当事人信息,描述合同的成立目的和背景;正文是经济合同的核心部分,包括商品或服务的详细描述、价格条款、交货条款、质量和数量条款、检查与验收标准、违约与仲裁等;结尾条款包含签订日期与地点、当事人书面签署。

(一)标题

标题要注明合同性质,如《买卖合同》《租赁合同》《劳务合同》等。

(二)前言

前言位于正文之前,空两格,并列写明合同当事人或单位的名称及地点,并用"以下简称甲方"和"以下简称乙方"进行注明,或者注明卖方与买方,以便在正文中称呼。前言部分还需要表明签订合同的背景、依据及目的,并书写出"双方按下列条款签订本合同"。

(三)正文

正文作为合同的核心部分,也是最重要的部分,包括基本条款和一般条款。如买卖合同,基本条款为产品(服务)、质量、数量、价格、包装、装运、支付和交付方式和保险等相关描述;一般性条款为检验、索赔、仲裁、争议、不可抗力、违约、合同期限及终止、保密、权利和义务等相关描述。

(1)产品(服务)描述。该部分作为经济合同中的基本条款,详细说明产品的规格、数量、质量或服务的具体内容、水平和性能标准。用词务必要准确,如描述货物的重量时,注明清楚是"千克"或"公吨";描述货物品质时,注明"规格""等级""标准"或"产地"等。

(2)价格条款。要对产品或服务的单价、计量单位、货币种类定义清楚,特别是在与国际贸易相关的经济合同中。

(3)支付条款。相比于价格条款,支付条款显得更为重要。在支付条款中,需要明确付款方式(如转账、支票或信用卡)和支付期限,包括任何预付款、分期付款或逾期付款利息的规定。

(4)交付条款。部分产品或服务需要从一方转移至另一方时,需要明确好交付的时间、地点、方式以及接收条件和程序,以及必要的检验程序。如某些电器产品买卖合同,除了约定好交付的时间和地点外,还需要额外注明交付后的安装工作,确保产品能正常使用。

(5)合同期限及终止。在此需要指明合同生效的具体日期和终止的条件,终止条件可能包括合同期满、违约事件、突发情况等。

(6)违约责任。如果某一方未能履行其在合同中的义务,该条款规定了违约方需要承担的违约责任,包括违约金、赔偿、退款或其他补救措施。

（7）争议解决。此条款规定在出现合同纠纷时的解决程序，如仲裁、调解还是通过法院解决。此条款旨在尽可能小地降低合同双方的损失。

（8）不可抗力。不可抗力条款规定了在战争、罢工、自然灾害等无法预见且无法控制的事件发生时，双方的义务如何被暂时或永久地免除，即无需承担责任。例如货物运输过程中遭遇地震，导致货物全损，卖方不需要承担起赔偿义务。

（9）保密条款。该条款涉及范围较小，只有在合同涉及任何敏感信息，双方合同可能需承诺不对外披露有关配方、价格、技术和其他重要保密信息。例如技术合同或劳动合同中对另一方约定其保密性。

（10）权利和义务。在较为笼统的合同中，双方不会分不同条款约定权利与义务，而是直接在该条款中描述合同双方各自的权利和必须履行的义务。

（四）结尾条款

结尾条款也称约尾，要注明合同的份数，如"本合同正式文本一式两份"。并由合同当事人或代表签字盖章，写上签订协议的日期，有时还需注明合同生效日期。

数字资源 11-4
经济合同的
排版设计

三 经济合同的写作要求

（一）合同语言明确无误

在起草合同时，避免使用含糊或容易产生多种解释的语言，尽量使用简短的句子以避免不必要的复杂性和模糊性；在价格、日期、数量和服务等方面，合同应提供具体信息，以免引起歧义，如"先进技术和设备"应改进为"先进技术和先进设备"之类的表达方式；写数目时将文字和阿拉伯数字并用，如"拾（10）"；表述合同中物品或服务时要用通用名称，如"自行车"就不能写成"单车"。语言表述除精炼外还需准确，如"甲方希望乙方于 2024 年 5 月 18 日前完成全部加工物件"，"希望"一词语意就含糊不清，易产生歧义，既为"希望"，那么乙方可以答应，也可以不答应。应把"希望"改为"限定"，或删去"甲方希望"，在"乙方"后加上"必须"一词。

（二）合同结构完备具体

合同结构与其他文书相比的特殊性在于，前言和落款都具备一定的法律约束力，通过前言中"双方在此约定以下条款"，以及落款中合同的效力、份数、语言、签字盖章等，合同才能正式生效。同时合同条款也必须完备，各基本要素必须齐备。如"买卖合同"或"购销合同"一定要约定好物品或服务的品名、数量、质量、价格、支付等条款，有时还需加上包装、检验、保险等基本条款；而"租赁合同"则需约定好租赁物、租赁有效期、租赁金额、交付方式等。此外，合同还需包含"争议解决"条款，以应对可能出现的各种纠纷，以及如何更好地解决这些纠纷。

(三)行文格式规范标准

首先在整个合同中保持术语和格式的一致性,尤其是在提到特定条件或义务时。使用正式、客观和准确的语言,避免使用日常口语或非正式表达,忌第一人称起草合同,撰写人需要用客观态度陈述事实。按照逻辑顺序组织合同内容:从标题、前言部分中的背景描述到合同主体条款,最后是附件和签署信息等。合同的行文规范性直接关系到合同的明确性、可执行性以及作为证据的有效性。行文时还应全面考虑合同可能引起的各种情形,并确保合同内容全面覆盖,减少或避免合同执行过程中的争议和风险。

四、例文选读

货物买卖合同

甲方(买方):＿＿＿＿＿＿＿＿　　　乙方(卖方):＿＿＿＿＿＿＿＿
法定代表人:＿＿＿＿＿＿＿＿　　　法定代表人:＿＿＿＿＿＿＿＿
住所:＿＿＿＿＿＿＿＿　　　　　　住所:＿＿＿＿＿＿＿＿

甲乙双方经友好协商,本着真诚合作、共同发展、互利互惠的原则,根据《中华人民共和国合同法》等现行法律、行政法规、规章的规定,达成如下条款,共同遵守。

一、货物名称、品种、规格和质量

1. 乙方向甲方供应货物名称:＿＿＿＿＿＿＿＿。
2. 乙方向甲方供应货物品种:＿＿＿＿＿＿＿＿。
3. 货物规格:＿＿＿＿＿＿＿＿(应注明产品的牌号或商标)。
4. 货物质量,按下列方式执行:

按双方商定要求执行,具体为:＿＿＿＿＿＿＿＿(应具体约定货物质量要求)。

二、货物数量、计量单位、计量方法

1. 乙方向甲方供应货物数量:＿＿＿＿＿＿＿＿。
2. 计量单位、计量方法:＿＿＿＿＿＿＿＿。

三、包装方式和包装品的处理

＿＿＿＿＿＿＿＿(应尽可能注明所采用的包装标准是否国家或主管部门标准,自行约定包装标准应具体可行,包装材料由谁供应,包装费用由谁负担)。

四、交货方式

1. 交货时间:＿＿＿＿＿＿＿＿。
2. 交货地点:＿＿＿＿＿＿＿＿。
3. 运输方式:＿＿＿＿＿＿＿＿(注明由谁负责代办运输)。
4. 保险:＿＿＿＿＿＿＿＿(约定由谁负责投保并具体规定投保金额和投保险种)。
5. 与买卖相关的单证的转移:＿＿＿＿＿＿＿＿。

五、验收

1. 货物验收时间：_____；

2. 货物验收方法：_____；

3. 货物具体验收标准：_____；

4. 验收如发生争议，由_____检验机构按_____检验标准和方法，对货物进行检验。

六、价格与货款支付

1. 乙方向甲方提供货物单价：人民币_____元；总价：人民币（大写）_____（￥_____元）。

2. 货款支付：

（1）合同生效后_____个工作日内，甲方向乙方支付合同金额的_____%作为预付款。

（2）甲方收到乙方提交的货物和甲方认可的增值税发票以及由最终用户出具验收合格证明后向乙方支付合同金额_____%的货款。

七、异议与索赔

1. 甲方在验收中发现货物的品种、型号、规格、花色和质量不合规定或约定，应在妥善保管货物的同时，自收到货物后_____日内向乙方提出书面异议；在异议期间，甲方有权拒付不符合合同规定部分的货款。甲方未及时提出异议或者自收到货物之日_____日内未通知乙方的，视为货物合乎规定。

2. 甲方因使用、保管、保养不善等造成产品质量下降的，不得提出异议。

3. 乙方在接到甲方书面异议后，应在_____日内负责处理并通知甲方处理情况，否则，即视为默认甲方提出的异议和处理意见。

八、违约责任

1. 卖方出售的货物不符合规定的，应对给买受人造成的损失承担赔偿责任。

2. 卖方未按约定的时间、地点交货，或买方未按约定的时间、方式支付货款，应每日按迟延部分货款的_____%支付违约金。

九、争议解决方式

本合同在履行中若发生争议，双方应采取协商办法解决。协商不成，双方均同意按下列第_____种方式解决：

（1）提交位于_____（地点）的_____仲裁委员会仲裁。仲裁裁决是终局的，对各方均有约束力。

（2）依法向_____所在地有管辖权的人民法院起诉。

十、其他

本合同一式两份，双方各执一份，均具有相同法律效应。

甲方（盖章）：　　　　　　　　乙方（盖章）：

联系人：　　　　　　　　　　　联系人：

联系方式：　　　　　　　　　　联系方式：

地址： 地址：
签署时间： 签署时间：

评析

买卖合同要突出基本条款，如货物的名称、品质、数量、价格、支付、包装、装运和保险条款，以及一般性条款，如索赔、违约、争议解决等，以上货物买卖合同明确约定了该系列条款内容，同时重点约定好交付和验收，以及支付条款，交付时间、地点明晰，明确交代验收的标准、时间、方法，这几个重要的部分都在本买卖合同中约定完善，可以作为买卖合同的样本进行参考。最后，对于合同中最为重要的违约及争议解决部分，本合同也进行了详细说明，未来出现各种突发事件时，可以参考。

五、病例分析

阅读以下《电器买卖合同》，并分析其不足之处。

电器买卖合同

卖方（以下简称甲方）： 买方（以下简称乙方）：
地址： 地址：

一、购买产品清单

序号	产品名称	规格型号	数量	单价	小计
1					
2					
3					
4					
				合计：	

二、运输和安装

1. 甲方负责将设备运输至乙方指定的地点。
2. 甲方安装调试设备，乙方支付设备的安装调试材料费，为合同总金额的_____%。

三、付款方式

1. 乙方先预付_____元给甲方，设备安装调试完成再完成剩下金额的支付。
2. 付款方式以银行汇款或支票形式支付，甲方不收取现金。

四、售后服务

1. 甲方销售之产品，主机出现故障三年内包换。

2. 甲方销售之产品，如属甲方选用其他厂家之产品由甲方系统集成，则按照该厂家的售后服务条款执行。

3. 以上条款若属乙方使用不当或由不可抗力因素造成，则不属于质保范围。

4. 甲方销售之产品实行_____年保修，质保期后相关维修费用由乙方承担。

五、其他事项

本合同一式两份，甲、乙双方各执一份，具有同等效力。

甲方代表签字：　　　　　　　　乙方代表签字：

数字资源 11-5
修改

六 情景写作

假设 A 公司需要向 B 公司采购一批茶叶，请按照以下提供的信息，简要撰写出一份茶叶买卖合同。

（1）要求合同的基本结构完整，包括标题、前言、正文及结尾条款。

（2）合同中交易的物品为茶叶，请对商品进行具体描述。鉴于茶叶物品的特殊性，需要在合同中突出茶叶的质量条款、包装条款和运输条款。

（3）付款方式为：批货批款，当天兑现。

（4）交付方式为：陆运至××省××市××区××街道×××号。

（5）正文中最后需凸显出争议解决条款。

（6）结尾条款须规范准确。

第四节 招投标书

一 招标书的概念与特点

（一）招投标书的概念

招投标书是指招标和投标过程中所使用的文件。

招标书是招标方（例如政府部门、企业、机构等）准备的文件，它概述了招标项目的需求、规则、条件、评标标准等信息。招标书的目的是向潜在供应商或承包商提供足够的信息，使他们能够理解项目需求，并准备和提交具有竞争力的投标。

投标书是供应商或承包商根据招标书要求准备的文件，用于展示他们的能力、经验、质量、价格等方面的竞争优势。它包括了供应商或承包商对招标项目的理解、实施方案、技术和商业提案、价格构成等内容。投标书的目的是吸引招标方的注意并赢得合同。

（二）好的招标书的特点

一份好的招标书应确保招标流程的透明性、合理性和高效性，同时吸引合格且有实力的投标方提交优质的投标文件。

1. 明确详尽

招标书需要准确地描述项目的性质、目的、范围和预期的结果或产出，以及详尽的技术和业务要求，使得投标方能提供有关项目的详细技术规格、性能要求、标准和作业过程。同时还需清楚列出参与招标的最低资格标准，如经验、财务稳定性和技术能力。一份好的招标书还会提供项目预算估价或价格范围，以便投标方能够根据实际情况准备投标。

2. 结构清晰

招标书需要清晰说明投标过程的指南、步骤和所需的应答格式。提供有足够时间准备投标书的截止日期和时间，并指出重要的时间点，如疑问响应期限、预投标会议日期等。最后便是提供具体的联系人信息和沟通途径，以协助潜在投标者在投标过程中的询问和澄清。

3. 评估透明

好的招标书中需要明示清楚用于评估投标书的标准、评分体系和决策过程。并确保公告符合所有相关法律和规章制度，包括采购法和国际贸易规则。

招标书要想达到不错的效果，就要足够详细，以便让潜在的投标方清晰理解项目需求，并能够准备出一个符合需求、合规且有竞争力的投标。同时，它应该保持公平性和非歧视性，为所有合格的投标方提供公平的机会。

数字资源 11-6
好的投标书的特点

二、招投标书的写作规范

（一）招标书的写作规范

招标书一般由四部分组成：标题、正文、结尾、附件。

1. 标题

标题位置第一行居中，主要有四种形式：一是由招标单位、项目、文种组成，如"××大学设备采购招标书"；二是由招标单位和文种组成，如"××大学招标通知"；

三是由招标项目和文种组成,如"设备采购招标启事";四是只有招标文种,如"招标书""招标通告""招标启事"。

2. 正文

正文主要包括引言和主体两部分,招标书引言注明招标目的、依据、项目和单位的基本情况,如《××大学图书馆工程建设施工招标通告》:"本公司负责××大学图书馆的施工任务,经××市城市建设委员会批准,实行公开招标,择优选定承包单位,现将招标有关事项通告如下……"招标书主体部分可以采用条文式或表格式,具体包括招标方式、招标内容、招标范围、招标程序、招投标双方的权利与义务等。

(1) 招标方式。可以分为公开招标、邀请招标。

(2) 项目名称和简介。提供招标项目的官方名称和基本概述,包括项目的性质和目的。如果是工程建设施工招标,要标明工程名称、建筑面积、设计要求、承包方式、交工日期等。如《××大学图书馆工程建设施工招标通告》:"工程名称:××××,地址:××省××市××大学,坐落于××市东城区内城东北角。工程主要内容:总建筑面积××万平方米,共5层,包括露天平台、停车设施和相关基础设施建设。设计及要求:见附件(略)。交工日期:20××年11月"。

(3) 招标范围和描述。不同于项目简介,招标范围和描述要更为细致和精确,需要准确描述招标的范围,包括所需的产品、服务或工程的详细说明。

(4) 资格要求/投标要求。规定有意参与投标的公司或个人须满足的资格条件,只有投标单位具备一定的资格方可参与投标,并附带应提交的文件。如"投标者必须具有国家建筑工程施工总承包特级/一级资质"。

(5) 技术要求。对投标方做出技术要求,该部分作为招标书中的重要内容,需要由使用单位和招标机构共同编制,具体化招标项目所需要的技术。

(6) 获取招标文件的方式。说明招标文件(包括规格书、图纸、附加文件等)的获取方式、地点及可能的成本。

(7) 参与投标的费用。部分招标书中会约定保证文件(投标保证金),明确标明获取招标文件或参与投标需支付的费用,一般投标保证金为总项目金额的2%,若未中标会退还至原账户中。若投标方在投标有效期内放弃投标或拒签合同,招标公司有权没收保证金以弥补招标过程蒙受的损失。

(8) 投标截止日期和时间。招标书需明确指明投标方必须提交投标书的最后日期,具体到20××年××月××日××时××分。

(9) 开标日期和地点。招标书除详细表述出投标的具体细节和要求外,还需要对招标流程进行准确说明,所以需要提供开标的具体日期、时间和地点,投标方可以自选是否到场。

(10) 评标和选拔标准。评标标准包括技术能力、财务状况、项目经历、价格等方面,并细化不同方面的占比,最终得出总成绩。评标过程也是不同比例叠加后,选出最优秀的投标方。

每个招标单位和项目的具体情况可能有所不同，因此，招标书的内容和格式也可能有所差别。招标书应该确保所有潜在的投标方清楚理解招标的具体要求和流程，以便他们可以准备和提交恰当的投标书。

3. 结尾

结尾部分写明招标单位名称、地址、联系人及其电话、传真、电子邮箱等，加盖公章于右下角，并署上制发日期。

4. 附件

根据招标书项目的不同，可以添加不同的附件。

（二）投标书的写作规范

投标书一般由四部分组成：标题、致送单位、正文、结尾。有些投标书没有附件。

数字资源 11-7
投标书的写作规范

数字资源 11-8
招投标书的排版设计

三 招投标书的写作要求

（一）招标书的写作要求

1. 明确招标目的

招标书写作一开始就要明确其招标目的，包括项目的性质和预期成果。这有助于潜在的投标者确定他们是否适合投标。招标书的标题要简洁、具体，并能够明确传达项目的本质。

2. 列出详细信息

除清晰、简明的标题外，项目介绍也要非常详细，包括项目名称、类型、位置、规模、预算范围和关键时间点等。要提供足够的背景信息，让投标者理解项目的目标及其重要性。

3. 列明资格要求

招标书中介绍完项目内容后，需指明具体的资格要求，如相应的业务许可、经验、财务稳定性和技术能力等。确保明确提出必要的资质条件，以吸引合适的投标者，同时也能提前一步筛选掉部分不符合的投标者。

4. 确定招标流程

招标流程包括说明招标文件获取方式、投标截止日期和时间、预投标会议（如有）、答疑时间及其他关键时间点。写清楚投标文件应包含哪些部分和材料，以及这些材料如何组织排列，包括任何特定文件格式的要求。说明如何提交投标书，包括提交投标书的地点、方式（电子邮件、邮寄或递交）、提交的截止日期和时间，以及是否接受迟到的提案。

起草过程中，务必使用清晰且不含糊的语言描述项目要求，避免任何可能引起误解的术语，并确保所有要求都是可衡量和具体的。同时还需保持正式和客观，语言应保持专业和中立，避免倾向性或歧义。

（二）投标书的写作要求

投标书的写作要求详见数字资源11-9。

数字资源11-9
投标书的写作要求

四 例文选读

招标书经典例文

高层商务楼工程建设招标书

项目名称：_____高层商务楼建设项目

招标编号：_____

发布日期：_____

投标截止日期：_____

经上级主管部门同意，我司将修建一栋高层商务楼，由_____城市建设委员会批准，建筑工程实行公开招标，现将招标相关事项公告如下：

一、项目简介

本项目旨在建设一座20层的高层商务楼，位于_____[具体位置]。该楼宇拟作为商业办公和零售空间使用，预计建筑面积将达到30000平方米，包括停车设施和相关基础设施建设。

二、投标资格

1. 投标者必须具有国家建筑工程施工总承包特级/一级资质。

2. 近五年内至少完成过工两个类似规模的商务楼建设项目。

3. 具有良好的财务状况并无不良信用记录。

4. 拥有有效的职业健康安全管理体系证明。

三、项目范围

包括但不限于：

1. 场地准备和场地平整；

2. 土方工程和基础建设；

3. 主体结构施工；

4. 安装电梯和主要设施；

5. 内外部装修；

6. 道路和景观工程；

7. 给排水、电气和通信工程。

四、技术要求

投标书必须遵循_____［国家或地区相关法规］，并满足以下标准：

1. 抗震设计规范；

2. 节能环保标准；

3. 火灾防治和人员疏散要求。

五、投标文件的递交

1. 投标文件递交截止时间为：20××年××月××日××时××分。

2. 投标方应当在投标截止时间前提交以下文件：法定代表人授权委托书及身份证明；资质证书复印件；近五年完成类似项目的案例和业绩证明；商务投标书，包括详细的费用预算和时间表。

六、开标时间和地点

时间：20××年××月××日××时××分。

地点：_____

七、评标方式

评标将基于以下标准：

1. 竞标者的资质和经验（30%）；

2. 项目计划和时间表的合理性（20%）；

3. 成本效益分析（30%）；

4. 技术方案的创新性和可行性（20%）。

八、联系方式

招标单位名称：_____

招标单位地址：_____

联系人：_____

电话：_____

邮箱：_____

评析

招标书旨在通过对外公布标准和条件，择优选择项目的投标方。本招标书极为细致地介绍了项目概况及范围，除了提供具体的位置信息以及项目范围外，还对投标方的投标资格及技术做出具体要求，包含资质、建设项目、财务状况和管理要求，进一部分细化投标方的资格，同时技术要求也是十分严谨。招标书既然要择优选择，就必须明确具体的投标要求、截止时间，有时还会约定投标地点，此外还要公开透明地指出开标和评标的标准。本招标书中评标方式就非常清晰简明，并且给出具体的参考比例，使得评标过程更加公平公正。最后一点也是最重要的一点，留下正确、具体的联系方式，方便投标方问询相应事项，进而更好地进行投标。

数字资源 11-10
投标书经典例文

五、病例分析

××工程建设招标投标书

1. 在研究了工程的施工合同条件、规范、图纸、工程量清单以及附件第××号以后，我们兹报价以_____元，按合同条件、规范、图纸、工程量清单及附件要求，实施并完成招标工程并修补其任何缺陷。

2. 如果我们中标，我们保证在接到监理工程师开工通知后尽可能快地开工，并在规定的时间内完成合同规定的全部工程。

3. 我们同意从确定的接收投标之日起_____天内遵守本投标书，在此期限期满之前的任何时间，本投标书一直对我们具约束力。

4. 在制定和执行一份正式的合同协议书之前，本投标书连同你方书面的中标通知，应构成我们双方之间有约束力的合同。

5. 在此感谢贵公司提供的机会，并期待您的回复。

投标单位名称：_____
投标单位地址：_____
联系人：_____
电话：_____
邮箱：_____

数字资源 11-11
修改

六 情景写作

请根据以下招标公告撰写出一份投标书。

××学院1号、2号实验楼招标公告

　　××学院（招标人）拟建的1号、2号实验楼工程已获××市发展和改革委员会批准立项，具备招标条件，现面向社会公开选择施工单位。

　　一、工程概况：框架结构6层；建筑面积约8000m²。

　　二、招标范围：施工图纸范围内的全部工作量。

　　三、工程建设地点：××学院校内。

　　四、投标方资格：建设行政主管部门核发的房屋建筑工程施工总承包三级及以上资质。

　　五、投标报名及资格预审文件的发售：时间：2024年3月11日至2024年3月17日（上午8：30—11：30，下午2：30—5：00）。

　　地点：××市综合招投标中心招标部。

　　六、资格预审地点：××市综合招投标中心第三会议室。

　　七、招标文件的获取方式详见资格预审合格通知书。

联系人：××市综合招投标中心招标部

张三　136××××××××

2024年5月10日

第五节　上诉状和判决书

一 上诉状和判决书的概念与判断标准

（一）上诉状和判决书的概念

　　上诉状是一种法律文件，当事人（上诉人）利用这份文件向高一级法院提出上诉，请求审查和改变下级法院做出的判决或裁定。当事人若对法院的判决不满意，认为存在法律或事实上的错误，可以通过提交上诉状来启动上诉程序，寻求法律救济。

　　与上诉状不同，判决书是法院在法庭审理结束后，由法院出具的文书，是对案件作出最终判决的书面文件，该文件详细记录了法院审理案件的结果和理由。案件的判决书是诉讼程序中非常关键的法律文件，因为它不仅包含了法院最终的决定，而且也是后续诉讼活动（如上诉）的基础。如果当事人认为判决书中存在错误或不公，他们可以对其进行上诉。

（二）上诉状和判决书的判断标准

上诉状是被告人不服一审法院的判决或裁定，进而向上一级法院提出上诉，请求撤销、变更或重新审理而提出的文书。一份好的上诉状既是法律文件也是一个说服工具，旨在向上级法院充分证明初审裁判存在的问题和上诉理由的合理性。

（1）明确具体。上诉状应该非常清晰和具体，明确指出要求上级法院进行哪些方面的复审，以及期望的结果是什么。上诉理由应该逻辑上条理清晰，便于法院和对方当事人理解上诉人的观点。信息应该组织得当，使得法院能够轻松跟随上诉人的思路，理解上诉状的内容。注意还需遵守相应法律体系对于上诉状的格式、内容和提交时间的具体规定。

数字资源 11-12
什么样的判决书是好的判决书

（2）理由充分。上诉状应该详细解释为什么初审判决是错误的，包括事实认定错误和法律适用错误。任何关于事实认定的争议都应该有充分、相关和可信的证据支持。对于法律适用的争议，上诉状应该引用具体的法律、法规、案例和法学理论来支持上诉人的论点。

（3）专业得体。用词上，上诉状应该使用恰当的法律术语和专业用词，可以减少误解并增加上诉状的可信度。语气上，上诉状应该表达清晰、从容有礼、表述得体，避免负面的情绪表达或表述不相关的内容。

二 上诉状和判决书的写作规范

（一）上诉状的写作规范

上诉状的基本结构主要包括首部、上诉请求、上诉理由、尾部。

1. 首部

首部包括标题、案件标识和案由。

（1）标题。根据具体案件情况，写明诉讼性质与文种，如"刑事上诉状""民事上诉状""行政上诉状"；或写明具体案件与文种，如"离婚上诉状"。

（2）案件标识。列出案件的原始编号、原审法院的信息、涉及的双方当事人姓名以及他们在案件中的角色（例如，原告和被告，或上诉人和被上诉人）。

（3）案由。表明案件性质，概括写明因何事上诉，说明被上诉的判决或裁定的具体内容、案件的概要以及原判决或裁定作出的时间。并注明不服原审判决或裁定的事由："上诉人因××一案，不服××人民法院×××年×月×日×字第×号判决或裁定，现提出上诉，上诉的请求和理由如下……"

2. 上诉请求

上诉请求要明确指出上诉人希望上级法院采取的行动，比如撤销或修改下级法院的判决，或者发回重新审理。

3. 上诉理由

上诉理由要详尽地阐述上诉人认为下级法院在做出其判决或裁定时犯下的法律错误，可能包括对事实的错误评断或对法律的错误解释，并可以附加上法律依据、支持上诉理由的法律条文、法院判例和法律原则。在论证理由时，主要针对原判说话，而非被告。上述上诉请求中可以包含这几个方面：

第一，原审判决或裁定对事实认定有错误、有出入、不清楚，或该事实根本不存在等；

第二，原审判决或裁定适用性法律不当，从而提出正确使用的法律依据；

第三，原审判决或裁定对事实定性不当，并提出恰当的定性判断；

第四，原审判决或裁定违反法定诉讼程序，提出正确的法律程序；

第五，原审判决认定上诉人的行为已构成犯罪，但上诉人只是一般违法行为，情节较轻。

4. 尾部

尾部要署名，上诉状必须由上诉人或上诉人的律师签字。

有的上诉状有附件，包括原审判决书副本，以及上诉人希望上级法院考虑的其他文件或证据。

（二）判决书的写作规范

判决书的基本结构主要包括首部、事实部分、理由部分、判决结果、尾部。判决书的写作规范详见数字资源 11-13。

数字资源 11-13
判决书的写作规范

三 上诉状和判决书的写作技巧

（一）上诉状的写作技巧

了解撰写上诉状的技巧对于确保上诉效果至关重要。以下是一些有助于增强上诉状说服力的写作技巧：

1. 有针对性

上诉状应清楚准确地识别并表述上诉方认为在一审中存在的错误，包括事实认定的错误和法律适用的错误。主要针对原审判的不当，而非针对对方当事人，如果认为原审裁定和判决中哪一部分有问题，便针对性地对哪一部分提出意见和理由。若认为原审裁判全部有问题，则依次列出全部否定的理由，切勿笼统含糊。特别要避免提出次要或微不足道的问题，这可能会分散法官的注意力。

2. 理由充分

上诉状中最重要的部分就是撰写清楚上诉理由，因此需要详细说明中心争议的事实，并用具体的、有根据的、真实可靠的证据来支持自己的立场，避免任何夸张或未经证实的声明，更不可强词夺理、无理取闹。

3. 结构合理

合理的组织结构能确保法官能够轻松地理解上诉理由。建议按照时间顺序或者问题的重要性排列，将要点优先呈现，其中包含详细的法律分析，和对适用法律、法规、案例法的引用及其与案件的关联性分析。

4. 清晰简洁

使用简单、直接且准确的语言。长且复杂的句子可能会使法官感到困惑，导致论点不清。在上诉状的结尾部分，明确指出希望法院采取的具体行动，例如撤销原裁决、发回重审、改判等。

（二）判决书的写作技巧

判决书是法院在审理案件后作出决定的官方文书，它详细记录了法院作出裁决的事实依据和法律理由，因此，其准确性、清晰性和逻辑性至关重要。判决书的写作技巧可详见数字资源11-14。

数字资源 11-14
判决书的写作技巧

四 例文选读

上诉状经典例文

民事上诉状

上诉人任××，女，3×岁，汉族，××市人，××市××公司副经理，居住在××市××区××路××号。被上诉人史××，男，4×岁，汉族，××省××县人，××市××工厂推销员，居住在××市××区××路××号。

上诉人因离婚一案，不服××市××区人民法院20××年××月××日（×××）×民初字第×××号民事判决中的第二项判决，现提出上诉。

上诉请求：

依法撤销××市××区人民法院（××××）×民初字第×××号民事判决中的第二项判决；改判婚生女孩史××（1×岁）由上诉人抚养。

上诉理由：

1. 原判决说："鉴于原告收入丰厚，有足够的经济力量培养孩子成人，因此本院认为孩子归原告抚养有利于下一代健康成长。"据此将婚生女孩史××判归被上诉人抚养。上诉人认为此项判决不当，判决理由不能成立。其理由是：第一，上诉人一直照顾孩子的生活和学习，孩子与上诉人结下了浓厚的母女情谊；而被上诉人近十年来在××工厂担任推销员，经常出差在外，有时几个月不回家，对孩子生活、学习从来不问，与孩子也没有什么感情。因此上诉人认为孩子由被上诉人抚养，不利于孩子成长，而由上诉人抚养则有益于孩子身心健康，有利于培养孩子成人。第二，上诉人经济收入也不低，完全有力量培养孩子成人。关键不在谁有钱，而在于由谁抚养有利于孩子健康成长。被上诉人说，他有钱可以请保姆照顾孩子，法院也认为此种说法有道理，试问保姆照顾有母亲照顾好吗？此种说法不合情理。

2. 孩子判归谁抚养，应考虑孩子的意见。最高人民法院1993年印发的《关于人民法院审理离婚案件处理子女抚养问题的若干具体意见》（以下简称《意见》）规定："父母双方对十周岁以上的未成年子女随父或随母生活发生争执的，应考虑该子女的意见。"原审法院根本没有征求孩子的意见，就主观决定了。孩子听说随被上诉人生活哭了几天，说不愿意与父亲一起生活，愿意同母亲一起生活。请二审人民法院按照最高人民法院的《意见》办事，考虑孩子的意见，将孩子改判归上诉人抚养。

综上所述，××市××区人民法院（××××）×民初字第×××号民事判决中的第二项判决针对上诉人而言，事实不清，适用法律错误，恳请二审法院本着实事求是、认证负责、有错必纠的工作态度，给上诉人一个公平的判决。

此致
××市中级人民法院

附：本上诉状副本一份。

上诉人：任××（章）
代理律师：李××
20××年××月××日

评析

本民事上诉状结构完整，首部包含标题、上诉人和被上诉人信息、案由，且案由清楚描述不服原审判决的事由，并提出上诉。上诉请求简明清晰，上诉人明确提出上诉的具体要求。上诉理由有针对性，针对原判决中的内容进行阐释，言辞精炼、理由充分，从陪伴时间到收入能力多方面叙述，不夸大其词，也不说空话、废话，直击重点；此外引用法院印发《意见》，摆事实讲道理，反驳原审判决的论点，并提出依照《意见》后的处理结果。正文结束后，进行归纳性阐述，再一次突出上诉要求，尾部结构严谨。

数字资源 11-15
判决书案例

五 病例分析

阅读以下离婚上诉状,并分析其不足之处。

离婚上诉状

上诉人:张×,男,4×岁,汉族

被上诉人:李×,女,3×岁,汉族

上诉人因离婚一案,不服××区人民法院20××年××月××日(×××)×民初字第×××号一案判决书,现提出上诉。

上诉请求:双方婚生女张××跟随张×,被上诉人李×要每个月支付一定抚养费。

上诉理由:被上诉人没有固定收入,到处打工,居无定所,无法照料好女儿。上诉人目前主要财产判给被上诉人,在独自抚养女儿张××时能力有限,实际生活中的各种费用、孩子的教育以及医疗等费用明显超过了上诉人的承担能力。根据《中华人民共和国婚姻法》规定,抚养费包括子女生活费、教育费和医疗费等,被上诉人应该承担相应的责任。但被上诉人婚后一直逃避承担女儿的所有费用。上诉人恳求法院,判处被上诉人李×每月支付抚养费。

此致

上诉人:张×

数字资源 11-16
修改

六 情景写作

2023年6月11日,成都的何先生在搭乘地铁时,因鞋子上的金属饰品反光,两名女子当场指责他暗藏偷拍摄像头。此后警方介入调查并证明了何先生的清白,但何先生认为两名女士并没有诚恳道歉,遂将二人及成都地铁诉至法院,要求公开道歉,赔偿经济损失及精神损害抚慰金。

11月3日,成都铁路运输第一人民法院一审开庭审理此案。12月12日,法院作出一审宣判,驳回了何先生的全部诉求。法院在对外的通报中称,罗某某、曾某某(两名指责何先生偷拍的女子)误以为"鞋面闪光点"系摄像头发出亮光,基于维护公共利益及自身权益提出质疑,具有一定的正当性,但其行为方式存在不妥。

一审法院还认为，纠纷发生于晚间，行人不多，影响范围较小。报警处理后，罗某某、曾某某已及时当场道歉，接受民警的批评教育，并主动提出承担交通费予以补救，二人的道歉方式与误会影响的范围及程度相当，不构成一般人格权侵权。地铁工作人员系实施正常履职行为及安全保障义务，亦不构成一般人格权侵权。

　　一审判决下达后，何先生及其律师认为一审法院认定事实不清，适用法律错误，表示将上诉。

请根据以上内容撰写一份上诉状。

第十二章 文学写作

在创意应用写作领域，文学文体是较为特殊的一类。一方面，文学的众多文体都强调创作者个人才情的表达；但另外一方面，作为文体构成形式，它们又要求创作者遵守文体规约，从而凸显文体本身的辨识度。相对来说，文学写作训练就必须首先强调"从成规出发"的重要性，这意味着写作者要熟悉各种文学文体的内在规约，掌握文体本身的特征。但"从成规出发"并非到此为止，而是要在谙熟文体规约之后对之进行创新，使文学创作更具新意。

在文学文体的划分上，在中国古代形成了对纷繁复杂的文体学界定，它始于晋朝挚虞的《文章流别论》，经过刘勰《文心雕龙》的总结，最终形成以"诗与文"为大类划分的文体系统。近代西方学术传入中国后，小说、诗歌、散文和戏剧的"体裁划分法"逐渐成为文体划分的共识，传统诸种文体也都相应地归于这四类文体的名下，比如，七言律诗属于诗歌文体中近体诗的一种类别，而游记、祭文等则归入散文这一文体的名下。需要特别提出的是，古代归入"文"名下的众多实用性文体，如诏书、奏疏等，陆续从文学创作文体中分离出去，这也被称为"文体的自觉"。

第一节 故事写作

一、故事的概念

故事是一种通过描写带有鲜明性格的人物、讲述曲折动人的情节、刻画较具代表性环境来表达一定思想观念的文学体裁，它可以采取纸面书写的方式，也可以采取口头讲述的方式，甚至还可以采用跨媒介的呈现方式，将其传递到读者面前。

在具体的分类上，故事包括童话故事、寓言故事、成语故事、神话故事、现实事件、科幻故事、侦破故事、穿越故事、戏剧故事、传奇故事、生活故事、历史故事、激励故事、心灵故事、成长故事等。古代传播一定思想采用的变文、讲史、传奇、话本等，也可以看作故事。故事可以用文学体裁来进行表达，比如小说和戏剧，也可以用综合性手段来表达，比如影视剧。因其采用传播的方式多样，故事能克服各种阻碍条件，以取得更为广泛的传播效果。

有学者将故事定义如下：故事是真实或虚构的、作为话语对象的、接连发生的事件，或者是从已有文本中抽取出来并按时间顺序与逻辑关系重新构造的事件。[1] 我们也可以借鉴古典文论家的说法：故事是对一个严肃、完整，有一定长度的行为的模仿，它的媒介是经过"装饰"的语言，以不同的形式分别被用于故事的不同部分，它的模仿方式是借助人物的行动和语言，还依靠讲故事人的叙述，通过引发怜悯、恐惧、高兴、戏谑等感同身受的情感来吸引听众，使听故事的人的情感得到宣泄。[2] 由此，人物、性格、行动、冲突、情感等就构成了故事的基本要素。

二 故事的主要特点

故事这一文体较为独特，它形成了属于自身的独特文体特征。

（一）结构集中

故事的结构是指故事中各个元素和情节的排列和组织方式，它决定了故事的流畅性和吸引力。一个好的故事结构能够让读者更容易理解和感受到故事的情节和主题。结构上的集中和单一，能够保证故事的吸引力而不至于分散听故事人的注意力。

（二）聚焦人物及其行动

人物是最具吸引力的故事要素，尤其是鲜明的个性特征会导致人物独特的行为，独特的行为会推动人物命运的发展，而揪心于人物的命运形成了故事的极大吸引力。人物行为带来的情节曲折动人。很多故事具有典型的阶段性，也就是说一个故事接着一个故事，哪怕是同一个故事前后也会有明确的发展阶段，像层层累积的岩层，共同筑成一个故事的大山。

（三）强调情节的冲突与悬念

冲突是力量双方之间的较量——力量双方可以是你死我活的敌对关系，也可以是执不同观念的好朋友，甚至是白天吵架晚上床头睡的夫妻；较量可以是决定命运的生死攸关时刻，可以是生活中鸡毛蒜皮的争执，甚至也可以是个人内心的两种观念的纠缠与对立。悬念则是行动展开过程中对未来的不确定，哪怕讲故事的人对故事非常清楚，但设置悬念意味着让听故事的人无法预知后续行为所导致的结果。冲突和悬念是构成情节的基础，也是构成故事吸引力的重要抓手。

三 故事的写作技巧

依据故事写作的过程，相关的写作技巧可以归纳如下。

---

[1] 葛红兵、许道军：《创意写作教程》，高等教育出版社，2023年版，第100页。
[2] 亚里士多德：《诗学》，陈中梅译，商务印书馆，1996年版，第63页。

（一）题材来源于生活

从现实生活中择取具有戏剧性的事件，是故事创作能带来震撼人心效果的重要基础。现实生活永远是故事取之不尽的源泉，细心观察、留意身边所发生的事件，选择那些具有戏剧性、冲突与悬念感十足的事件作为故事的素材，是故事写作的第一步。

（二）捏合并重组生活事件

围绕现实生活选择富有意义但戏剧性不足的事件，或者纯粹依靠想象虚构现实生活中不存在的事件，是故事写作的重要技巧。前者能够从现实生活中吸取原料，使故事更具真实性、感染性；后者能够在现实生活之外塑造一个更具梦幻的、更有希望的事件，从而让无法在现实生活中发生的事件戏剧性地发生。

（三）捕捉并拓展细节要点

好的故事需要细节的支撑。这里的细节可以是一个富有意义的动作，可以是一句话，可以是人物的外貌、动作、神情等，也可以是一个设置的悬念。

（四）让环境促使人物行动

让人物在环境中行动，促成故事的发展。一定的环境能够帮助听故事的人理解人物的行为，也有助于故事的发展。典型环境中的典型人物的典型行为是构成故事的基础，氛围感十足，人物行动又具有冲突性，故事就能产生巨大的吸引力。

（五）验证故事的合理性

这个合理性既包括日常生活中的一般性道理，也包括讲故事的人要传达出来的观念，哪怕是纯粹幻象的故事也要有合理性的基础。合情合理的想象与夸张是必须的，但它的前提是"情与理"的合适。

四 例文选读

宋定伯捉鬼

干宝

南阳宋定伯，年少时，夜行逢鬼。问之，鬼言："我是鬼。"鬼问："汝复谁？"定伯诳之，言："我亦鬼。"鬼问："欲至何所？"答曰："欲至宛市。"鬼言："我亦欲至宛市。"遂行。

数里，鬼言："步行太亟，可共递相担，何如？"定伯曰："大善。"鬼便先担定伯数里。鬼言:"卿太重,将非鬼也?"定伯言:"我新鬼,故身重耳。"定伯因复担鬼,鬼略无重。如是再三。定伯复言:"我新鬼,不知有何所畏忌?"鬼答言:"惟不喜人唾。"于是共行。道遇水,定伯令鬼先渡,听之,了然无声音。定伯自渡,漕漼作声。鬼复言:"何以作声?"定伯曰:"新死,不习渡水故耳,勿怪吾也。"

行欲至宛市,定伯便担鬼著肩上,急持之。鬼大呼,声咋咋然,索下,不复听之。径至宛市中下著地,化为一羊,便卖之。恐其变化,唾之。得钱千五百,乃去。于时石崇言:"定伯卖鬼,得钱千五百文。"

数字资源 12-1
评析

五 故事写作的常见问题

讲故事首先强调的是"讲述"的技巧,因此故事本身与讲故事是同样重要的。许多初学者往往会因为不熟悉这一点,而忽略了其中许多技巧性的东西。

(一)偏离故事本身

讲故事的技巧包含在故事本身之中。比如人物塑造的问题,它既是一个故事构成的问题,也是讲述的技巧问题,设计一个性格鲜明且不断成长的人物,他的遭遇和命运就会制造众多的悬念,从而产生吸引性。故事本身冲突的设计也同样牵涉着讲故事——如何将小冲突累积为大冲突,冲突的解决又会产生哪些新的冲突,都是需要考量的问题。

(二)缺乏讲故事的技巧

不善于"扣扣子、解扣子",也不善于"挖坑、填坑"。相反,古代许多故事文本都是这方面的高手,这形成了一个写作技巧,称为"草蛇灰线,伏脉千里",就是强调前后照应的问题——前面"扣扣子",后续要解开这个"扣子"(疑惑、预言等);前面挖了一个坑,比如主人公无意间拾到一个东西,后面就要"填坑",拾到的这个东西会在命运的某一个时刻发挥巨大作用。"扣扣子、解扣子"与"挖坑、填坑",就是讲故事的技巧。

(三)不善运用故事的逻辑

不注重反转、意料之外等效果的传达。欧·亨利的小说是这方面的杰出代表——《麦琪的礼物》用互相之间行为的误差表达了彼此的爱,误差就是故事的翻转;《警察与赞美诗》的结尾让人瞠目结舌,表达了想做好人而不得的困境,讽刺了美国的警察制度……好的反转、意料之外的结局,有利于表达深刻的思想,也能让读故事的人唏嘘与喟叹,从而加强故事本身的叙述效果。

六 情景写作

根据以下要求，创作一则故事：
（1）该故事为恐怖、悬疑混合类型。
（2）主人公碰到恐怖事件，第一次他凭借自己的经验解决了问题，第二次凭借自己的知识解决了问题。
（3）第三次，恐怖事件升级，他在一个助手（女性）的帮助下，费了九牛二虎之力才最终克服了困难。
（4）他收获了成长与爱情。

数字资源 12-2
课外阅读

第二节 诗歌写作

一 诗歌的概念与分类

诗歌是一种突出地运用意象来表情达意，强调语言的凝练、节奏鲜明与韵律和谐，高度集中地反映社会生活和抒发个人情感的文学体裁。

诗歌是世界上最古老也是最基本的文学文体，起源于人们在劳动生活中呼喊的号子，在宗教仪式上常被用来表现对苍天的祈祷与赞颂。一般来说，诗歌的内容高度集中、概括，饱含着强烈的情感与丰富的想象，具有强烈的音乐性，着意追求内在意蕴与境界。

诗歌可以分为现代诗与古典诗。现代诗分为抒情诗、叙事诗、说理诗等多种形式；古典诗又分为古体诗和近体诗。近体诗更强调韵律，包括平仄、韵脚、对仗等，可再分为五言绝句、七言绝句、五言律诗、七言律诗等。现代诗常被称为自由诗，其字数、行数、节数、句式、用词等有相当的灵活度，甚至不要求有固定格式，标点符号亦没有强制性规定。

作为一种现代文体，诗歌主要指现代诗，它注重个人情感的表达并以此带动对社会的认知，奇特瑰丽的想象、外在形式跳跃而内在思想统一、格调韵律的灵活搭配等是其典型表征，在意象的提取与淬炼、语言的锻造与节奏的控制上下功夫，而较少注重韵律方面的平仄与形式上的对仗、字数的工整。

二 诗歌的特点

（一）强烈的抒情性

抒情性是诗歌首要的、根本的特征，它长于表达情感，或直抒胸臆，或托物寄情，或缘事抒情，甚至追求抒情的立体感、层次性。在抒情性的立体感方面，写作者要么采用多种抒情方式,即在主旋律情感的抒发中增加另外的情感片段、情绪闪现,从而丰富、拓展主旋律情感,达到层次的多样性;要么借着内在情感波动的韵律,随着内在情感的起伏、变化来层层推进、多侧面展示,从而给读者一种情感上的纵深感与发展感。我国古代就有"诗言志"的传统,也就是说,诗歌是用来表情达意的工具。《毛诗传》说:"诗者,志之所之也,在心为志,发言为诗。"说的就是,情感在心之时表现为"志",抒发出来就成为"诗"。

(二)语言的凝练性

诗歌语言的凝练性主要表现在以下方面:

(1) 意象的凝练。意象是指外在物象经由作家的感受与知觉加工后所形成的物象再现或回忆,是作家头脑中孕育出的、熔铸着审美情趣的形象。意象的凝练是指一首诗常以一个意象为核心,将情感灌注于此一意象,做集中的展示。

(2) 语言的凝练。诗歌是内容高度集中的文体,因此它强调语言的精炼、简约,以高度概括的词语来集中地表达所抒发的情感、反映最典型的社会生活。常言所说的"微尘中有大千,刹那间见终古""片言可以明百意,坐驰可以役万景",都指出了诗歌的凝练特征。比如杜甫的《绝句》:"迟日江山丽,春风花草香。泥融飞燕子,沙暖睡鸳鸯。"短短20个字,却把春天万物复苏、燕翔鸳睡的画面形象地表达了出来。

(三)话语结构的跳跃性

此一特征与诗歌的抒情性有关,体现为强烈情感不受时空限制,自由不羁的想象促成言语结构的非连续性、秩序的非固定性。因此,诗歌的句与句、行与行、节与节之间可能并不表现为连贯的话语结构,甚至意象的并置也不符合惯常的逻辑。比如郑愁予的《错误》:"我打江南走过/那等在季节里的容颜如莲花的开落/东风不来,三月的柳絮不飞/你的心如小小的寂寞的城……"江南、季节、莲花、东风、柳絮、城,诸多意象并置在一起,而且上一句与下一句在逻辑上并不连贯,但却表达了等待归人的思妇惆怅、孤独的心情。

(四)表达节奏的音乐性

韵律是诗歌内部所呈现的一种意蕴、境界与情趣,它以跳跃的方式呈现于诗句之中,本身是符合音乐性的。在古代,诗乐同源,诗歌作品是用来歌唱的,因此它要求协同于音乐的节奏和韵致。现代诗人闻一多提出的"诗歌三美"之一就是"音乐美"(其余两个分别是"建筑美"和"绘画美")。他的诗作《死水》等作品,也都强调音乐性的表达。

三 诗歌的写作技巧

诗歌作为一种较为特殊的文体,在创作过程中有其别致的一面,大致包含以下技巧。

（一）起念坐忘，涵养情感

刘勰在《文心雕龙·神思》中强调："登山则情满于山，观海则意溢于海。"说的就是，动念写诗之前应该首先要涵养个人感情。首先，要以敏感之心对待日常生活中的各种现象。唯有敏感才能发现诗情，才能体会人间百味，即便暮云晨雨、丝缕阳光亦能动人心魂。其次，要有悲悯之心，将自我投射进世界万物，从而以悲天悯人的情怀去观察社会百态。再次，要提升眼界与思想境界，发人之未见，感人之常忽略的细毫微末之处。最后，还必须延展、引申、深化一时感念而起的情感，培育它，壮大它，使之成为诗作取材的对象。

（二）因物起感，把准意象

诗歌要着意营造意象。创作者应该首先选取一个客观的物象，然后将情感附着于其上，再将其变为情感聚集的点、思想汇入的湖，从而让物象在保持客观存在的基础上熔铸主体的情感，脱胎换骨为诗作中的意象。意象是逐步生成的，需要创作者在具体客观外物的选取、琢磨、构思上下功夫，从而将客观外物与内在情感完美融合，锻造出诗作中的核心意象，并可以将之持续建构为系列性诗歌意象。

（三）推敲琢磨，凝练语言

诗歌是语言的艺术，极度强调语言本身的修辞性、凝练性与审美性。贾岛因"鸟宿池边树，僧敲月下门"而留下"推敲"的故事；王安石因"春风又绿江南岸"中的一个"绿"字而反复沉吟；王国维盛赞"红杏枝头春意闹"句中的"闹"将意境全盘托出……这些都是古代较为著名的炼字炼句的典范。因此，才会有杜甫"两句三年得，一吟双泪流"，卢延让"吟安一个字，捻断数茎须"的"苦吟"作诗法。

（四）遵循韵律，掌握节奏

诗歌在形式上最为典型的表现是分行，行与行之间具有较大的跳跃性，在创作中断行是对一首诗歌节奏的掌握与把控。分行既是情感与意义的终结和完成，也是下一个情感与意义的起点，因此有着转折、断续的作用。断行的具体位置，要根据诗歌情感的内在韵律来决定。只要情感构成一个完整的意义单元，或者情感的律动召唤一个转折、断续，那么就应该于此处进行断行，从而造成诗歌的明显的节奏感。

四 例文选读

从六月到十月

海子

六月积水的妇人，囤积月光的妇人

七月的妇人，贩卖棉花的妇人
八月的树下
洗耳朵的妇人
我听见对面窗户里
九月订婚的妇人
订婚的戒指
像口袋里潮湿的小鸡
十月的妇人则在婚礼上
吹熄盘中的火光，一扇扇漆黑的木门
飘落在草原上

数字资源 12-3
评析

五 诗歌写作的常见问题

诗歌写作普遍被认为"门槛低"。误解的产生源于对诗歌这一文学体裁的各种不正确的理解，这也造成了诗歌创作中的许多问题。

（一）徒具形式，而无内容

诗歌文体不但要求独特的形式，更强调形式背后的内容。分行是诗歌的基本外在形式，但并非所有分行写作的文字都能被称为诗歌，它需要内在情感的聚焦、思想传达透彻、意象的集中等。

（二）牵强附会，无法聚焦

牵强附会的比喻、毫无目的的夸张以及可有可无的隐喻、暗喻，尤其是无法精准对应的象征，都是诗歌写作中常见的问题。情感与意象之间的对应是有内在的联系的，而不是随便拉过来进行比附。另外，一些诗作常将呼号、呐喊等作为显著特征，频繁出现惊叹号等，这也都是未弄清楚所要表达的情感与思想，而漫无目的地夸张。

（三）故意朦胧，失于晦涩

有些人在写诗时为追求晦涩而故意用一些不同寻常的语句、朦胧的话术。尤其是刚进行诗歌创作的新手，喜欢"为朦胧而朦胧""为晦涩而朦胧"，写诗成为制造谜语的行为，而读诗则变成了对话术的解密。且不说这种故意为之的晦涩与朦胧有没有必要，单单是其出发点而言，就已经是对诗歌产生了误解。

六 情景写作

尝试写一首诗,以时间为核心,找准一个意象(最好不要是时钟、白发等),围绕时间来表达感情。

数字资源 12-4
课外阅读

第三节 散文写作

一 散文的概念与分类

散文的概念有广义和狭义之分。广义的散文泛指中国古代与韵文相对的一种散体文章样式,凡是不押韵、不对仗的文章,如史传、游记、书信、序跋、赞颂、论说、奏疏、碑铭、诏令等,统称为散文,也称为散体文、散语、平文等。

延续到现代,广义的散文甚至包括除了诗歌之外的一切文学作品,包括一般科学著作、论文、应用文章乃至于一切日常书写。狭义的散文是指与诗歌、戏剧、小说相对应的一种现代文学文体概念,它指的是一种取材广泛、写法灵活、结构散淡又不拘于韵律,注重书写真实感受、切身境遇,能够迅速反映现实生活和内心情感世界的文学样式。

按照表达的功能不同,可以分为抒情散文、叙事散文、议论散文、写人散文与说明散文等。散文作为一种独特的文体,它的外延比较广泛,通常把杂文、随笔、小品、札记、游记、速写、通讯、报告文学、书信、日记、回忆录、传记作品等都归入散文文体的名下。

随着近年来文学创作实践的推进,"非虚构写作"被归入广义的散文文体范围之内。非虚构写作是一种相对于虚构,强调亲历性、现实性,对社会各层面的真实状况进行个人化书写的创新散文文体。非虚构写作强调作家立场的民间性、获取资料的客观性,常采用采访、口述史、见证等方式参与到写作对象之中,从而获得一手材料。2015 年,以非虚构写作著称的白俄罗斯女作家斯韦特兰娜·阿列克谢耶维奇获得诺贝尔文学奖,将这一散文文体推向了全球文学界,证明了其强大的生命力。

二 散文的主要特点

(一)散文的取材范围广泛

散文的取材很自由,上至天文,下至地理,古今中外,无所不包,生活的每一个角落,日常的每一个侧面,哪怕心头的一闪念,皆可入于笔下,成就散文名篇。散文可以写国际风云、国家大事,也可以写个人小事,甚至街头景色、往事回想、随感杂录,甚至景物或对他人的一瞥,都是散文取材的范围。我国是一个散文大国,如先秦诸子散文,两汉史传散文与辞赋散文，魏晋时期骈体散文，唐宋时期古体散文，明清时期的小品文，到了现当代文学史时期，散文更是拓展了取材的广阔领域，国计民生、人生哲理、自然景观、风土人情、历史琐谈、个人际遇、阅读札记，林林总总，不可胜数。

（二）表达真情实感、真知灼见

散文忌讳矫揉造作，反对空话、大话、套话，侧重于实物、实情、实人、实事，传达个人的真感情、真性情，记述社会生活的真状况、真面目。鲁迅的《朝花夕拾》采用了回忆的方式，书写的是自己成长过程中一系列真实的人物形象和生活环境，藤野先生、长妈妈、范爱农等，以及百草园、三味书屋、绍兴城等，都是鲁迅亲眼所见、亲耳所闻、亲身所感。巴金的《随想录》则记录了特定时代他个人内心的真实感受与人生哲理的领悟。

（三）结构上的形散神聚

散文写作随笔而录，形散神聚，是散文的另一个重要特点。苏轼就自己的散文创作说道："吾文如万斛泉源，不择地皆可出。在平地滔滔汩汩，虽一日千里无难，及其与山石曲折，随物赋形，而不可知也。所可知者，常行于所当行，常止于不可不止，如是而已矣。"结构上没有固定的模式，写法上灵活自由、散淡随意，比较能够充分地展现创作者的思想。散文的"散"是形散而神不散，尽管强调形散，但散中有序，散中有聚，散而凝结。所谓神不散，指的是中心明确、主题突出，情感一致、思路清晰，紧扣核心思想而不芜杂、凌乱。

（四）语言优美，抒情性强

这一点尤其体现在抒情散文之中，但即便是叙事散文、写人散文，甚至新闻通讯、非虚构写作，也都是创作者情绪的强烈体现，也注重语言的准确、凝练与优美。散文强调审美性效果，是为了能够增强可读性，吸引阅读者。

三　散文的写作技巧

（一）日常即散文

留心生活中的一草一木，身边的人、事、物，以及个人内心的变化，要善于抓取日常生活中司空见惯却意义非凡的瞬间，使之成为散文写作的素材。散文取材广泛且自由，因此要求创作者善于观察，勤于思考，一刹那、一瞬间、一个照面或一句话，都有可能成为一篇散文的写作对象。周作人的许多散文都是他平常读书时，随手记下来的。陆游的《入蜀记》就是他一路去成都的所见所闻。

（二）深思熟虑，举笔行文

提炼主题，确定立意，挖掘日常素材中富有哲理性、思想性的要素，给散文以"神"。

优秀的散文无不侧重于通过蕴藉又自然的方式,将崇高与美好艺术化地展现出来。贾平凹的散文《丑石》,写的是一块日常中屡见不鲜,却又无用的石头,这块石头最后被天文学家发现并被证明是一块陨石,最终被运走,就是要告诉大家无用即是大用的思想、伯乐与千里马的哲理,从而实现了借物喻人、托物言志的效果。

(三)灌注真情,文字感人

要灌注真挚的情感与深切的体会,用感情激活书写对象。散文主要以情取胜,以情动人,因此将个人真挚的情感投入到书写对象上,是散文写作取得成功的关键。李密的《陈情表》就是因为灌注了对祖母的感激之情,成功地用孝心打动了皇帝。韩愈的《祭十二郎文》叙述他与侄儿生活中相依相守的场景,里面充满对侄儿的怀念,感人至深。朱自清的《背影》用父亲的背影作为题材,书写的却是对父亲的感情,从而用父子关系的温馨画面来打动读者。

(四)锤炼语言,优美典雅

锤炼语言,行文要流畅优美,修辞要丰富又典雅。描绘性语言能够让事物生动活泼,起到艺术雕琢的作用;抒情性语言能够让情感饱满,准确传达细微幽深的内在情感脉动;叙述性语言可以娓娓道来,反映事件的曲折性、戏剧性;说明性语言通俗易懂,可以将事物全面地展示出来……不同的语言风格有不同的作用,增强语言的修辞性,使用比喻、拟人、排比等修辞方式可以增强散文的感染力。

四 例文选读

喝茶(节选)

周作人

喝茶当于瓦屋纸窗之下,清泉绿茶,用素雅的陶瓷茶具,同二三人共饮,得半日之闲,可抵十年的尘梦。喝茶之后,再去继续修各人的胜业,无论为名为利,都无不可,但偶然的片刻优游乃正亦断不可少,中国喝茶时多吃瓜子,我觉得不很适宜;喝茶时可吃的东西应当是轻淡的"茶食"。中国的茶食却变了"满汉饽饽",其性质与"阿阿兜"相差无几,不是喝茶时所吃的东西了。日本的点心虽是豆米的成品,但那优雅的形色,朴素的味道,很合于茶食的资格,如各色"羊羹"(据上田恭辅氏考据,说是出于中国唐时的羊肝饼,)尤有特殊的风味。江南茶馆中有一种"干丝",用豆腐干切成细丝,加姜丝酱油,重汤燉热,上浇麻油,出以供客,其利益为"堂倌"所独有。豆腐干中本有一种"茶干",今变而为丝,亦颇与茶相宜。在南京时常食此品,据云有某寺方丈所制为最,虽也曾尝试,却已忘记,所记得者乃只是下关的江天阁而已。学生们的习惯,平常"干丝"既出，大抵不即食，等到麻油再加，开水重换之后，始行举箸，最为合式，因为一到即罄，次碗继至；不遑应酬，否则麻油三浇，旋即撤去，怒形于色，未免使客不欢而散，茶意都消了。

吾乡昌安门外有一处地方，名三脚桥，（实在并无三脚，乃是三出，因以一桥而跨三叉的河上也），其地有豆腐店曰周德和者，制茶干最有名。寻常的豆腐干方约寸半，厚三分，值钱二文，周德和的价值相同，小而且薄，几及一半，黝黑坚实，如紫檀片。我家距三脚桥有步行两小时的路程，故殊不易得，但能吃到油炸者而已。每天有人挑担设炉镬，沿街叫卖，其词曰：

"辣酱辣，

麻油炸，

红酱搽，辣酱拓：

周德和格五香油炸豆腐干。"

其制法如上所述，以竹丝插其末端，每枚三文。豆腐干大小如周德和，而甚柔软，大约系常品，惟经过这样烹调，虽然不是茶食之一，却也不失为一种好豆食。——豆腐的确也是极东的佳妙的食品，可以有种种的变化，唯在西洋不会被领解，正如茶一般。

日本用茶淘饭，名曰"茶渍"，以腌菜及"泽庵"（即福建的黄土萝葡，日本泽庵法师始传此法，盖从中国传去，）等为佐，很有清淡而甘香的风味。中国人未尝不这样吃，唯其原因，非由穷困即为节省，殆少有故意往清茶淡饭中寻其固有之味者，此所以为可惜也。

（选自《雨天的书》，河北教育出版社，2022年版。）

数字资源 12-5
评析

五 散文写作的常见问题

鉴于散文文体的宽泛性、题材选择的广泛性，举凡笔记、杂录、札记、书信等都可以列入其中，因此在写作散文的时候，一些初学者认为散文是可以"为所欲为"、毫无拘束的，这常会导致很多问题。

（一）题材与情感的偏离

散文写作中所有题材的选择，都应该符合情感、思想对应的原则，即便是纯粹客观的描摹，它也带有客观的淡然情感。散文写作强调"形散"，但同时强调"神不散"，这个"神"同样体现在题材选择上。真善美，往往能给人以美好的感觉；假丑恶，不是不能写，但需要对之进行一定程度的辩驳与批判。

（二）一味华丽，忽略本质

散文的文风不是定于一格的，不是非要写得纤秾、华丽才能体现写作者的才华，一定要符合散文本身表达的情感，选择适合的文章风格。平实朴素可以，典雅明丽亦可，甚至生活中的叙谈风也无不可，但其核心是能够与所要表达的"神"相呼应。

（三）思想单薄，了无趣味

传达空洞的思想，是散文写作的大忌。表现为写作者将自认为深刻的思想，做枯燥、乏味的展示，所谈及的人、事、物也都较为宽泛，无法呈现作者的情感态度，因此显得空洞、虚无。

六 情景写作

回忆记忆中温馨的一幕，并根据相关细节，写一篇散文。
要求：（1）情感细腻，真实感人。
（2）语言生动优美，前后风格保持一致。

数字资源 12-6
课外阅读

第四节　剧本写作

一　戏剧与剧本

戏剧是一种综合地运用文学、音乐、舞蹈、美术、表演等艺术手段，塑造人物形象、讲述精彩故事、反映社会生活的综合性的舞台艺术。按照表现形式，戏剧可分为话剧、歌剧、舞剧、广播剧、电视剧、戏曲等；按照内容容量的大小，可分为独幕剧、多幕剧；按照题材来划分，又可以分为现代剧、历史剧、神话剧、童话剧等；按照戏剧内容的主题与性质来分，又可以分为悲剧、喜剧、正剧。

剧本是指一种以人物台词为主要表现手段，集中展示矛盾冲突、进行人物形象表现的文学样式。

剧本是体现作者创作构思的主要载体，是导演指导全剧、演员表演剧情以及各种舞台艺术手段综合搭配运用的指南，亦是具有规范、制约作用的物质存在样式。戏剧剧本会在人物对话之外，涉及舞台动作、环境、画外音等提示内容，它们与人物语言密切配合。如此，进行剧本创作时，文本主要包括两部分：一是舞台提示类文字，包括时间、地点、人物动作、心理情绪等说明性内容；二是人物台词和唱词，也是剧本的核心构成，包括独白、对白、旁白以及独唱、对唱、合唱、伴唱等唱词。

中国戏剧发展有着漫长的历史，元杂剧与明清传奇（也就是昆曲剧本）是最为突出的代表，传下来的名剧包括《窦娥冤》《墙头马上》《汉宫秋》《西厢记》《牡丹亭》《长生殿》《桃花扇》等。各个地方的戏曲剧本，也属于这一文体的范畴。但戏剧创作，一般指话剧剧本的创作。

二 戏剧的主要特点

（一）活动的时空性

戏剧高度依赖舞台，因此受到舞台空间与表演时间的限制，剧本对现实生活的反映和表现应该高度浓缩。古典主义时期，戏剧创作要严格遵守"三一律"，即在一天之内、在同一个地点、讲述一个完整的故事，要求时间、地点和情节具有一致性。戏剧常在狭小的舞台，以较短的时间来展示丰富复杂的社会生活，因此，简单的舞台背景也深含象征意义，甚至将一些固定的动作"程式化"，尤其是戏曲中的唱、念、做、打。

（二）情节的冲突性

矛盾冲突是推动戏剧故事发展的源泉。为了达到在短时间之内完成大体量的表演效果，剧本往往会把冲突安排得比较密集，因此呈现出冲突集中且剧烈的特点。莎士比亚的《哈姆雷特》讲述了"王子复仇记"，但这一过程中设置了多个矛盾冲突，包括哈姆雷特与叔叔、母亲之间的矛盾冲突，也包括他与爱人奥菲利亚、与自己内心的矛盾冲突，整体上呈现出激烈冲突的戏剧效果。曹禺的《雷雨》同样如此，其中夫妻、父子、母子、兄弟、兄妹、主仆等复杂微妙的关系所牵扯的矛盾冲突纽结成高度集中的剧情，并且将所有的矛盾冲突都放在周公馆，在一个集中的时间展示出来。

（三）语言的动作性

戏剧主要依靠人物的表演与语言来推动故事的发展，因此在人物塑造上用力较多。在塑造人物过程中，戏剧会用各种手段，台词、表情和动作构成了基本的三个要素，此外，服装、化妆等都作为综合性手段融入戏剧之中。最典型的莫过于中国戏曲的"脸谱化"，使得角色、人物都得到了定型。

戏剧可以说是"说话的艺术"——话语、眼神、表情、神态、动作等都是可资利用的表情达意的手段。戏剧强调台词的动作性，也就是人物语言要以矛盾冲突为基础，要能够促进事件、冲突的发展。

三 剧本的写作技巧

（一）寻找矛盾冲突点

要提炼、集中矛盾冲突，设置剧情发展的阶段性与段落化。戏剧因受到空间、时间等特殊条件的限制，必须考虑观众接受的程度与限度，因此强调浓缩矛盾冲突，把剧情囊括在一定的时空范围之内。但考虑到观众的情感承受度，又必须把握张弛有度的原则，因此创作戏剧之前应该首先提炼出核心矛盾点，再将之划分为不同层次、不同阶段的矛盾，依据观众心理变化的发展曲线，安排冲突的具体爆发点，在冲突与冲突之间设置必要的缓慢节奏，或者情感释放的铺垫。一味地追求高强度的矛盾冲突会导致剧情过快而观看效果不佳，而矛盾冲突不够集中则会导致有限时间内剧情发展的拖沓、空洞。

（二）让人物激发矛盾冲突

抓住典型、鲜明的人物形象，在人物的言语和动作中表现矛盾冲突，展示剧情发展。戏剧的故事推进、主题表达、氛围营造等都靠舞台上的人物来实现，因此抓住典型性、鲜明的人物形象，戏剧创作就成功了一大半。《哈姆雷特》中犹豫不决、自我矛盾的哈姆雷特；曹禺的《北京人》中那个懒惰到了极致、又软弱无能的曾文清；《窦娥冤》中儿时丧母、中年丧夫，遭遇天下间几乎所有悲惨经历的窦娥……因为有了这些人物形象，整个戏剧便被盘活了。

（三）台词与人物密切相关

高尔基曾经说道：剧本（悲剧和喜剧）是最难运用的一种形式，其所以难，是因为剧本要求每个剧中人物用自己的语言和行动来表现自己的特征，而不用作者提示。不同身份、学养、性格的人，说话的语气、用词、腔调等都是不同的。创作戏剧的过程中就需要确定每一个人说话的基调，围绕这个基调来组织语言，再将语言和动作、表情配合起来。

四 例文选读

北京人（节选）

曹禺

〔室内一切渐渐隐入在昏暗的暮色里，乌鸦在窗外屋檐上叫两声又飞走了。在瑞贞说话的当儿，由远远城墙上继续送来归营的号手吹着的号声，在凄凉的空气中寂寞地荡漾，一直到闭幕。

愫　方　不说吧，瑞贞。（忽然扬头，望着外面）你听，这远远吹的是什么？
曾瑞贞　（看出她不肯再谈下去）城墙边上吹的号。
愫　方　（谛听）凄凉得很哪！
曾瑞贞　（点头）嗯，天黑了，过去我一个人坐在屋里就怕听这个，听着就好像活着总是灰惨惨的。

愫　方　（眼里涌上了泪光）是啊，听着是凄凉啊！（猛然热烈地抓着瑞贞的手，低声）可瑞贞，我现在突然觉得真快乐呀！（抚摸自己的胸）这心好暖哪！真好像春天来了一样。（兴奋地）活着不就是这个调子么？我们活着就是这么一大段又凄凉又甜蜜的日子啊！（感动地流下泪）叫你想想忍不住要哭，想想又忍不住要笑啊！

曾瑞贞　（拿手帕替她擦泪，连连低声喊）愫姨，你怎么真地又哭了？愫姨，你——

愫　方　（倾听远远的号声）不要管我，你让我哭哭吧！（泪光中又强自温静地笑出来）可，我是在笑啊！瑞贞，——（瑞贞不由得凄然地低下头，用手帕抵住鼻端。愫方又笑着想扶起瑞贞的头）——瑞贞，你不要为我哭啊！（温柔地）这心里头虽然是酸酸的，我的眼泪明明是因为我太高兴哪！——（瑞贞抬头望她一下，忍不住更抽咽起来。愫抚摸瑞的手，又像是快乐，又像是伤心地那样低低地安慰着，申诉着）——别哭了，瑞贞，多少年我没说过这么多话了，今天我的心好像忽然打开了，又叫太阳照暖和了似的。瑞贞，你真好！不是你，我不会这么快活；不是你，我不会谈起了他，谈得这么多，又谈得这么好！（忽然更兴奋地）瑞贞，只要你觉得外边快活，你就出去吧，出去吧！我在这儿也是一样快活的。别哭了，瑞贞，你说这是牢吗？这不是呀，这不是呀，——

曾瑞贞　（抽咽着）不，不，愫姨，我真替你难过！我怕呀！你不要这么高兴，你的脸又在发烧，我怕——

愫　方　（恳求似的）瑞贞，不要管吧！我第一次这么高兴哪。（走近瑞放着小箱子的桌旁）瑞贞，这一箱小孩儿的衣服你还是带出去。（哀悯地）在外面还是尽量帮助人吧！把好的送给人家，坏的留给自己。什么可怜的人我们都要帮助，我们不是单靠吃米活着的啊！（打开那箱子）这些小衣服你用不着，就送给那些没有衣服的小孩子们穿吧。（忽然由里面抖出一件雪白的小毛线斗篷）你看这件斗篷好看吧？

曾瑞贞　好，真好看。

愫　方　（得意地又取出一顶小白帽子）这个好玩吧？

曾瑞贞　嗯，真好玩！

愫　方　（欣喜地又取出一件黄绸子个衣服）这件呢？

曾瑞贞　（也高起兴来，不觉拍手）这才真美哪！

愫　方　（更快乐起来，她的脸因而更显出美丽而温和的光彩）不，这不算好的，还有一件

（忍不住笑，低头朝箱子里——）

〔凄凉的号声，仍不断地传来，这时通大客厅的门缓缓推开，暮色昏暗里显出曾文清。他更苍白瘦弱，穿一件旧的夹袍，臂里挟着那轴画，神色惨沮，疲惫，低着头蹋蹋地踱进来。

〔愫方背向他，正高兴地低头取东西。瑞贞面朝着那扇门——

曾瑞贞　（一眼看见，像中了梦魇似的，喊不出声来）啊，这——

愫　方　（压不下的欢喜，两手举出一个非常美丽的大洋娃娃，金黄色的头发，穿着粉红色的纱衣服，她满脸是笑，期待她望着瑞）你看！（突然看见瑞贞的苍白紧张的脸，颤抖地）谁？

曾瑞贞　（呆望，低声）我看，天，天塌了！（突然回身，盖上自己的脸）

愫　方　（回头望见文清，文清正停顿着，仿佛看不大清楚似的向她们这边望）啊！

〔文清当时低下头，默默走进了自己的屋里。

〔他进去后，思懿就由书斋小门跑进。

曾思懿　（惊喜）是文清回来了么？

愫　方　（喑哑）回来了！

〔思立刻跑进自己的屋里。

〔愫方呆呆地愣在那里。

〔远远的号声随着风在空中寂寞的振抖。

——幕徐落

数字资源 12-7
评析

五　戏剧剧本写作的常见问题

戏剧剧本创作首先是一个文学创作问题，然后才是一个舞台创作、影视创作的问题，但这并不意味着戏剧剧本创作过程中只考虑本身的文体特征。

（一）缺乏细节描摹

戏剧剧本创作必须在叙述故事、描写人物的同时，注重细节的描摹。细节主要体现在画面感、场景化上，因此优秀的剧本会在环境描摹、人物表情、动作等方面，用大篇幅进行描绘。剧本创作的常见问题就是，剧本变为你来我往的简单的人物对话，缺少细节性呈现。

（二）故事与人物过于散漫不凝聚

由于戏剧"三一律"的要求，加上观众所能够接受的时长等因素，创作者时有"被束住了手脚"的感觉。这种问题的解决，主要在于，如何构思一个精妙的故事、塑造一个或多个典型的人物形象，如何在分幕的过程中合理安排人物性格的发展、故事情节的冲突。

六　情景写作

根据情境，设置一段戏剧对话。要求：要包含场景、动作、情绪和心理等。

正在读大三的小美寒假带着男朋友回家，正式向父母宣告准备登记结婚。但遭到了父亲的强烈反对，反对的理由是：小美还在读大学，男友太年轻没有事业基础，小美强烈不满，拉着男友愤而摔门离家出走。

数字资源 12-8
课外阅读

第五节　小说写作

一　小说的概念与分类

小说是一种以塑造人物形象为中心，通过描写故事情节和具体环境来反映社会生活、表达深邃思想的叙事性文学体裁。

按照内容含量与篇幅大小可以分为长篇小说、中篇小说、短篇小说、微型小说等；按照内容性质可以分为成长小说、言情小说、历史小说、战争小说、侦探小说、武侠小说、推理小说、讽刺小说、心理小说、世情小说等；按照文体架构方式可以分为日记体小说、对话体小说、书信体小说、诗体小说、话本小说、章回体小说等。

长篇小说篇幅长、容量大、人物众多、情节复杂，它常通过不同历史时代具有重大社会意义的复杂事件、广阔的社会背景和众多性格不同的人物形象的描绘，来展现一定历史时期的社会风貌，揭示其深刻的底蕴，具有超长的时间跨度与较大的空间广度。

中篇小说在篇幅上小于长篇小说，字数多在 3 万～10 万字之间，情节跨度较长、人物较多，虽然表现社会生活的一个侧面，但具有相对的完整性和一定的深广度，故事的相对完整性、人物性格发展的一般性历程都能得到展现。

短篇小说则篇幅短小、情节精炼、人物集中，往往截取生活中具有典型意义和具有代表性的横切面，集中突出鲜明的人物性格，集中表达思想主题。

微型小说又称袖珍小说、超短篇小说等，篇幅更为短小，三五百字或三五千字不等，侧重于展示生活的瞬间境况与人物性格的典型特征，不追求故事的完整性，情节单纯、简练，语言凝练。

二　小说的写作特点

小说是四种文学体裁中最具包容性的，综合性、多面性是其主要特征，甚至具有百科全书的性质。最典型的莫过于《红楼梦》，医药算卜、天文地理、诗词歌赋、儒释道禅，社会上的三教九流、各个阶层，无不搜罗殆尽。小说的写作特点主要有以下几个方面。

（一）深入细致的人物刻画

小说主要从各个方面深入细致地塑造人物形象，使用丰富的文学手法来展现人物性格的复杂性、多样性。在小说中，心理描写、外貌描写、语言描写、行动描写等都有利于刻画人物形象，从而在人物塑造上得天独厚。小说中的背景、故事、场面、细节、氛围、情绪等都离不开人物的存在，甚至故事的推动力主要来源于人物的行动，故事的冲突主要来源于人物的性格。

（二）完整复杂的故事叙述

成功的小说都是讲故事的高手，不但能叙述一个完整又复杂的故事，还能在故事中提炼、表达相关思想主题。在小说中，冲突是故事发展的核心动力，悬念设置是吸引读者的重要手段，因此，巧合、误会等常作为故事表现的形式以增强故事效果。故事构成小说完整的叙事，它能给人物活动提供场所、环境，也能在塑造人物的过程中增强人物性格发展的曲折性等。

（三）充分具体的时空描写

时间的长度与空间的广度是小说描写具体环境的基础，它们常被称为小说的环境描写。环境包括自然环境与社会环境：自然环境主要指特定时间段内空间排布的景观要素如何呈现自身，并构成人物行动的背景；社会环境则强调活动于其中的人物所处的思想氛围、生活情境等。时空描写是衬托人物性格、展示故事情节的重要手段。人物的活动离不开特定的时代、社会和自然环境，受到它们的制约与限制。有时作者会利用外在的时空环境，促成故事的复杂性。路遥《平凡的世界》几乎在每一章故事展开之前，都会交代特定的自然与社会的时空环境，从而给人物行动、故事讲述提供外在背景。

（四）恰当的语言风格

语言是文学创作的艺术媒介，是文学构成的第一要素。文学语言作为塑造艺术形象、反映现实生活、表现审美感受的载体，具有准确、鲜明、生动的特性，能营造出独特的音乐美、整齐划一的形式美，也能使抽象的东西具象化，在个性化、形象化、大众化上呈现共性与个性的统一。诗歌与散文尤其强调抒情语言的优美，戏剧强调对话的准确性与个性鲜明的用词风格，小说则综合诗歌、散文与戏剧语言的各种特色，在叙述语言、人物对话与心理描摹、环境刻画等方面，展现个人的语言才能，从而形成鲜明的个人风格。

（五）合理的结构搭建

不管篇幅如何，结构都是小说文本的重要形式。长篇小说因为篇幅的宏大需要一个合理的结构，使故事有序发展、引人入胜；短篇小说因为篇幅短小，于方寸之间展现寰宇万象,更强调结构的精巧与合理;中篇小说尽管篇幅居中,但它也强调对结构的把控,使其能与恰到好处的篇幅相映衬。

常见的小说结构包括双线结构(鲁迅《药》、列夫·托尔斯泰《安娜·卡列尼娜》等)、连环式结构(《水浒传》等),交叉式结构(《三国演义》等),密集式蛛网结构(茅盾《子夜》、姚雪垠《李自成》等)、冰糖葫芦式串珠结构(《儒林外史》等)……精妙的结构是小说独特的审美魅力来源之一。

(六)深邃又富于哲理的思想传达

经典的小说无不传达深刻的哲理、明确的思想主题,鲁迅的《阿Q正传》批判国民性,巴金的《家》展示的是封建大家庭崩塌的必然历史趋势,老舍的《骆驼祥子》关注动荡时期底层人民生活的艰辛,沈从文的《边城》展示自然美、人性美与人情美……塑造鲜明的人物形象、讲述曲折动人的故事,都是为了将生活中深刻的哲理形象化,将抽象的思想具象化,从而给读者以启迪、领悟。

(七)引人入胜的情节排布

情节是比故事更小的叙事单位,一个故事可以包含多个具体情节。情节可以是一个眼神、一句话,也可以是一整段意义完整的叙事单元。比如《水浒传》中"鲁提辖拳打镇关西",整个事件发展的过程,可以分为若干个情节,如前去肉铺、吩咐买肉、镇关西剁肉、鲁提辖挑衅等,而具体的拳打过程则构成一个完整的打人意义单元,是一个具体情节。情节是推动故事发展、增加故事吸引力的重要抓手。通常认为经典的情节有很多种,如探寻、探险、追逐、解放、逃跑、复仇、推理故事、对手戏、落魄之人、诱惑、变形记、转变、成长、爱情故事、不伦之恋、牺牲、自我发现之旅、盛衰、沉浮。

三 小说的写作技巧

(一)日常素材的精心积累

法国著名作家福楼拜在训练莫泊桑写小说时,采用的便是日常观察法——让莫泊桑每日观察门前经过的人、马车,速记下这些人的样貌、马车经过时的情境等。长此以往,莫泊桑积累了大量写作的素材,成为世界短篇小说巨匠之一。

小说是展现典型环境中的典型人物的文学文体,它更需要创作者时刻观察生活,留心生活中的日常与异常、正常与反常,再经过构思处理使之成为小说写作的素材。街上两个吹胡子瞪眼却不动手的男人、忽然发生的两只猫的战斗、迟到了的快递员的面部表情……它们都是能够成为小说情节和故事的重要生活资料。

(二)多层次立体刻画人物

刻画人物形象是小说写作的重要一环。人物塑造以性格展示为核心,以外貌、神态、语言、动作、心理描写等作为辅助手段。当然运用描写方法时，可根据实际需要进行选择，使其更好地服务于人物形象的塑造。例如，刻画活泼开朗的性格外向型的人物时可突出语言、动作的描写；刻画沉默寡言的性格内向型的人物时可以神态、动作以及心理描写为主。

（三）曲折动人的故事情节

编排引人入胜的情节，冲突与悬念是最重要的抓手。冲突关注的是"故事如何展开"，它一般由四个要素构成，分别是值得追随的主角、重要的目标、正面对抗和精彩的结尾。故事世界之所以吸引人主要依靠的是人物，一个值得追随的主人公是能够带领读者在故事世界冒险的缘由，当他去追求重要的目标时，过程中会充满了对抗，不管是和对手的周旋，还是和命运之间的抗争，都会打动人心。

悬念是回答"接下来会发生什么"这一问题的，它可以由叙事视角决定，也就是说，叙述者利用读者不知晓后续故事如何发展来故意设定悬念，卖关子、扣扣子、欲擒故纵、意外等都是传统小说设置悬念的常用手段。

（四）寻找合适贴切的结构

小说内部的组织结构是构思的定型与物化，也是把形象片段、情节等结合起来形成完成形象体系与故事系统的黏合剂。小说写作的主要内容和任务之一就是对小说整体系统进行建构，是创作者对题材内涵、形式表现进行审美关照之后，考虑到制约叙述方式的视点、节奏、基调等因素，把构思过程中的时间（包括时序、时差、时值、时间层次等）、空间（包括背景、场景、氛围等）、人物、情节、语言等构成部分进行最佳的审美配置。小说结构的法则实际上是以审美眼光关照和提炼生活的法则，并不意味着生活秩序本该如此，而是经过创作者的审美情感关照之后所形成的展示客观对象的过程与方式，是创作者审美情趣在叙述过程中的铺展顺序的表现。

四 例文选读

故里三陈·陈小手

汪曾祺

我们那地方，过去极少有产科医生。一般人家生孩子，都是请老娘。什么人家请哪位老娘，差不多都是固定的。一家宅门的大少奶奶、二少奶奶、三少奶奶，生的少爷、小姐，差不多都是一个老娘接生的。老娘要穿房入户，生人怎么行？老娘也熟知各家的情况，哪个年长的女佣人可以当她的助手，当"抱腰的"，不须临时现找。而且，一般人家都迷信哪个老娘"吉祥"，接生顺当。——老娘家供着送子娘娘，天天烧香。谁家会请一个男性的医生来接生呢？——我们那里学医的都是男人，只有李花脸的女儿传其父业，成了全城仅有的一位女医人。她也不会接生，只会看内科，是个老姑娘。男人学医，谁会去学产科呢？都觉得这是一桩丢人没出息的事，不屑为之。但也不是绝对没有。陈小手就是一位出名的男性的妇科医生。

　　陈小手的得名是因为他的手特别小，比女人的手还小，比一般女人的手还更柔软细嫩。他专能治难产。横生、倒生，都能接下来（他当然也要借助于药物和器械）。据说因为他的手小，动作细腻，可以减少产妇很多痛苦。大户人家，非到万不得已，是不会请他的。中小户人家，忌讳较少，遇到产妇胎位不正，老娘束手，老娘就会建议："去请陈小手吧。"

　　陈小手当然是有个大名的，但是都叫他陈小手。

　　接生，耽误不得，这是两条人命的事。陈小手喂着一匹马。这匹马浑身雪白，无一根杂毛，是一匹走马。据懂马的行家说，这马走的脚步是"野鸡柳子"，又快又细又匀。我们那里是水乡，很少人家养马。每逢有军队的骑兵过境，大家就争着跑到运河堤上去看"马队"，觉得非常好看。陈小手常常骑着白马赶着到各处去接生，大家就把白马和他的名字联系起来，称之为"白马陈小手"。

　　同行的医生，看内科的、外科的，都看不起陈小手，认为他不是医生，只是一个男性的老娘。陈小手不在乎这些，只要有人来请，立刻跨上他的白走马，飞奔而去。正在呻吟惨叫的产妇听到他的马脖子上的銮铃的声音，立刻就安定了一些。他下了马，即刻进了产房。过了一会儿（有时时间颇长），听到哇的一声，孩子落地了。陈小手满头大汗，走了出来，对这家的男主人拱拱手："恭喜恭喜！母子平安！"男主人满面笑容，把封在红纸里的酬金递过去。陈小手接过来，看也不看，装进口袋里，洗洗手，喝一杯热茶，道一声"得罪"，出门上马。只听见他的马的銮铃声"哗棱哗棱"……走远了。

　　陈小手活人多矣。

　　有一年，来了联军。我们那里那几年打来打去的，是两支军队。一支是国民革命军，当地称之为"党军"；相对的一支是孙传芳的军队。孙传芳自称"五省联军总司令"，他的部队就被称为"联军"。联军驻扎在天王庙，有一团人。团长的太太（谁知道是正太太还是姨太太），要生了，生不下来。叫来几个老娘，还是弄不出来。这太太杀猪也似的乱叫。团长派人去叫陈小手。

　　陈小手进了天王庙。团长正在产房外面不停地"走柳"，见了陈小手，说：

　　"大人，孩子，都得给我保住，保不住要你的脑袋！进去吧！"

　　这女人身上的脂油太多了，陈小手费了九牛二虎之力，总算把孩子掏出来了。和这个胖女人较了半天劲，累得他筋疲力尽。他趔里歪斜走出来，对团长拱拱手：

　　"团长！恭喜您，是个男伢子，少爷！"

数字资源 12-9
评析

团长呲牙笑了一下，说："难为你了！——请！"

外边已经摆好了一桌酒席。副官陪着。陈小手喝了两口。团长拿出二十块大洋，往陈小手面前一送：

"这是给你的！——别嫌少哇！"

"太重了！太重了！"

喝了酒，揣上二十块现大洋，陈小手告辞了："得罪！得罪！"

"不送你了！"

陈小手出了天王庙，跨上马。团长掏出手枪来，从后面，一枪就把他打下来了。

团长说："我的女人，怎么能让他摸来摸去！她身上，除了我，任何男人都不许碰！这小子，太欺负人了！日他奶奶！"

团长觉得怪委屈。

五 小说写作的常见问题

（一）可有可无的环境描写

环境的描写本身是要有功能性的，它的存在一定要有助于小说故事的发展，写作者不能在文本中肆意地抒情。可有可无的环境描写会让小说的节奏变得很慢。

（二）人物语言与性格身份弱相关

人物语言切记要符合人物的身份，万万不能出现"众口一词"的情况，所有的人物开口说话都是一个风格。但也不要矫枉过正，为了凸显人物语言的差别，故意用粗话、脏话。说话的风格因人而异，只有把握住每个人物的性格，才能够选择合适的风格。

（三）叙事结构呆板生硬

小说非常强调结构，不管是长篇小说还是短篇小说，切不可忽略了结构，要让结构支撑起故事。很多初学者会考虑到事件的完整性，因此完全按照发生、发展、高潮、结尾的模式来叙述一个事件，但这样讲述的故事非常单调、平庸，会导致阅读者的乏味感。好的结构能够让小说更加精彩。

（四）叙事视角混乱

叙述人的视角问题，也是常见的问题。叙述人不代表创作者本人，他可以是小说中的一个人物，也可以是全知视角，因此选择一个合适的叙述人能够增加故事的悬念感，从而带来更强的吸引力。但初学写作者，往往不重视视角。

六 情景写作

选取生活中你印象最深的一个人物,将其作为原型,创作一部短篇小说。

要求:(1)字数在 1.5 万字以内。

(2)人物可以做纵向的发展性描写,也可以做横向的散发性描写。

(3)小说至少要有三个故事段。

数字资源 12-10
课外阅读

参考文献

[1] 徐宝璜. 新闻学 [M]. 北京：中国人民大学出版社，1994.

[2] 庄涛，胡敦骅，梁冠群. 写作大辞典 [M]. 上海：汉语大词典出版社，2003.

[3] 刘海贵. 新闻采访写作新编（新一版）[M]. 上海：复旦大学出版社，2004.

[4] 周胜林，尹德刚，梅懿. 当代新闻写作 [M]. 2版. 上海：复旦大学出版社，2004.

[5] 张静. 社会学论文写作指南 [M]，上海人民出版社，2008.

[6] 刘冰. 新闻报道写作：理论、方法与技术 [M]. 广州：南方日报出版社，2011.

[7] 黄河浪. 招标投标应用文书写作 [M]. 北京：中国言实出版社，2010.

[8] 黄高才. 实用应用文写作大全（最新版）[M]. 西安：西安交通大学出版社，2011.

[9] 黄高才. 常见应用文写作暨范例大全 [M]. 北京：中国人民大学出版社，2012.

[10] 王冠波，姬春晖. 公文写作大全 [M]. 北京：企业管理出版社，2012.

[11] 张清民. 学术研究方法与规范 [M]. 北京：中华书局，2013.

[12] 《现代应用写作与实训》编写组. 现代应用写作与实训 [M]. 北京：新华出版社，2013.

[13] 陈卫东，刘计划. 法律文书写作 [M]. 3版. 北京：中国人民大学出版社，2013.

[14] 赵曾海. 招标投标操作实务 [M]. 北京：首都经济贸易大学出版社，2015.

[15] 童庆炳. 文学理论教程. 北京：高等教育出版社，2015.

[16] 徐中玉. 应用文写作 [M]. 北京：高等教育出版社，2016.

[17] 潘庆云. 法律文书 [M]. 4版. 北京：中国政法大学出版社，2017.

[18] 刘宏彬. 新编应用文写作教程 [M]. 北京：新华出版社，2017.

[19] 吴晨光. 自媒体之道 [M]. 北京：中国人民大学出版社，2018.

[20] 周晓波，陈广根，刘志鸿. 实用应用文写作教程 [M]. 天津：天津大学出版社，2018.

[21] 谈青. 实用文书写作进阶 [M]. 2版. 北京：高等教育出版社，2018.

[22] 姚国建，李桦. 应用写作训练教程 [M]. 合肥：合肥工业大学出版社，2018.

[23] 王命洪. 自媒体传播 [M]. 北京：高等教育出版社，2018.

[24] 余老诗. 自媒体写作，从基本功到实战方法——迈出下班后赚钱的坚实一步！[M]. 北京：清华大学出版社，2018.

[25] 《新闻采访与写作》编写组. 新闻采访与写作 [M]. 北京：高等教育出版社，2019.

[26] 匡文波. 新媒体概论 [M]. 北京：中国人民大学出版社，2019.

[27] 张军. 新编应用文写作训练［M］. 武汉：华中师范大学出版社，2019.

[28] 郭泽德. 写好论文［M］. 北京：清华大学出版社，2020.

[29] 孙秀秋，吴锡山. 应用写作教程［M］. 北京：中国人民大学出版社，2020.

[30] 谈青. 应用文写作［M］. 北京．高等教育出版社．2022.

[31] 刘军强：写作是门手艺［M］. 桂林：广西师范大学出版社，2020.

[32] 吴辉杰. 中文写作简明教程［M］. 北京：高等教育出版社，2020.

[33] 方玲，万立群. 财经应用文写作［M］. 北京：人民邮电出版社，2020.

[34] 万华. 写材料算怎么回事［M］. 上海：上海三联书店，2021.

[35] 周金声. 沟通与写作［M］. 北京：高等教育出版社，2022.

[36] 姚玉红. 应用文写作简明教程［M］. 4版. 北京：高等教育出版社，2022.

[37] 吴怀东. 应用文写作［M］. 北京：高等教育出版社，2023.

[38] 张耀辉. 简明应用文写作［M］. 北京：高等教育出版社，2023.

[39] 渭水徐公. 写作之光［M］. 北京：北京大学出版社，2023.

[40] 秋叶. 视频号运营［M］. 北京：北京大学出版社，2023.

[41] 秋叶. 抖音思维［M］. 北京：台海出版社，2022.

[42] 长安野望. 会写文案的人都这么写：新媒体写作一本通［M］. 北京：中国人民大学出版社，2023.

[43] 邝美莲. 写作课：自媒体爆款文章写作技巧［M］. 北京：北方文艺出版社，2023.

[44] 齐帆齐. 人人都能学会的写作变现指南：自媒体时代写作带货变现全攻略［M］. 北京：中国友谊出版公司，2021.

[45] 杜雨，张孜铭. AIGC智能创作时代［M］. 北京：中国出版集团中译出版社，2023.

[46] 凌祯. AI智能办公：从训练ChatGPT开始［M］. 北京：电子工业出版社，2023.

[47] 王零壹，段雨嫣，陈红，等. AIGC从0到1：非互联网从业者的AIGC入门课［M］. 杭州：浙江出版集团数字传媒有限公司，2023.

[48] 李寅，肖利华. 从ChatGPT到AIGC：智能创作与应用赋能［M］. 北京：电子工业出版社，2023.

[49] 葛红兵，许道军. 创意写作教程［M］. 北京：高等教育出版社，2023.

[50] 罗伯特·麦基. 故事：材质、结构、风格和银幕剧作的原理［M］. 周铁东，译. 天津：天津人民出版社，2016.

图书在版编目(CIP)数据

创意应用写作简明教程 / 曾军，张永禄，李御娇主编. -- 武汉：华中科技大学出版社，2024.7.
(新时代大学文科简明教材). -- ISBN 978-7-5772-0897-8

Ⅰ. H152.3

中国国家版本馆 CIP 数据核字第 2024SJ3774 号

创意应用写作简明教程　　　　　　　　　　　　　　　曾　军　张永禄　李御娇　主编
Chuangyi Yingyong Xiezuo Jianming Jiaocheng

策划编辑：周晓方　周清涛　宋　焱
责任编辑：张汇娟　宋　焱
封面设计：原色设计
版式设计：赵慧萍
责任监印：周治超

出版发行：华中科技大学出版社（中国·武汉）　　电话：(027) 81321913
　　　　　武汉市东湖新技术开发区华工科技园　　邮编：430223

录　　排：华中科技大学出版社美编室
印　　刷：武汉科源印刷设计有限公司
开　　本：787mm×1092mm　1/16
印　　张：15.5　　插页：2
字　　数：375 千字
版　　次：2024 年 7 月第 1 版第 1 次印刷
定　　价：49.80 元

本书若有印装质量问题，请向出版社营销中心调换
全国免费服务热线：400-6679-118　　竭诚为您服务
版权所有　侵权必究